Esme Crick

Mosaik häkeln

WUNDERSCHÖN & FARBENFROH

Techniken, Projekte und Farbkombinationen

CV

Inhalt

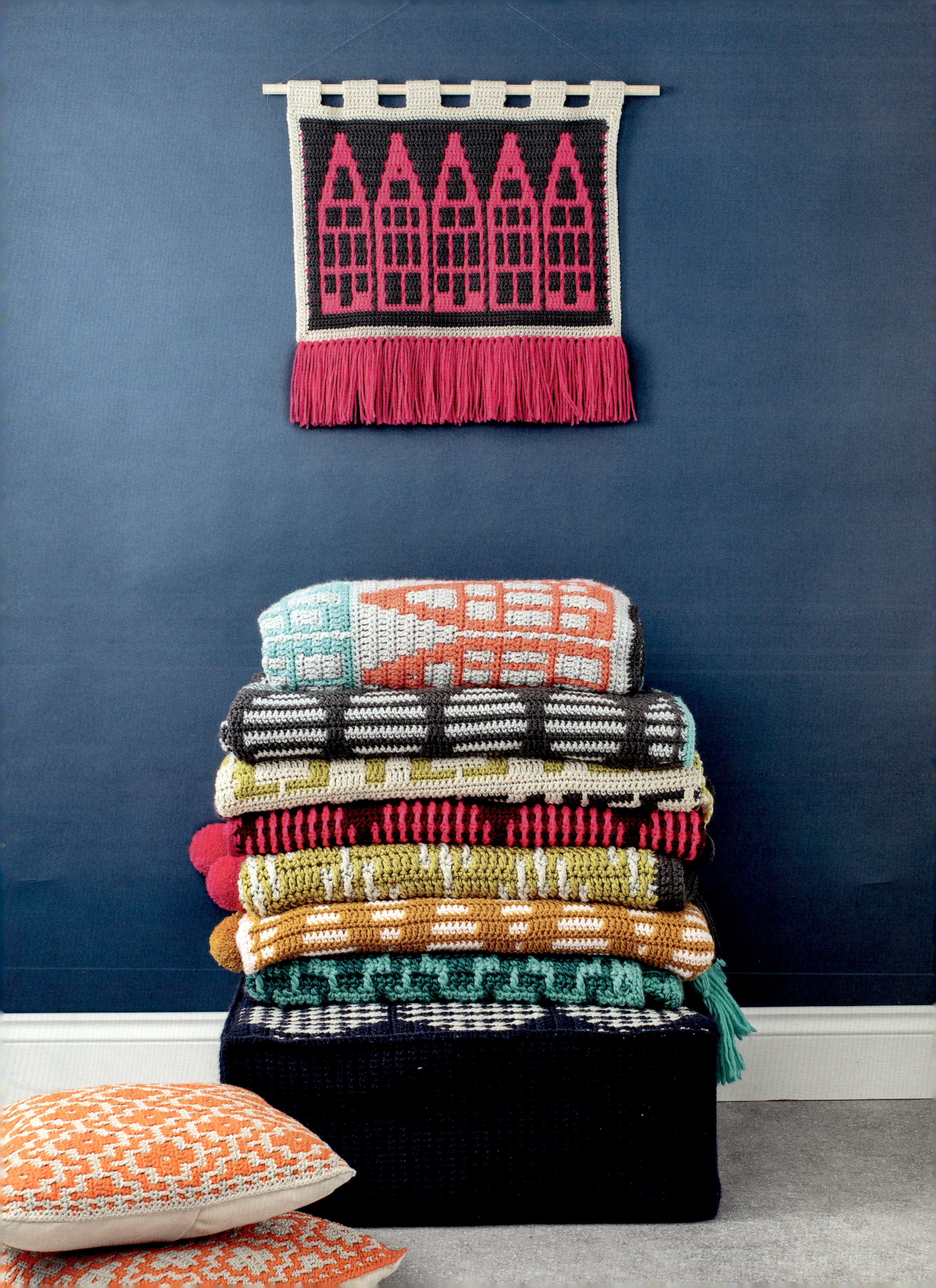

Vorwort

Ich musste Häkeln lernen, als meine Kinder klein waren. Sie hatten ihre neugierigen kleinen Finger einfach überall, und meine geliebten Nähsachen entwickelten sich zur Gefahrenzone: Nadeln, Schere, Nähmaschine … der Horror! Alles wurde sicher im Schrank weggeschlossen, und aus Verzweiflung, damit mein Gehirn irgendwas zu tun hatte, griff ich zur Häkelnadel. Von da an kamen meine wunderbar handliche Häkelnadel und Garn überallhin mit: zu Spielgruppen, Schwimmunterricht, Kinderpartys … Und von Anfang an war ich fasziniert davon, wie diese Handarbeitstechnik zur Geometrie neigt. Streifen, Quadrate, Sechsecke: so schön anzusehen, so einfach nachzuarbeiten, so viel einfacher, als mit einem Dreijährigen zu verhandeln. Meine Leidenschaft fürs Häkeln war geboren.

Erst einige Jahre später sah ich eine Mosaik-Häkeldecke, und in dem Moment veränderte sich alles für mich. Ein derart schönes, modernes, geometrisches Design mit nur 2 Garnfarben und einer Häkelnadel … wie war das möglich? Sicherlich würde es unglaublich kompliziert sein, mit unverständlichen Maschen und Millionen von Fadenenden, die vernäht werden müssten. Sobald ich die grundlegende Technik verstanden hatte, stellte sich jedoch heraus, dass es tatsächlich ganz einfach war. Und es gab kaum Fäden zu vernähen (hurra!), da diese Version des Mosaikhäkelns eine Zwei-Reihen-Technik verwendet. Zwei Reihen mit einer Farbe, dann zwei Reihen mit der nächsten, wobei du das nicht verwendete Garn an der Seite hochführst. Ausgestattet mit ein paar grundlegenden Techniken und etwas Karopapier, um meine Ideen aufzumalen, wurde ich besessen vom Mosaikhäkeln und bin es bis heute.

Mit der Chance, ein ganzes Jahr nächtelang mit der Häkelnadel in der Hand Projekte für ein Buch zu schaffen, ist ein Traum für mich in Erfüllung gegangen! In dieser Mosaik-Häkelwerkstatt will ich meine Tipps und meine Leidenschaft mit dir teilen, damit auch du wunderbare Decken und stilvolle Heimdeko anfertigen kannst, egal, wie versiert du im Häkeln bist. Es ist auch ein Buch darüber, wie du diese Designs für dich anpassen, Farbkonzepte variieren und dich für deine eigenen Designabenteuer inspirieren lassen kannst. In dem Abschnitt »Einführung ins Mosaikhäkeln« erhältst du alle notwendigen Informationen, mit einer schrittweisen Anleitung für eine einfache Häkelprobe. (Ich empfehle dir dringend, diese Häkelprobe zu machen, wenn Mosaikhäkeln neu für dich ist oder du deine Technik auffrischen möchtest.) Eine Häkelnadel und zwei Garnknäuel sind alles, was du brauchst, um loszulegen.

Wenn du dich mit den Techniken und Begriffen vertraut gemacht hast, kannst du aus 24 wunderbaren Projekten auswählen. Ich liebe zwar alle Modelle, aber es gibt ein paar Projekte, die mir besonders am Herzen liegen: Der Kannenwärmer für Teeliebhaber ist ein echter Liebling, denn 2020 wurde es ein seltenes, besonders geschätztes Vergnügen, mit geliebten Menschen bei einer Tasse Tee zusammenzusitzen. Auch die wunderbar fröhliche YES-Decke ist etwas ganz Besonderes – ein Symbol der Zuversicht und der Hoffnung. Sie erinnert mich immer daran, kreativ zu bleiben und nach Schönem Ausschau zu halten. Ob du meine Anleitungen nun genau befolgst oder sie als Ausgangspunkt für deine eigenen Ideen nimmst, ich hoffe, du hast genauso viel Freude an dieser wunderschönen Technik wie ich und hast viele Stunden glücklichen Häkelns vor dir. Und vergiss nicht, deine fertigen Meisterstücke in den Sozialen Medien unter #mosaiccrochetworkshop oder #mosaikhäkelwerkstatt zu teilen.

Esme x

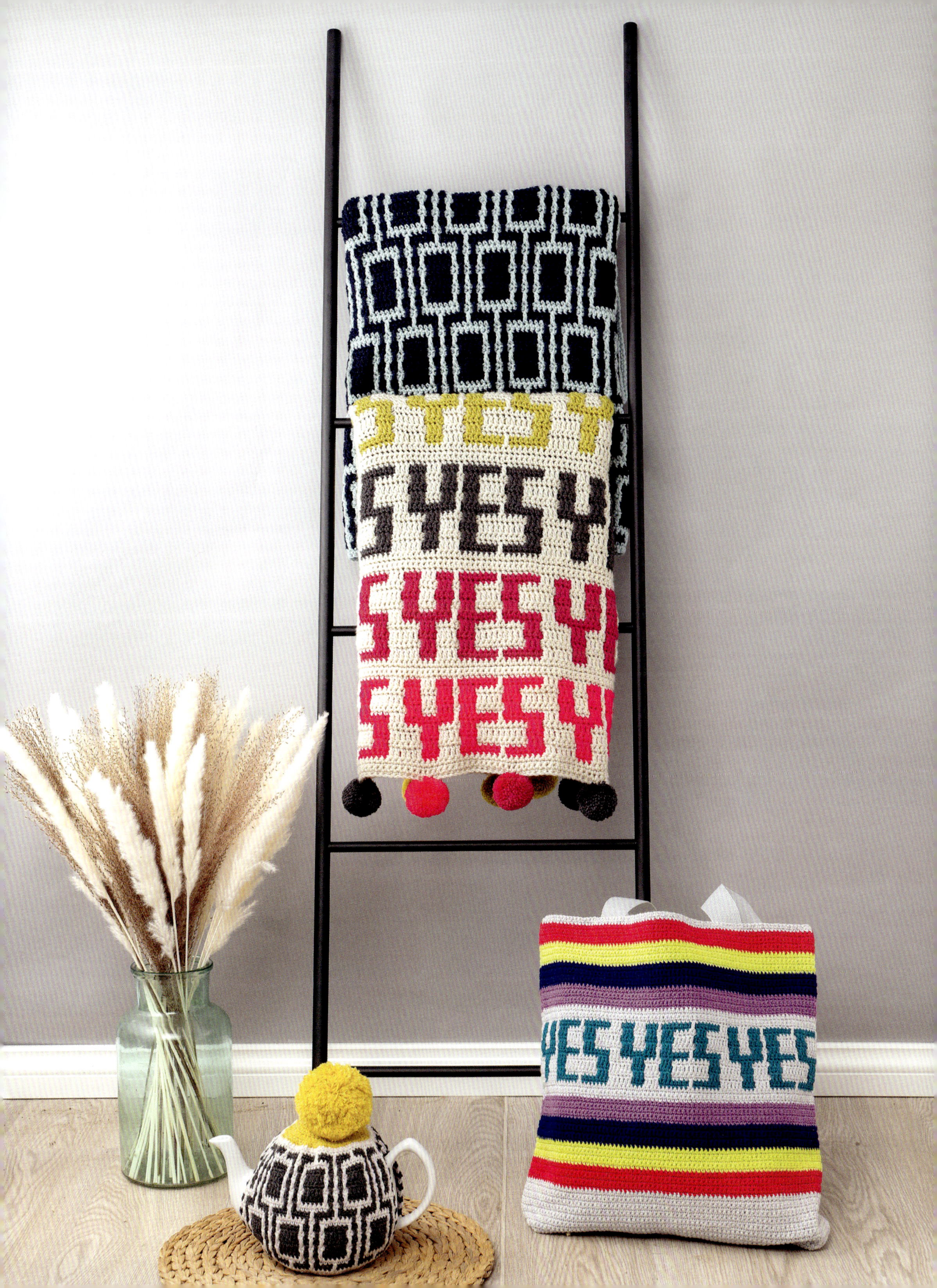

Einführung ins Mosaikhäkeln

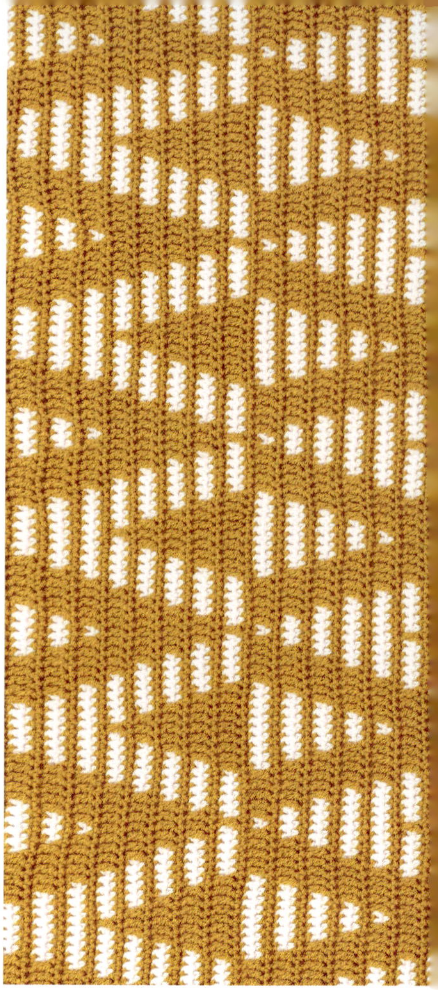

Ich verrate dir ein Geheimnis: Mosaikhäkeln ist viel einfacher, als es aussieht! Wenn du eine Luftmaschenkette, eine feste Masche und ein Stäbchen häkeln kannst, dann kannst du Mosaike häkeln. Ich kenne viele begeisterte AnfängerInnen, die diese Technik trotz anfänglicher Bedenken blitzschnell gelernt haben. Mach dir also keine Gedanken, wenn das alles neu für dich ist. Ich erkläre dir die grundlegenden Prinzipien, anschließend findest du eine schrittweise Anleitung für eine kleine Häkelprobe, falls du üben möchtest, bevor du mit den Projektanleitungen beginnst. Alle Anleitungen enthalten umfassende Schritt-für-Schritt-Erklärungen sowie ein Häkeldiagramm, sodass du mit deiner bevorzugten Methode arbeiten kannst.

Diese Art des Mosaikhäkelns wirkt gut mit 2 kontrastierenden Farben, die die schönen geometrischen Designs hervorheben. Sie verwendet außerdem die einfache Zwei-Reihen-Technik. Dabei verwendest du 2 Reihen lang eine Farbe, wechselst für die nächsten 2 Reihen zur anderen Farbe, dann zur ersten Farbe für die nächsten 2 Reihen usw. Das nicht verwendete Garn hängt an der Seite der Arbeit, damit du es nach 2 Reihen wieder aufnehmen kannst (du führst es nicht oben an deiner Arbeit entlang, dies ist keine Jacquard-Häkeltechnik). Es gibt nur wenige Fadenenden zu vernähen, da die Fäden nicht abgeschnitten, sondern an der Seite der Arbeit mitgeführt werden.

ERSTE SCHRITTE

Bevor du eine Häkelprobe anfertigst, schaue dir kurz die Abkürzungen und Rapportformate an, um dich mit den wichtigsten Begriffen vertraut zu machen. Es gibt zwei besondere Abkürzungen, die für diese Art des Mosaikhäkelns wichtig sind.

Fbw – Farbe wechseln: Um die Farbe zu wechseln, arbeite die letzte feste Masche (fM) der Reihe in der ersten Farbe, bis nur noch 2 Schlaufen auf der Nadel liegen. Führe dann den Faden der neuen Farbe um die Nadel und ziehe ihn durch die Schlaufen, um die Masche fertigzustellen.

MoStb – Mosaik-Stäbchen: Arbeite ein normales Stäbchen, allerdings in die übersprungene Masche derselben Farbe 3 Reihen darunter. Arbeite die Masche **vorne** vor den 2 Reihen Luftmaschen in der anderen Farbe. Die Luftmaschenketten laufen lose und sichtbar auf der Rückseite der Arbeit entlang. Alle Mosaik-Stäbchen werden auf der rechten Seite der Arbeit gehäkelt.

Achte auf das Symbol am Beginn jeder Anleitung (siehe rechts), das dir das Level, also den Schwierigkeitsgrad des Projekts anzeigt.

Einfach

Ein einfaches Projekt, das für eine(n) HäklerIn mit grundlegenden Fähigkeiten geeignet ist.

Mittelschwer

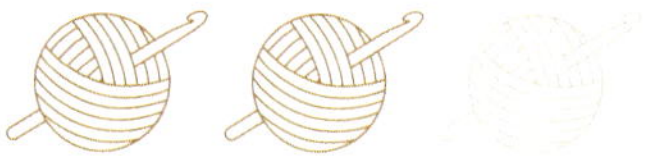

Ein mittelschweres Projekt – es hat eine etwas kompliziertere Anleitung, die mehr Konzentration erfordert.

Fortgeschritten

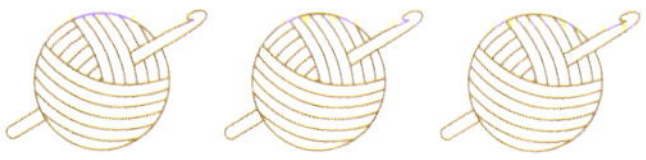

Ein fortgeschrittenes Projekt mit einer wesentlich komplexeren Anleitung. Zudem sind manchmal andere Fähigkeiten, wie Nähen, erforderlich.

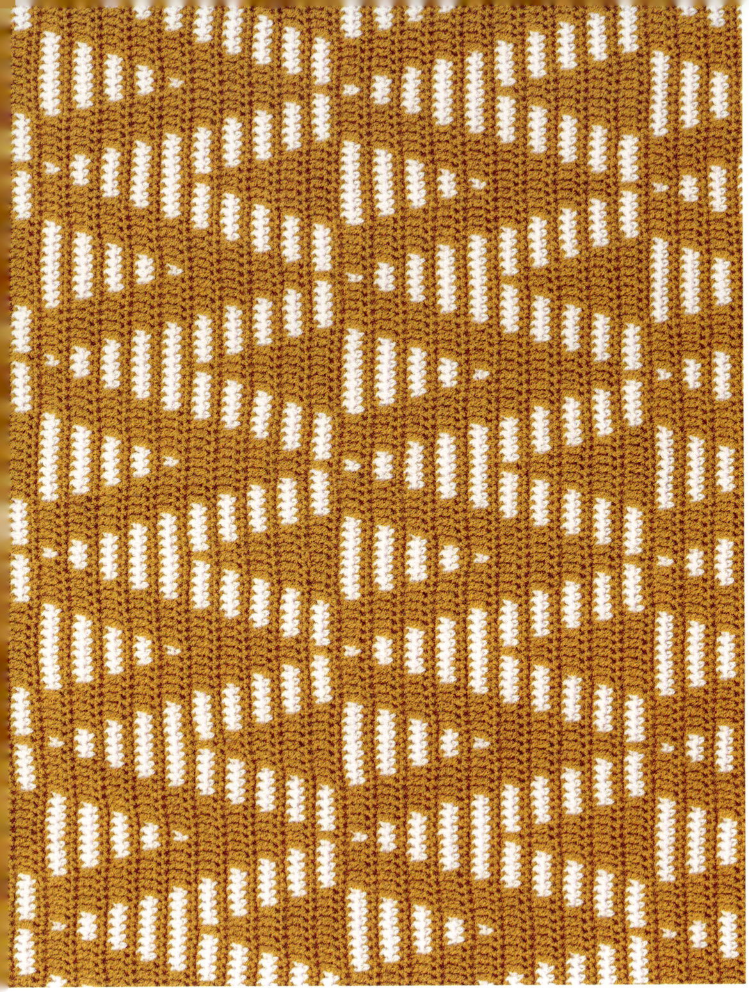

FADENSPANNUNG – IMMER LOCKER BLEIBEN

Fadenspannung ... Die kann beim Arbeiten mit Garn wirklich Stress machen: Benutzt du die richtige Nadelstärke? Wie sieht es mit der Fadenstärke aus? Häkelst du eher fest oder eher locker (oder vielleicht irgendwo dazwischen)? Damit du Vergnügen an diesem Buch hast, rate ich, dir nicht zu viele Gedanken darüber zu machen. Bei Decken und Taschen haben wir ein bisschen Freiraum bei den Maßen. Wir häkeln keine Kleidung, die genau passen muss. Sieh dir also am Anfang der Anleitung die Informationen zu Maschenprobe und Maßen an, aber mach dir keine Sorgen, wenn deine Maschenprobe etwas anders ausfällt.

TOP-TIPPS FÜR DIE MASCHENPROBE

- *Häkele zuerst eine kleine Maschenprobe, um eine Vorstellung von den Maßen zu erhalten.*
- *Verwende die »Maschen im Rapport« am Anfang der Anleitung, um deine Luftmaschenkette zu berechnen. Befolge dann die Anleitung ab Reihe 1.*
- *Nimm eine etwas kleinere oder größere Nadelstärke. Decken müssen schön fallen, während Kissen und Taschen fester sein sollen. Experimentiere bei der Maschenprobe daher mit verschiedenen Häkelnadeln, um das richtige Ergebnis mit deinem Garn zu erhalten.*
- *Vertraue auf dein Bauchgefühl: Ja, es ist nervig, ein paar Anfangsreihen einer Decke aufzutrennen, aber es ist besser, als einfach weiterzuarbeiten, wenn dir eigentlich nicht gefällt, wie die Arbeit fällt oder aussieht.*
- *Borten können praktisch sein: Bei manchen Decken in dem Buch habe ich eine einfache Borte hinzugefügt, aber du kannst deine Decke mit einer breiteren, komplexeren Borte breiter und länger machen. Ebenso ist es bei Kissen: Wenn dein Kissenbezug zu klein ist, füge einfach noch ein paar Runden feste Maschen in einer Kontrastfarbe an, um ihn größer zu machen.*

ANDERE NÜTZLICHE INFORMATIONEN

Die 1. Reihe einer Farbe »erzeugt« das Muster, die 2. Reihe »verstärkt« es. Wenn in der 1. Reihe eine feste Masche oder ein Mosaik-Stäbchen gehäkelt wird, wird in der 2. Reihe immer eine feste Masche in diese Masche gearbeitet (achte darauf, dass du in alle Mosaik-Stäbchen aus der 1. Reihe arbeitest, da diese leicht zu übersehen sind). Wenn in der 1. Reihe eine Luftmaschenkette gearbeitet wurde, wird die gleiche Luftmaschenkette auch in der 2. Reihe gehäkelt. Die 2. Reihe der Farbe kopiert also im Grunde die 1. Reihe, ersetzt allerdings Mosaik-Stäbchen mit festen Maschen.

Wenn du Luftmaschenketten häkelst, häkelst du immer 1 Luftmasche mehr als die Anzahl der übersprungenen Maschen. Um 1 Masche zu überspringen, häkelst du also 2 Luftmaschen, um 2 Maschen zu überspringen, 3 Luftmaschen, um 3 Maschen zu überspringen, 4 Luftmaschen usw. Die zusätzliche Luftmasche sorgt einfach dafür, dass sich die Arbeit nicht zusammenzieht oder zu fest wird.

Häkele immer in die ganze Masche, wie du es normalerweise machen würdest. Bei einigen Mosaik-Häkeltechniken sollst du nur in das hintere oder vordere Maschenglied arbeiten, aber nicht bei dieser Version.

Um die Länge deiner anfänglichen Luftmaschenkette anzupassen, verwende die »Maschen im Rapport« am Beginn der Anleitung: Häkele deine Kette und befolge dann die Anleitung ab Reihe 1. Am Ende der Reihe 1 hast du immer eine feste Masche weniger als Luftmaschen in der Anfangskette. Wenn du mit einer Anfangskette aus 50 Maschen beginnst, hast du anschließend 49 feste Maschen.

EINE MASCHENPROBE ANFERTIGEN

Verwende eine geeignete Häkelnadel.

Mit der 1. Farbe 22 Lm anschlagen. (A)

Reihe 1 (RS): 1 fM in die 2. Lm ab der Nadel und in jede Lm bis zum Ende. (21 M) (B)

Die Arbeit wenden.

Reihe 2 (LS): 1 Lm (jede Reihe beginnt nun mit 1 Lm, die aber nicht als M zählt), 1 fM in jede M, die letzte M bis zu den letzten 2 Schlingen arbeiten (C), Fbw zur 2. Farbe. (21 M) (D)

Die Arbeit wenden.

Den Faden der ersten Farbe für die nächsten 2 Reihen an der Seite der Arbeit hängen lassen und weiter mit der 2. Farbe.

Reihe 3 (RS): 1 Lm, 1 fM, * 2 Lm, 1 M überspr, 5 fM; ab * bis zu den letzten 2 M wdh, 2 Lm, 1 M überspr, 1 fM in die letzte M. (E)

Die Arbeit wenden.

Reihe 4 (LS): 1 Lm, 1 fM, * 2 Lm, 2 Lm überspr, 5 fM; ab * bis zu den letzten 2 Lm und fM wdh, 2 Lm, 2 Lm überspr, 1 fM in die letzte M, Fbw zur ersten Farbe (Garn hängt an der Seite der Arbeit) in letzte fM wie zuvor. (F)

Die Arbeit wenden.

Den Faden der 2. Farbe für die nächsten 2 Reihen an der Seite der Arbeit hängen lassen und weiter mit der 1. Farbe.

Reihe 5 (RS): 1 Lm, 1 fM, * 1 MoStb in die übersprungene M in der ersten Farbe (unter den 2 Reihen Lm in der 2. Farbe), 5 fM; ab * bis letzte 2 Lm und fM, 1 MoStb, 1 fM in die letzte M. (G)

Die Arbeit wenden.

Reihe 6 (LS): 1 Lm, 1 fM in jede M bis zum Ende der Reihe, Fbw zur 2. Farbe in die letzte M wie zuvor. (H)

Die Arbeit wenden.

Den Faden der ersten Farbe für die nächsten 2 Reihen an der Seite der Arbeit hängen lassen und weiter mit der 2. Farbe.

Reihen 7–10: Wie die Reihen 3–6.

Die Fäden abschneiden und vernähen. (I)

Diese Maschenprobe ist die einfachste Form des Mosaikhäkelns in diesem Buch – achte bei den Anleitungen auf den Schwierigkeitsgrad, wenn du mit einem einfachen Projekt beginnen willst. Einige Anleitungen sind etwas komplexer. Sie verwenden jedoch alle die gleichen Grundprinzipien von festen Maschen, Mosaik-Stäbchen und Luftmaschen sowie Farbwechseln in der Regel nach 2 Reihen.

A

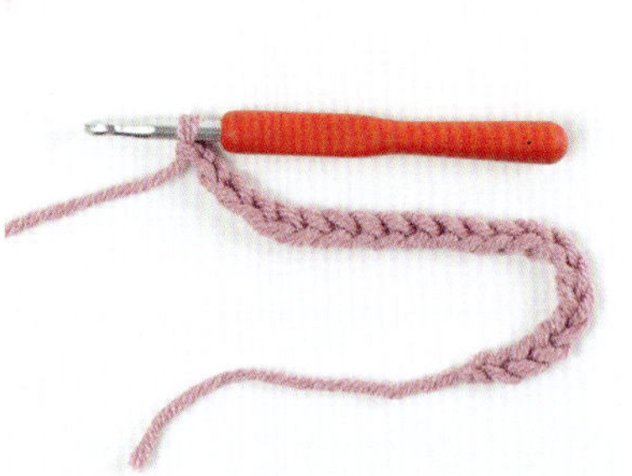

B

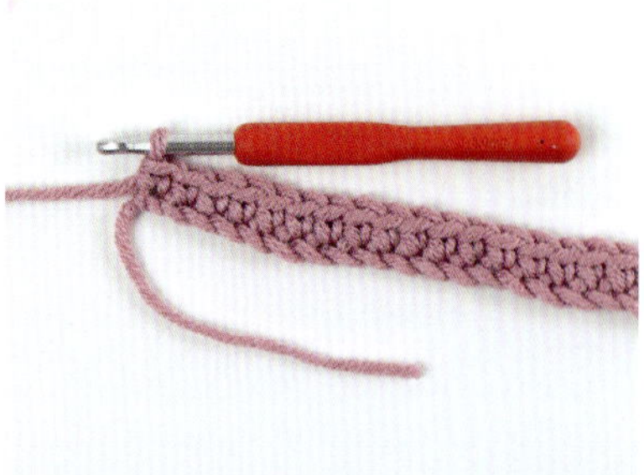

C

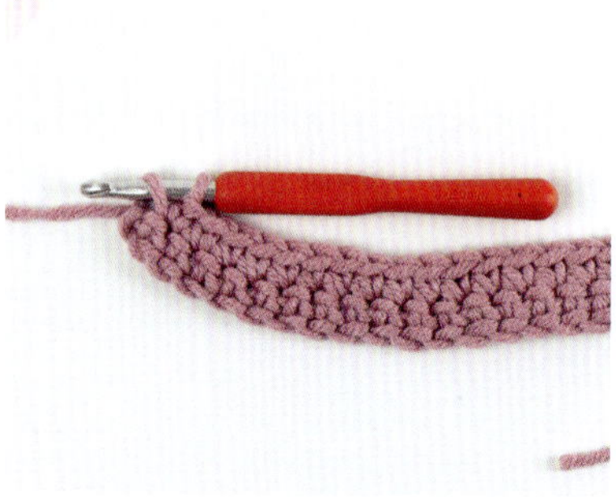

D

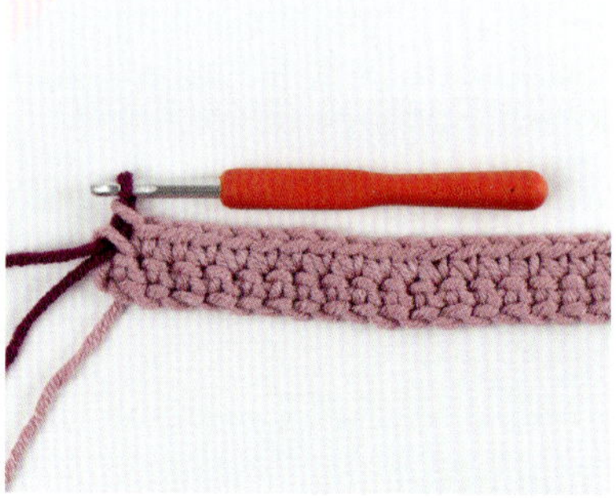

E

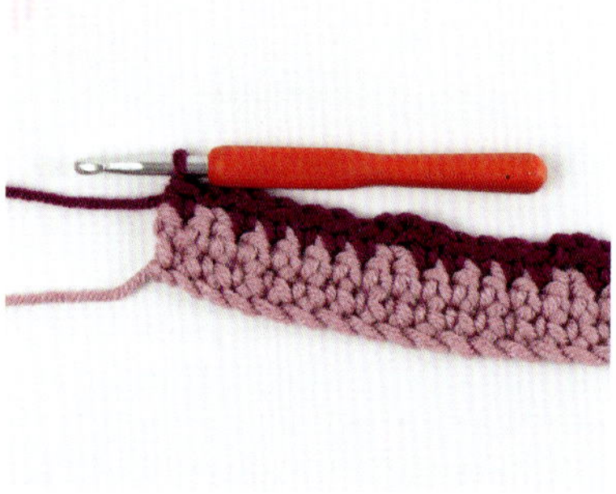

F

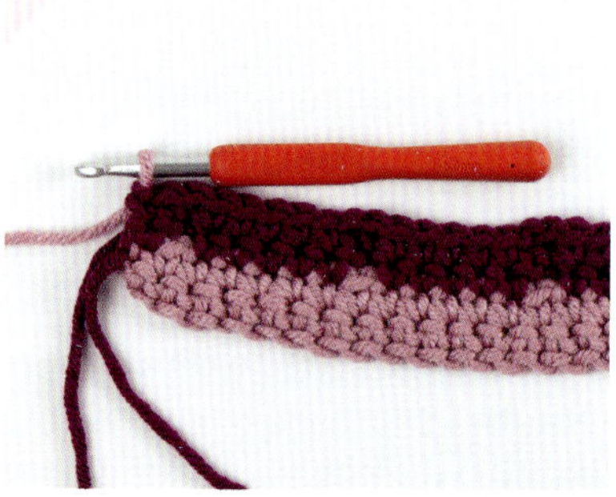

G

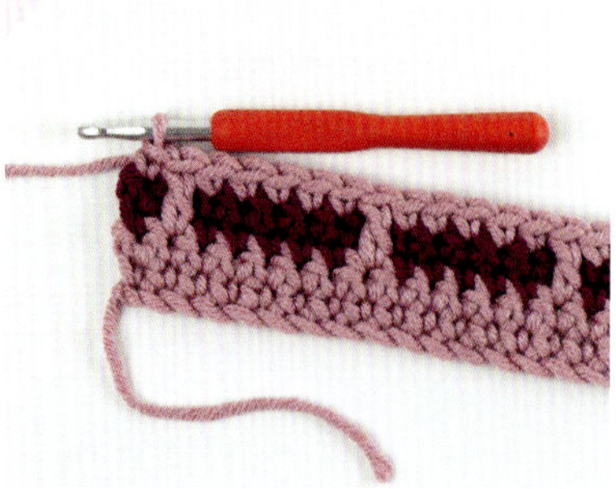

H

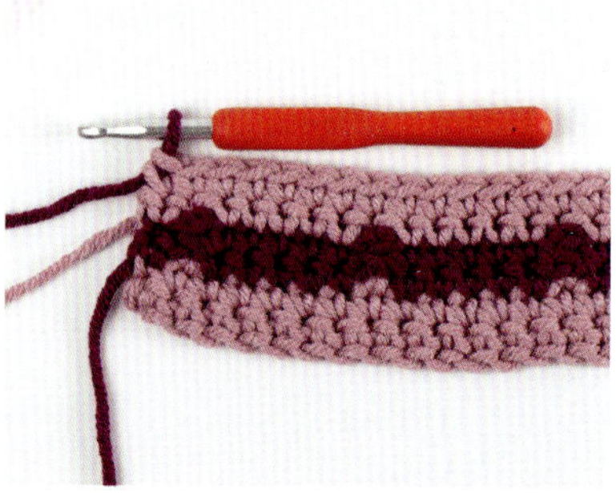

I

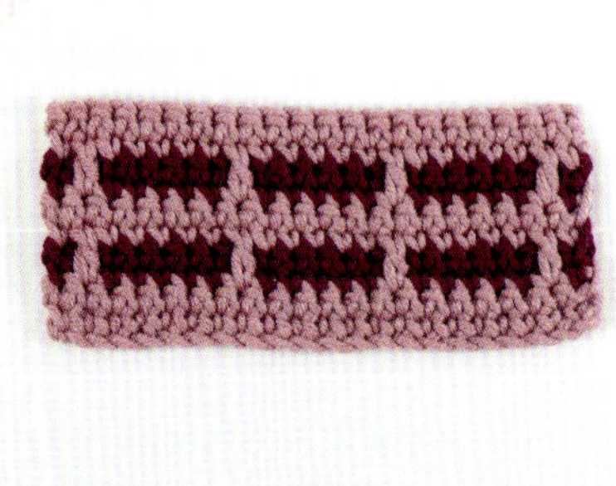

TOP-TIPP

Wähle 2 kontrastierende Garnfarben, damit Farbwechsel und Maschendefinition klar zu erkennen sind.

SO ARBEITEST DU NACH EINEM MOSAIK-DIAGRAMM

Wenn du es einfacher findest, nach einem Diagramm zu arbeiten, ist hier kurz erklärt, wie du Mosaik-Diagramme liest.

Jedes Quadrat stellt eine Masche dar.

Lies alle ungeraden Reihen (RS) von rechts nach links und alle geraden Reihen (LS) von links nach rechts.

Dieses Diagramm entspricht genau der vorstehenden Maschenprobenanleitung (siehe »Eine Maschenprobe anfertigen«).

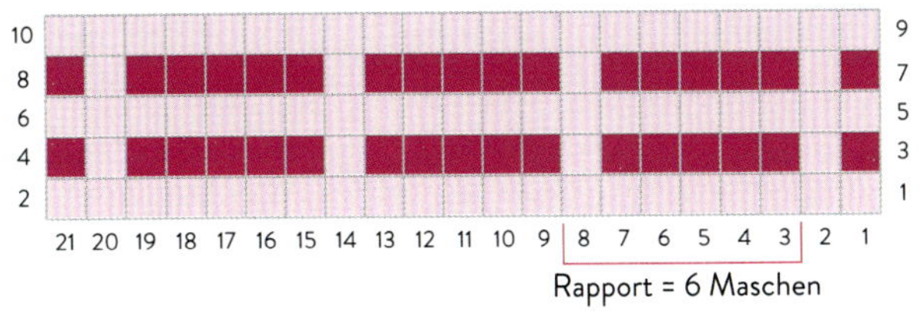

LEGENDE

A B

Häkele deine Luftmaschenkette mit 1 Luftmasche mehr als die Anzahl der festen Maschen, die in Reihe 1 des Diagramms angegeben sind.

Lies das Diagramm von unten nach oben. Die meisten Diagramme sind symmetrisch und können von rechts nach links bzw. von links nach rechts gelesen werden. Wenn das Muster jedoch **NICHT** symmetrisch ist, dann lies das Diagramm für die 1. Reihe einer Farbe von rechts nach links und dann für die 2. Reihe derselben Farbe von links nach rechts.

Jede Diagrammreihe steht für **ZWEI** Maschenreihen in derselben Farbe. Die 1. Reihe einer Farbe »erzeugt« das Muster, die 2. Reihe derselben Farbe »verstärkt« es. Du wirst sehen, dass jedes Diagramm nummeriert ist, um die 2 Maschenreihen anzugeben, z. B. 1 rechts und 2 links, 3 und 4, 5 und 6 usw.

Die in dem ersten und letzten Quadrat der Diagrammreihe gezeigte Farbe gibt an, welche Farbe du für diese 2 Reihen verwendest. Die erste und die letzte Masche sind immer feste Maschen. Arbeite immer 1 Luftmasche zu Beginn jeder Reihe als Wendemasche. Sie zählt nicht als Masche.

Jedes Quadrat in einer Diagrammreihe steht für eine Masche: entweder eine feste Masche, ein Mosaikstäbchen oder eine Luftmaschenkette in der 1. Reihe der Farbe. In der 2. Reihe der Farbe arbeitest du eine feste Masche in eine feste Masche oder ein Mosaik-Stäbchen der ersten Reihe bzw. dieselben Luftmaschenketten wie in der 1. Reihe.

Wenn ein Quadrat in der Reihe erscheint, das eine andere Farbe als die verwendete Farbe hat, arbeite eine Luftmaschenkette, um die darunterliegenden Maschen zu überspringen. Um 1 Masche zu überspringen, häkele 2 Luftmaschen, um 2 Maschen zu überspringen, 3 Luftmaschen, um 3 Luftmaschen zu überspringen, 4 Maschen usw. Die zusätzliche Luftmasche sorgt einfach dafür, dass sich die Arbeit nicht zusammenzieht und zu fest wird. Die Luftmaschenketten, die in beiden Reihen derselben Farbe gearbeitet werden, werden später mit Mosaik-Stäbchen gefüllt, die **vor** den beiden Luftmaschenketten in die übersprungenen Maschen darunter gearbeitet werden.

SICHERHEIT GEHT VOR

Mosaikmuster erzeugen lose Luftmaschenketten auf der linken Seite der Arbeit. Zwar entsteht dadurch ein schöner hervorgehobener Effekt auf der rechten Seite. Es macht die Decken und Schals jedoch ungeeignet für Babys, Kleinkinder und Haustiere, da sie sich darin verfangen/erdrosseln können. Das lässt sich jedoch leicht vermeiden. In den folgenden Anweisungen erfährst du, wie du die losen Luftmaschenketten beseitigst.

Luftmaschenketten verstecken, damit sie keine Erstickungs-/Verwicklungsgefahr darstellen

Arbeite dein MoStb wie üblich in die übersprungene Masche derselben Farbe 3 Reihen darunter, jedoch **um** die dazwischenliegenden 2 Luftmaschenketten **herum**, sodass die Luftmaschenkette in das MoStb integriert ist und nicht lose auf der Rückseite liegt. Der einzige Nachteil dieser Methode besteht darin, dass die Hintergrundfarbe zwischen den Maschen etwas hindruchblitzt. (J, K)

Die Luftmaschenkette auf der Rückseite der Arbeit locker liegen lassen

Arbeite dein MoStb wie üblich in die übersprungene Masche derselben Farbe 3 Reihen darunter, jedoch **vor** den dazwischenliegenden 2 Luftmaschenketten in Kontrastfarbe, sodass das MoStb auf der Luftmaschenkette liegt und die Luftmaschenkette klar sichtbar auf der Rückseite verläuft. (L, M)

J

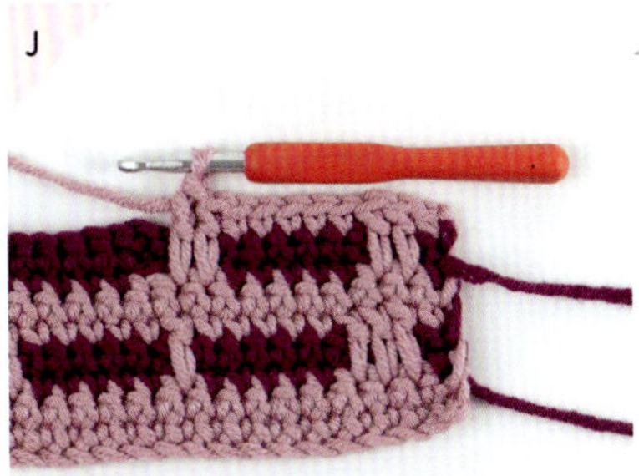

Vorderseite

K

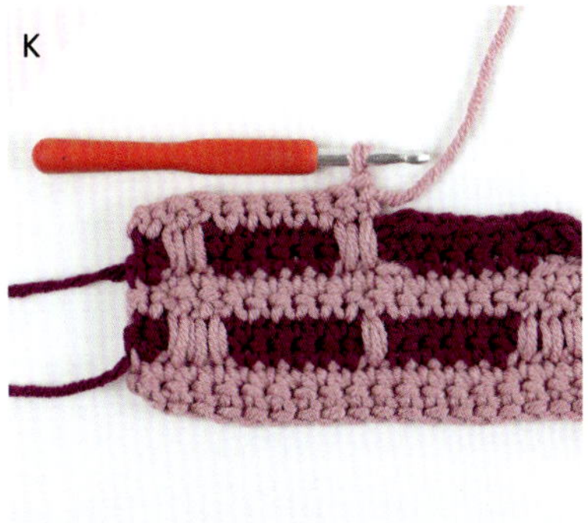

Rückseite

L

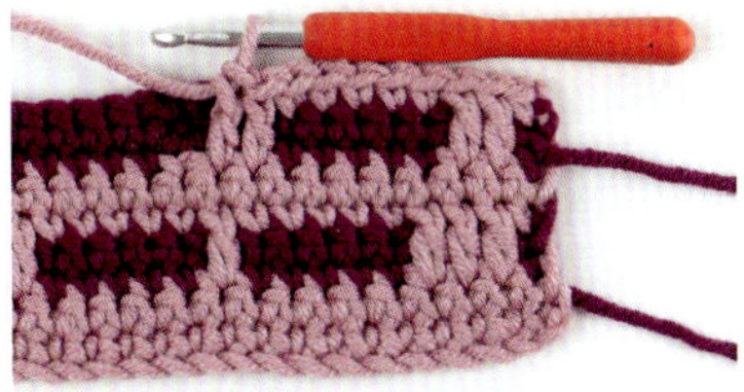

Vorderseite

M

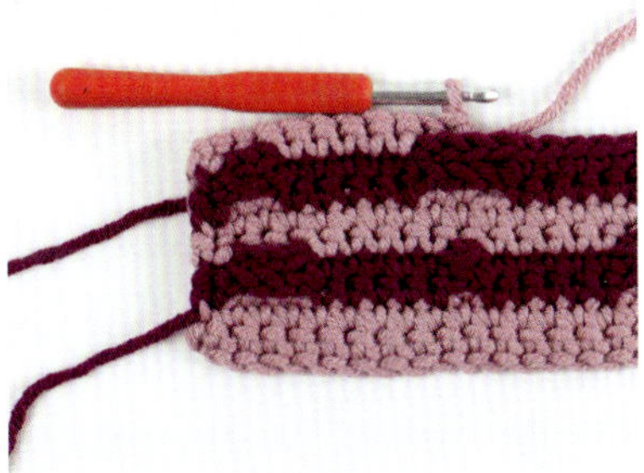

Rückseite

Materialien und Hilfsmittel

GARN

Ich bin Scheepjes sehr dankbar, dass sie dieses Buch unterstützt und mir Garn zur Verfügung gestellt haben. Ich habe mich entschieden, ausschließlich Garn von Scheepjes zu verwenden, weil ich es einfach liebe: Qualität, Auswahl und Farben sind nicht zu übertreffen. Viele der Deckenmodelle in diesem Buch wurden mit Garnen des Colour Crafter DK Sortiments gearbeitet, da sie hochwertig, günstig, waschbar und zu 100 % aus Acrylfasern sind – perfekt also für große Projekte.

Du kannst andere DK-Garne nach deinen Vorlieben verwenden. Denke jedoch daran, dass du möglicherweise eine andere Menge als die zu Beginn der Anleitung angegebene benötigst (dies gilt natürlich für jedes Projekt, bei dem du das Garn austauschst). Es ist auch wichtig, deine Farbwahl gut zu bedenken, wenn du Garn austauschst und die gleiche Wirkung erzielen willst wie ich. Selbst ein kleiner Unterschied bei den Farbtönen wird das Endergebnis verändern. Ich rate dazu, zu Beginn eine kleine Maschenprobe mit dem Alternativgarn zu häkeln, um sicherzugehen, dass sich die Farbwahl und das Garn für das jeweilige Projekt eignen. Für einen Teppich brauchst du robustes, langlebiges Garn, für eine Babydecke weiches, pflegeleichtes und nicht-allergenes Garn. Kissen und Taschen werden am besten in robusten Baumwoll- und Jute-Mischungen gearbeitet.

Da es in diesem Buch um die Vielseitigkeit von Mosaikmustern geht, werden zu Beginn jedes Projekts die Maschen eines Musterrapports angegeben, sodass du auch deine Maschenzahl umrechnen kannst, falls du das Projekt für ein anderes Garn anpassen möchtest. Wenn du beispielsweise eine schön gemütliche Decke in einem dicken Garn häkeln möchtest, in der Anleitung aber DK verwendet wird, berechnest du deine Luftmaschenkette einfach mit den Maschen im Rapport aus der Anleitung, um die gewünschte Größe zu erhalten. Die Optionen und Möglichkeiten sind grenzenlos. Du brauchst also nicht immer genau meine Garnwahl zu übernehmen.

HÄKELNADEL

Du kannst deine Häkelnadelstärke wechseln, wenn deine Maschenprobe meiner entsprechen soll. Garnstärken können selbst bei derselben Bezeichnung variieren: Ein DK von einem Hersteller hat nicht unbedingt genau die gleiche Stärke wie das eines anderen. Zudem häkelt jeder mit einer etwas anderen Spannung – dies muss also berücksichtigt werden. Sieh dir die Maschenprobe in der Anleitung an und passe deine Nadelstärke an, bis deine Maschenprobe den angegebenen Maßen entspricht.

Eine Decke zu häkeln, dauert viele Stunden. Es ist daher wichtig, dass sich die Häkelnadel angenehm halten lässt. Die Auswahl an Häkelnadeln ist riesig. Es lohnt sich daher, verschiedene Marken und Arten auszuprobieren, um die für dich passende zu finden. Manche mögen einen ergonomischen Griff, andere bevorzugen Bambus oder sogar von Hand geschnitzte Häkelnadeln. Ich verwende meist einfache, gerade Metallnadeln, da ich finde, dass das Garn bei ihnen sehr gut gleitet. Dadurch kann ich schnell häkeln, was wichtig ist, wenn ich an einer großen Decke arbeite! Egal mit welcher Nadel du arbeitest: Es ist auch wichtig, regelmäßig Pausen einzulegen, damit deine Hände sich erholen können. Ein paar Dehnübungen oder eine beruhigende Massage mit Handbalsam beleben deine hart arbeitenden Hände.

UMRECHNUNGSTABELLE FÜR HÄKELNADELN

METRISCHE GRÖSSE	US GRÖSSE	UK/KANADA GRÖSSE
2,75 mm	C/2	–
3 mm	–	11
3,25 mm	D/3	10
3,5 mm	E/4	9
4 mm	G/6	8
4,5 mm	7	7
5 mm	H/8	6
5,5 mm	I/9	5
6 mm	J/10	4
6,5 mm	K10½	3
7 mm	–	2
8 mm	L/11	0

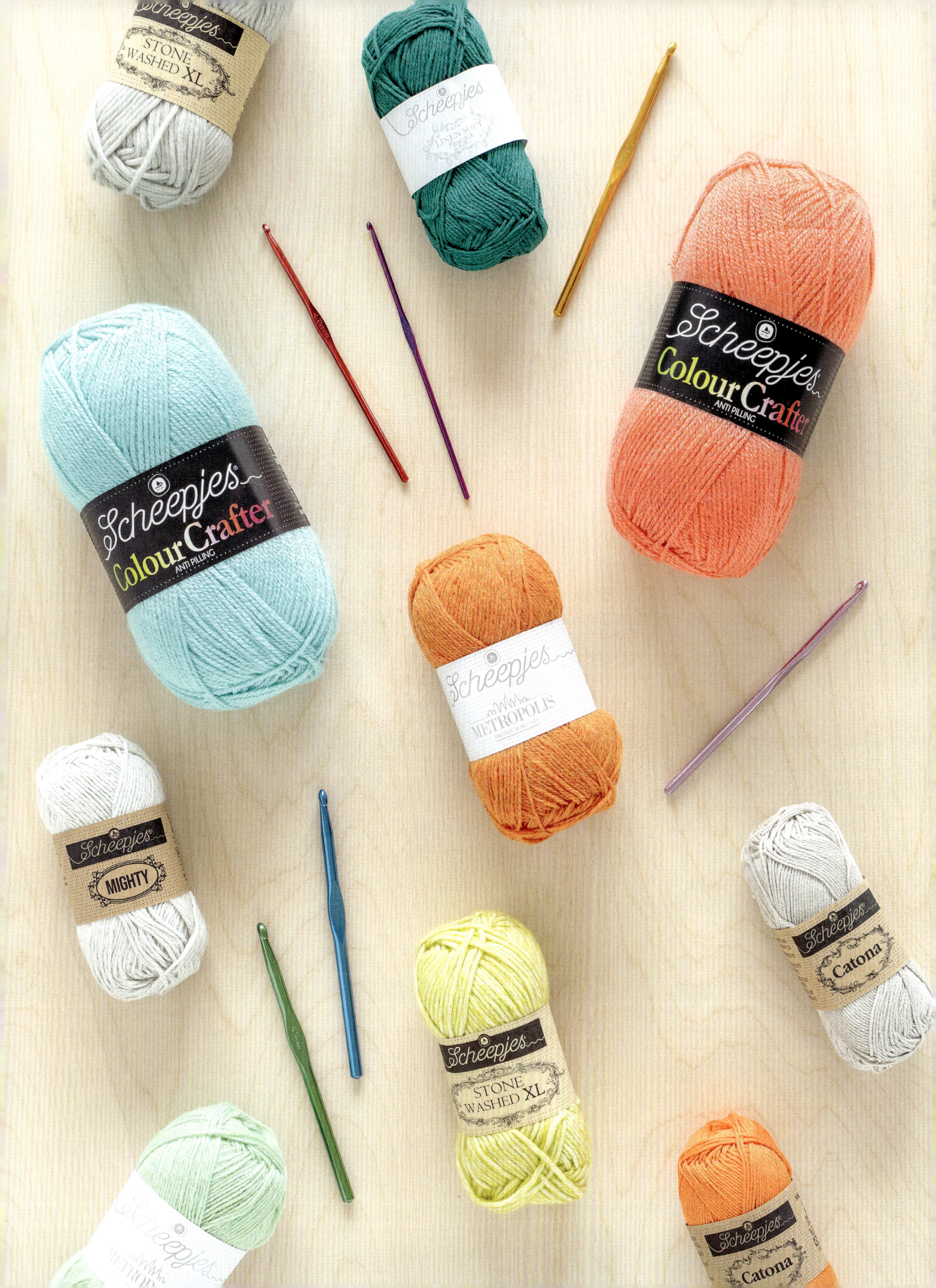

Scheepjes
STONE WASHED XL
Scheepjes
Scheepjes
Colour Crafter
ANTI PILLING
Scheepjes
Colour Crafter
ANTI PILLING
Scheepjes
METROPOLIS
Scheepjes
MIGHTY
Scheepjes
Catona
Scheepjes
STONE WASHED XL
Scheepjes
Catona

ANDERE UTENSILIEN

Bei einigen Projekten benötigst du noch weitere Utensilien, z. B. einen Pompon-Maker, ein Maßband, Futterstoff, Nadel und Faden, Knöpfe usw. Du kannst alles jedoch problemlos im Handarbeitsladen vor Ort oder online besorgen. Alle Projekte kannst du ganz einfach mit ein paar Nähstichen von Hand fertigstellen. Eine Nähmaschine ist definitiv nicht zwingend erforderlich! Achte auf die Informationen zu Beginn jeder Anleitung, um zu sehen, was du für das Projekt benötigst – dort ist alles aufgeführt. Und denke daran, dass diese Anleitungen nur der Ausgangspunkt für deine Interpretation sind. Wenn du die Rebellinnen-Regenbogen-Tasche ohne Futter machen willst, lasse sie einfach ungefüttert! Vielleicht magst du es lieber, wenn deine Kissen auf beiden Seiten einen gehäkelten Bezug haben statt nur auf einer Seite: Mache es einfach, wie es dir gefällt!

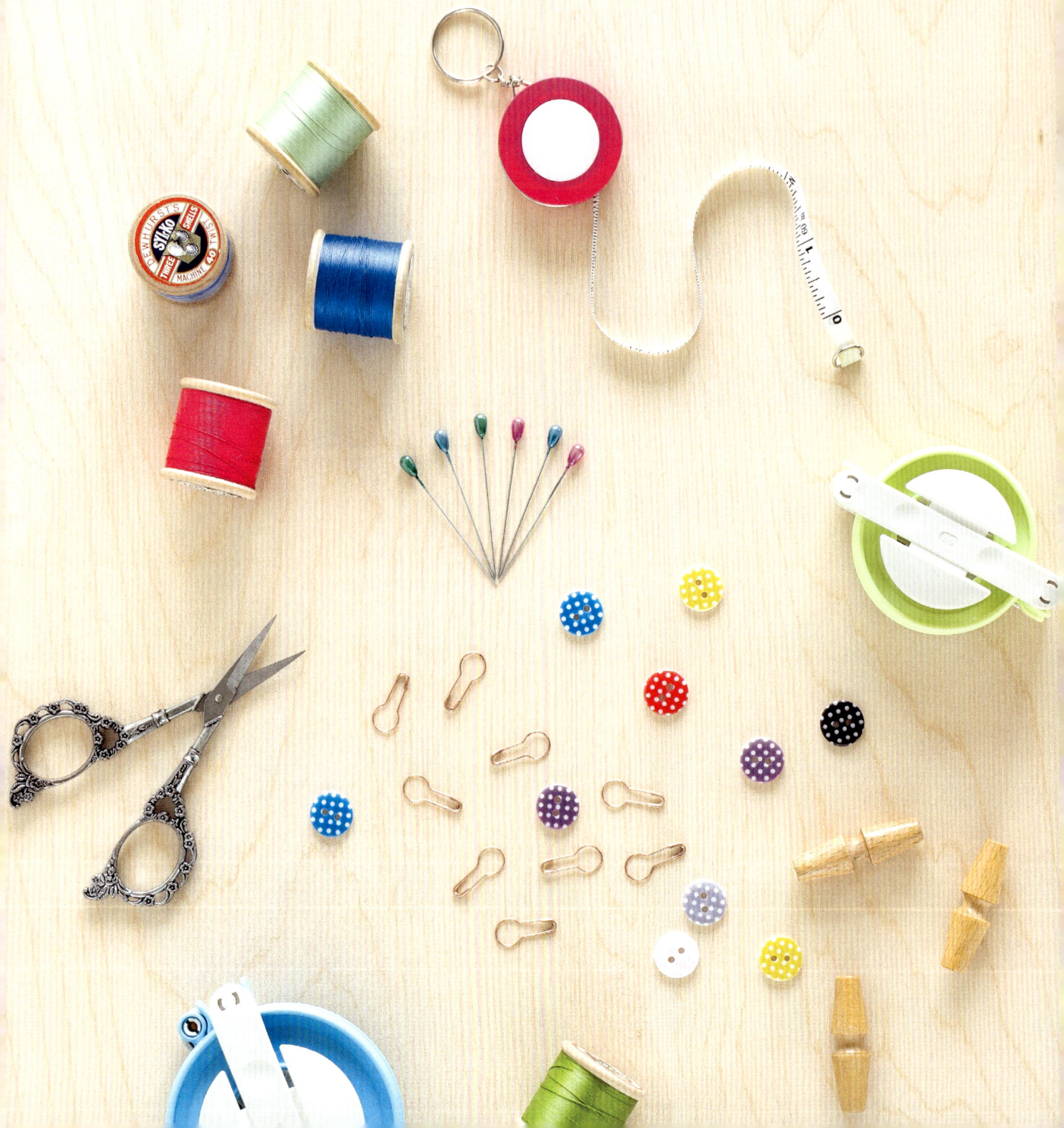

Abkürzungen und Rapportformate

Die Anleitungen in diesem Buch verwenden die nachstehenden Abkürzungen:

2 fM zus 2 feste Maschen zusammenhäkeln (um 1 Masche abzunehmen) wie folgt: 2x [Nadel in die nächste M führen, Umschl und eine Schlaufe hindurchziehen], Umschl und durch alle 3 Schlaufen auf der Nadel ziehen

Anf Anfang

Fbw Farbe wechseln wie folgt: die letzte fM der Reihe in der alten Farbe bis zu den letzten 2 Schlaufen auf der Nadel arbeiten, Umschl mit neuer Farbe und neue Farbe durch die Schlaufen auf der Nadel ziehen.

fM feste Masche(n)

hStb halbe(s) Stäbchen

Km Kettmasche(n)

Lm Luftmasche(n)

Lm-Kette Luftmaschenkette

LS linke Seite, Rückseite

M Masche(n)

MoStb, Mosaik-Stäbchen wie folgt: Stb in die übersprungene M derselben Farbe 3 Reihen tiefer, vor den dazwischenliegenden 2 Lm-Ketten in der anderen Farbe arbeiten.

Randm Randmasche(n)

RS rechte Seite, Vorderseite

Schl Schlaufe(n)/Schlinge(n)

Stb Stäbchen

überspr überspringen

Umschl Umschlag

wdh wiederholen

zus zusammen

Bei allen Anleitungen in diesem Buch werden Anleitungsabschnitte wiederholt, aus denen die geometrischen Muster entstehen. Die wiederholten Sequenzen werden wie folgt angezeigt:

*** ...; von * bis ... wdh**, Anleitungen von * bis ... arbeiten und dann den Abschnitt bis zu dem angegebenen Punkt wiederholen.

*** ...; ab * noch 1x/2x/3x wdh**, die Anleitungen ab * arbeiten und dann diesen Abschnitt so oft wie angegeben wiederholen.

1x/2x/3x [...], Anweisungen zwischen den eckigen Klammern so oft wie angegeben arbeiten.

ABKÜRZUNGEN D / UK / US

D	UK	US
fM	dc	sc
2fM zus	dc2tog	sc2tog
hStb	htr	hdc
Stb	tr	dc
Umschl	yrh	yo

Gedanken zur Farbgestaltung

Die Farben für ein neues Projekt zu planen, macht einfach Spaß, oder? Die Freude, die Garnvorräte zu plündern oder in einen Wollladen zu gehen und zu überlegen, welche wunderbaren Farbkombinationen du wohl finden wirst, gehört zu den schönsten Seiten des Häkelns. Ich arbeite seit Jahren mit Farben (und mit Farbfanatikern). Ich kann zwar nicht von mir sagen, eine echte Farbexpertin zu sein, aber ich weiß sehr gut, dass viele von uns es in einer Welt voller Lärm, Nachrichten und Stress entspannend und erfüllend finden, Farben zusammenzustellen.

Mein Ansatz beim Arbeiten mit Farbe ist unkompliziert. Wenn es um Farbkombinationen geht, halte ich es mit dem Motto »Weniger ist mehr«. Ich würde es als einen modernen, schlichten Look beschreiben, jedoch mit einem unerwarteten Klecks Spaß. Die meisten meiner Modelle verwenden 2 Farben, ein paar verwenden 3. Bei einigen Modellen kommt eine breitere Farbpalette zum Einsatz, was jedoch eher die Ausnahme ist. Beim Mosaikhäkeln dreht sich alles um die wunderbare Einfachheit von geometrischen Formen, und genau das will ich vor allem unterstreichen. Für mich kann zu viel Farbe vom Design ablenken und diese tollen Linien und Formen stören. In gewisser Weise muss die Farbe mit dem und für das Muster arbeiten, nicht umgekehrt. Das Zusammenspiel zwischen Farbe und Form braucht etwas Überlegung und Übung. Bevor du zur Häkelnadel greifst, lohnt sich also ein bisschen Planung. Wenn du deine Wahl getroffen hast, rate ich dringend, eine kleine Maschenprobe des Designs zu machen, um sicherzugehen, dass du mit der Farbkombination wirklich zufrieden bist, bevor du mit dem Projekt startest.

FARBWAHL

Bei der Wahl der Farben für meine eigenen Modelle arbeite ich mit einigen ganz einfachen »Regeln«. Ein heller Hintergrund mit einer kräftigen Hauptfarbe scheint beispielsweise eigentlich immer zu gehen: In der Tief-im-Walde-Decke verwende ich ein helles Blau mit einem satten Kupferorange und das Ergebnis ist fantastisch. Ich liebe es auch, mit Neon zu arbeiten – keine Angst vor Neonfarben: Sie können mit anderen Farben problemlos abgemildert werden. Das siehst du bei der Sonnenflecken-Decke: Die Kreise in Neonpink leuchten, sind aber vor dem tiefen, gemäßigten Rot nicht zu dominant. Am allerliebsten verwende ich allerdings eine monochrome Palette mit einer leuchtenden Borte (Bommel und Quasten sind willkommen), wie bei der Rautendecke und der Floating-Points-Decke. Mit einigen Farbspritzern kann man ein Projekt richtig beleben! Manchmal weite ich meine Farbpalette für ein Design auf 4 oder 5 Farben aus, aber ich mag es, wenn sie sich ein bisschen beißen. Die YES-Decke zeigt dies gut mit den kontrastierenden, leicht konkurrierenden Pink- und Gelbtönen. Dies sind aber natürlich meine Farben, nicht deine, und vielleicht entsprechen sie nicht ganz deinem Geschmack. Wenn du andere Farben wählen möchtest, aber nicht sicher bist, wie du es angehen sollst, sind hier meine Top-Tipps:

Überlege, wo dein Projekt am Ende verwendet wird – gibt es eine bestimmte Akzentfarbe in dem Raum, die du liebst und vielleicht als deine Hauptfarbe verwenden möchtest? Eine Lieblingsvase oder eine bestimmte Farbe im Sesselbezug kann ein guter Ausgangspunkt sein. Vielleicht bist du von einer bestimmten Künstlerin oder einem Kunstwerk inspiriert (Ich habe Graffiti in meinem Ort fotografiert, was am Ende ein Häkelprojekt inspiriert hat).

Oder, wenn das Projekt ein Geschenk sein soll, überlege, welche Farben der oder die Beschenkte mag. Vielleicht trägt er/sie oft eine bestimmte Farbe. Schals oder andere Accessoires geben oft einen Hinweis zu Lieblingsfarben, da diese der persönliche Touch sind, mit dem wir unsere Persönlichkeit gegenüber anderen ausdrücken.

Eine andere Möglichkeit besteht darin, wortwörtlich deine Augen zu öffnen und dich richtig umzusehen. Du wirst staunen, wie viele wunderbare Farbkombinationen du siehst, wenn du darauf achtest. Ob es die Socken auf der Wäscheleine oder eine leuchtende Blume in den Fugen des Bürgersteigs sind, Farbe umgibt uns überall. Mache Fotos von allem, was dir gefällt, hole dir Farbkarten aus dem Baumarkt, stelle online Moodboards schöner Interieurs, Stoffe, Fliesen, Gärten zusammen – alles, was du siehst und magst. Dadurch erhältst du ein Verzeichnis schöner Kombinationen, auf die du zurückgreifen kannst und die du nach Geschmack kombinieren kannst, wenn dich das Häkelfieber packt.

FARBTHEORIE

Wenn du es etwas technischer magst, dann ist Farbtheorie ein spannendes, weitreichendes Thema, in das du dich vertiefen kannst. Es gibt viele hervorragende Bücher zu diesem Thema. Der Farbkreis kann zudem ein sehr inspirierendes Hilfsmittel sein. Komplementärfarben (die sich im Farbkreis gegenüberliegen) sehen sehr gut zusammen aus, wie Koralle und Petrol oder Gold und Pflaume. Das Gleiche gilt für eine triadische Kombination (3 Punkte auf dem Kreis, die gleich weit voneinander entfernt sind), wie die Primärfarben Rot, Blau und Gelb.

Wenn du noch mehr Inspiration benötigst, wirst du sehen, dass ich von jedem der zwölf Hauptmuster eine kleine Maschenprobe in einer neuen Kombination angefertigt habe, um dich zu neuen Ideen anzuregen. Von einer vollkommen monochromen Palette bis hin zum Farbverlauf: Jede Maschenprobe behandelt ein bestimmtes Farbkonzept. Und denke daran: Wenn du am Anfang eine Häkelprobe machst und das Ergebnis dir nicht gefällt – sei ehrlich und bereit, andere Farben zu wählen und neu zu beginnen. Dies ist wirklich der beste Rat, den ich geben kann. Oh, und natürlich, dass du richtig viel Spaß bei deinen Abenteuern mit farbenfrohen Häkelprojekten haben solltest.

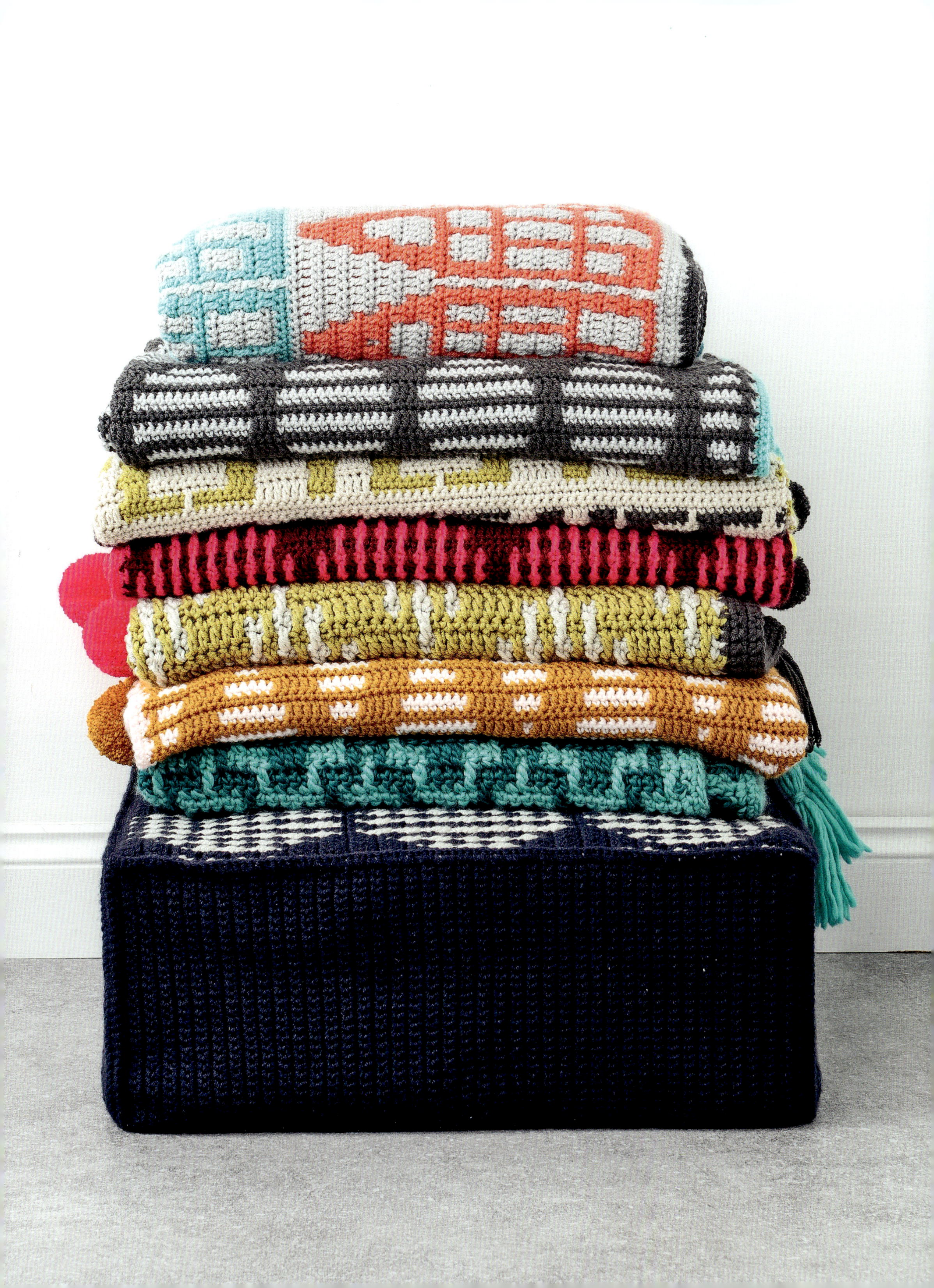

Projekte

Alle zwölf Designs in diesem Abschnitt haben ein Nebenprojekt, um zu zeigen, wie einfach und flexibel Mosaikhäkeln sein kann. Von Taschen und Teppichen bis hin zu Ottomanen und Tischläufern findest du hoffentlich Inspiration, um deine eigenen schönen Projekte zu häkeln, die deinem Zuhause einen coolen, modernen Stil verleihen. Du wirst sehen, dass für jedes Projekt am Anfang ein Schwierigkeitsgrad angegeben ist, damit du dein nächstes Projekt besser wählen kannst (ein Knäuel für ein Projekt, das toll für begeisterte Anfänger*innen ist, bis hin zu drei Knäueln für ein Projekt, das mehr Konzentration und eventuell ein paar Nähfertigkeiten erfordert). Für jedes Modell findest du eine Musterbeschreibung und ein Diagramm, damit du wählen kannst, wie du das Projekt nacharbeiten möchtest. Egal, wo du in diesem Buch beginnst und welche Projekte du wählst, ich hoffe, dir gefällt meine farbenfrohe, schräge Welt des Mosaikhäkelns.

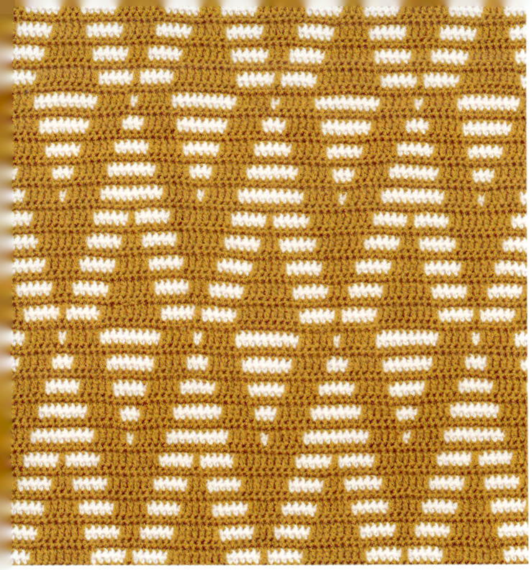

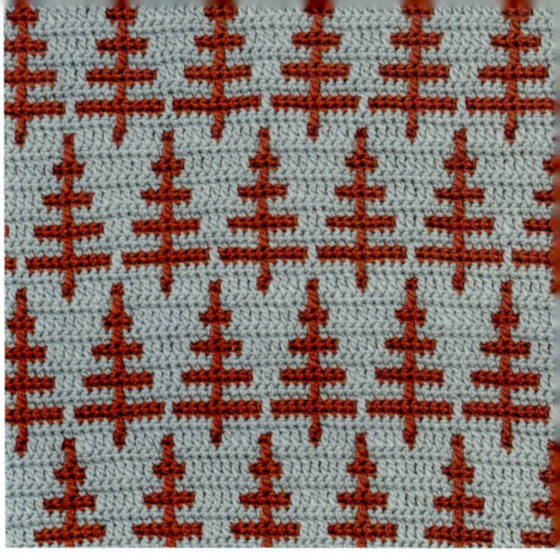
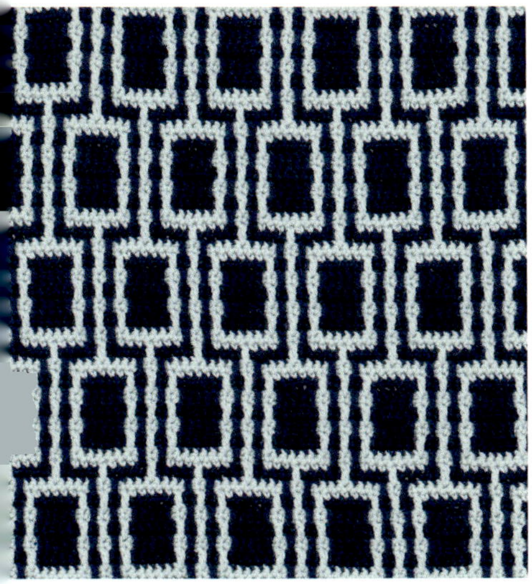
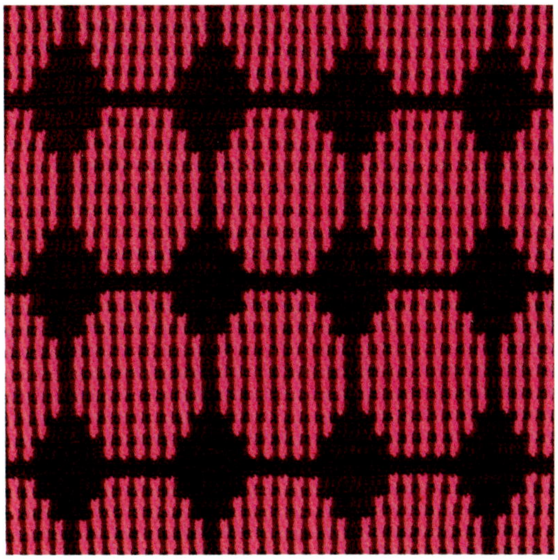

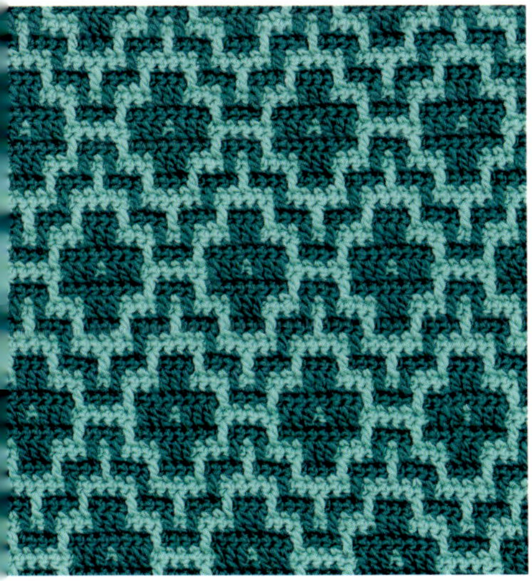
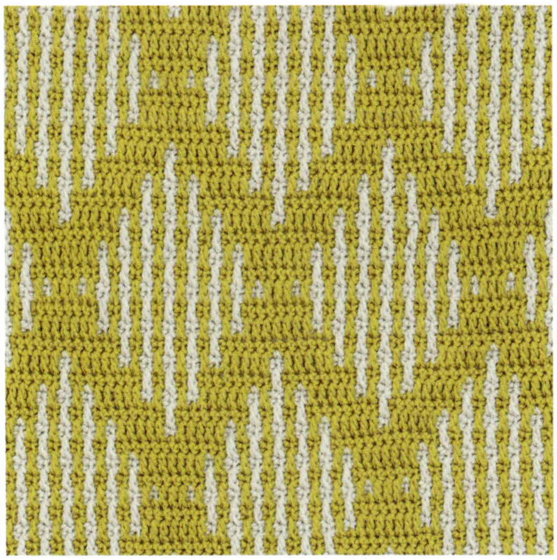
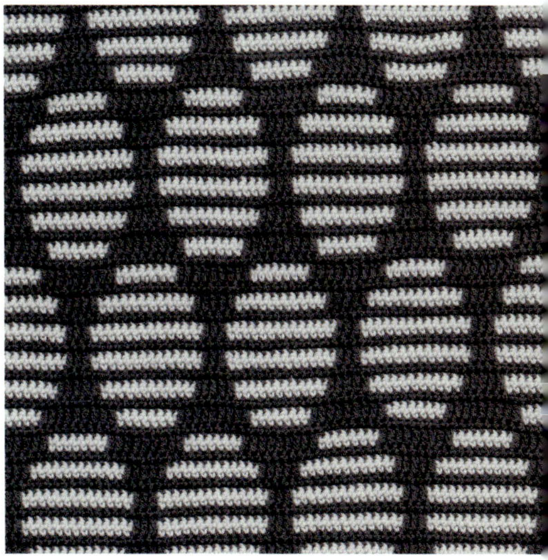

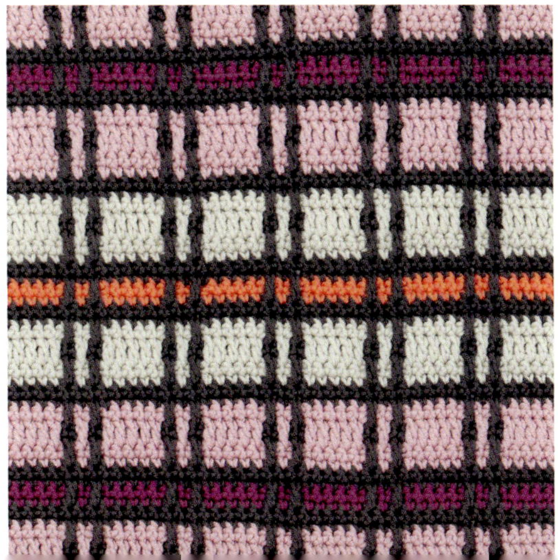
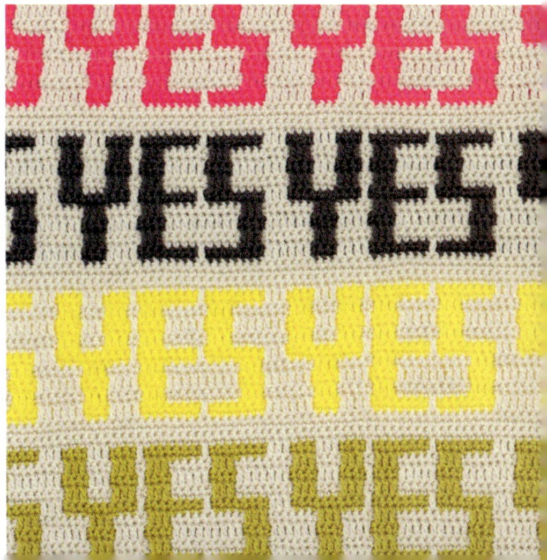
YES YES
YES YES
YES YES
YES YES

LEVEL

Eine Decke mit Ecken und Kanten

Verschachtelte tintenblaue Rechtecke vor einem wunderschönen verwaschenen Blau ... Dieses Design ist irgendwie sehr beruhigend und hypnotisierend. Ich habe so viele Häkelproben mit verschiedenen Farben, coolen Neontönen, wunderbaren Borten usw. gemacht, aber ich bin immer wieder auf diese kühle, etwas zurückhaltende Farbkombi zurückgekommen. Sonst ist das gar nicht so mein Stil. Manchmal hat anscheinend das Design das Sagen und nicht der Designer ...

DU BENÖTIGST

GARN

Scheepjes Colour Crafter (100 % Acryl), DK/Light Worsted, 100 g (300 m), in den folgenden Farbtönen:

Goes (1820); 4 Knäuel (A)

Tynaarlo (1011); 4 Knäuel (B)

NADEL

5,5 mm Häkelnadel

MASCHEN IM RAPPORT

Maschenzahl teilbar durch 10 + 4 M für die anfängliche Luftmaschenkette

MASCHENPROBE

15 M und 18 R = 10 cm x 10 cm im Muster mit einer 5,5 mm Häkelnadel

FERTIGE GRÖSSE

Etwa 98 cm x 128 cm

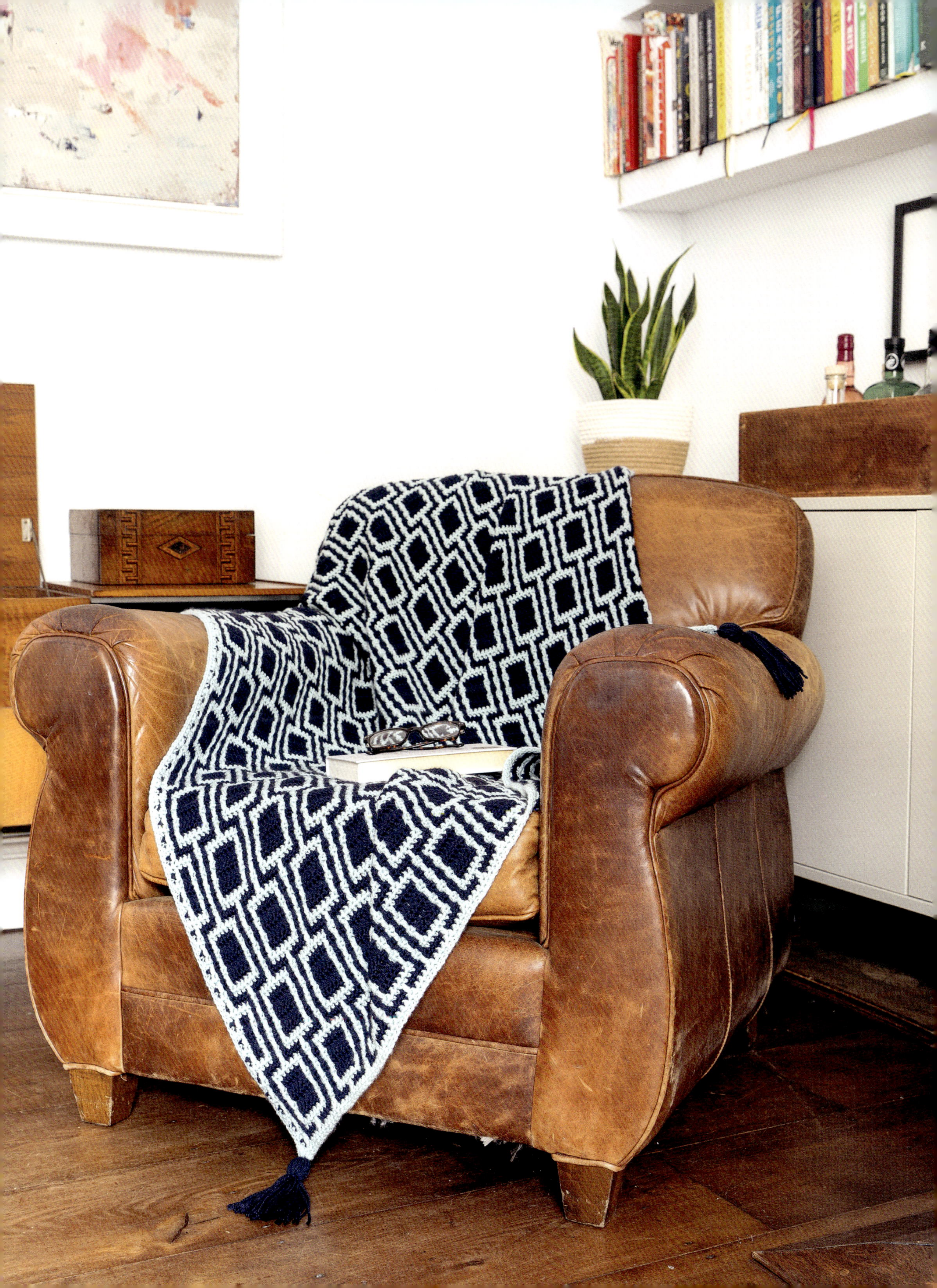

Hinweis

Ein relativ einfaches Mosaikmuster in den Farben A und B. Wenn der Hauptteil der Decke fertig ist, werden die langen Seiten mit A eingefasst und die Quasten in B an die Ecken genäht.

ANLEITUNG

Mit Farbe A 144 Lm anschlagen.

Reihe 1 (RS): 1 fM in die 2. Lm ab der Nadel und in jede Lm bis zum Ende, wenden. (143 M)

Reihe 2 (LS): 1 Lm (zählt nie als M), 1 fM in jede M, Fbw zu B, wenden.

Reihe 3: 1 Lm, 1 fM, 2 Lm, 1 M überspr, * 4 fM, 2 Lm, 1 M überspr; ab * wdh, 1 fM, wenden.

Reihe 4: 1 Lm, 1 fM, 2 Lm, 2 Lm überspr, * 4 fM, 2 Lm, 2 Lm überspr; ab * wdh, 1 fM, Fbw zu A, wenden.

Reihe 5: 1 Lm, 1 fM, * 1 MoStb, 2 Lm, 1 M überspr, 3 fM, 1 MoStb, 3 fM, 2 Lm, 1 M überspr; ab * wdh, 1 MoStb, 1 fM, wenden.

Reihe 6: 1 Lm, 2 fM, * 2 Lm, 2 Lm überspr, 7 fM, 2 Lm, 2 Lm überspr, 1 fM; ab * wdh, 1 fM, Fbw, wenden.

Reihe 7: 1 Lm, 1 fM, * 2 Lm, 1 M überspr, 1 MoStb, 2 Lm, 1 M überspr, 5 fM, 2 Lm, 1 M überspr, 1 MoStb; ab * wdh, 2 Lm, 1 M überspr, 1 fM, wenden.

Reihe 8: 1 Lm, 1 fM, * 2 Lm, 2 Lm überspr, 1 fM, 2 Lm, 2 Lm überspr, 5 fM, 2 Lm, 2 Lm überspr, 1 fM; ab * bis zu den letzten 2 M wdh, 2 Lm, 2 Lm überspr, 1 fM, Fbw, wenden.

Reihe 9: 1 Lm, 1 fM, * 1 MoStb, 2 Lm, 1 M überspr, 1 MoStb, 6 Lm, 5 M überspr, 1 MoStb, 2 Lm, 1 M überspr; ab * bis zu den letzten 2 M wdh, 1 MoStb, 1 fM, wenden.

Reihe 10: 1 Lm, 2 fM, * 2 Lm, 2 Lm überspr, 1 fM, 6 Lm, 6 Lm überspr, 1 fM, 2 Lm, 2 Lm überspr, 1 fM; ab * wdh, 1 fM, Fbw, wenden.

Reihe 11: 1 Lm, 1 fM, * 2 Lm, 1 M überspr, 1 MoStb, 2 Lm, 1 M überspr, 5 MoStb, 2 Lm, 1 M überspr, 1 MoStb; ab * wdh, 2 Lm, 1 M überspr, 1 fM, wenden.

Reihe 12: 1 Lm, 1 fM, * 2 Lm, 2 Lm überspr, 1 fM, 2 Lm, 2 Lm überspr, 5 fM, 2 Lm, 2 Lm überspr, 1 fM; ab * bis zu den letzten 2 M wdh, 2 Lm, 2 Lm überspr, 1 fM, Fbw, wenden.

Reihe 13: 1 Lm, 1 fM, * 1 MoStb, 2 Lm, 1 M überspr, 1 MoStb, 6 Lm, 5 M überspr, 1 MoStb, 2 Lm, 1 M überspr; ab * wdh, 1 MoStb, 1 fM, wenden.

Reihe 14: 1 Lm, 2 fM, * 2 Lm, 2 Lm überspr, 1 fM, 6 Lm, 6 Lm überspr, 1 fM, 2 Lm, 2 Lm überspr, 1 fM; ab * wdh, 1 fM, Fbw, wenden.

Reihe 15: 1 Lm, 1 fM, * 2 Lm, 1 M überspr, 1 MoStb, 2 Lm, 1 M überspr, 5 MoStb, 2 Lm, 1 M überspr, 1 MoStb; ab * wdh, 2 Lm, 1 M überspr, 1 fM, wenden.

Reihe 16: 1 Lm, 1 fM, * 2 Lm, 2 Lm überspr, 1 fM, 2 Lm, 2 Lm überspr, 5 fM, 2 Lm, 2 Lm überspr, 1 fM; ab * wdh, 2 Lm, 2 Lm überspr, 1 fM, Fbw, wenden.

Reihe 17: 1 Lm, 1 fM, * 1 MoStb, 2 Lm, 1 M überspr, 1 MoStb, 5 fM, 1 MoStb, 2 Lm, 1 M überspr; ab * wdh, 1 MoStb, 1 fM, wenden.

Reihe 18: 1 Lm, 2 fM, * 2 Lm, 2 Lm überspr, 7 fM, 2 Lm, 2 Lm überspr, 1 fM; ab * wdh, 1 fM, Fbw, wenden.

Reihe 19: 1 Lm, 1 fM, * 2 Lm, 1 M überspr, 1 MoStb, 3 fM, 2 Lm, 1 M überspr, 3 fM, 1 MoStb; ab * wdh, 2 Lm, 1 M überspr, 1 fM, wenden.

Reihe 20: 1 Lm, 1 fM, 2 Lm, 2 Lm überspr, * 4 fM, 2 Lm, 2 Lm überspr; ab * wdh, 1 fM, Fbw, wenden.

Reihe 21: 1 Lm, 1 fM, 1 MoStb, 3 fM, 2 Lm, 1 M überspr, 1 MoStb, 2 Lm, 1 M überspr, * 3 fM, 1 MoStb, 3 fM, 2 Lm, 1 M überspr, 1 MoStb, 2 Lm, 1 M überspr; ab * wdh, 3 fM, 1 MoStb, 1 fM, wenden.

Reihe 22: 1 Lm, 5 fM, 2 Lm, 2 Lm überspr, 1 fM, 2 Lm, 2 Lm überspr, * 7 fM, 2 Lm, 2 Lm überspr, 1 fM, 2 Lm, 2 Lm überspr; ab * wdh, 5 fM, Fbw, wenden.

Reihe 23: 1 Lm, 1 fM, 2 Lm, 1 M überspr, 2 fM, 2x [2 Lm, 1 M überspr, 1 MoStb], * 2 Lm, 1 M überspr, 5 fM, 2x [2 Lm, 1 M überspr, 1 MoStb]; ab * wdh, 2 Lm, 1 M überspr, 2 fM, 2 Lm, 1 M überspr, 1 fM, wenden.

Reihe 24: 1 Lm, 1 fM, 2 Lm, 2 Lm überspr, 2 fM, 2x [2 Lm, 2 Lm überspr, 1 fM], * 2 Lm, 2 Lm überspr, 5 fM, 2x [2 Lm, 2 Lm überspr, 1 fM]; ab * wdh, 2 Lm, 2 Lm überspr, 2 fM, 2 Lm, 2 Lm überspr, 1 fM, Fbw, wenden.

Reihe 25: 1 Lm, 1 fM, 1 MoStb, 3 Lm, 2 M überspr, 2x [1 MoStb, 2 Lm, 1 M überspr], * 1 MoStb, 6 Lm, 5 M überspr, 2x [1 MoStb, 2 Lm, 1 M überspr]; ab * wdh, 1 MoStb, 3 Lm, 2 M überspr, 1 MoStb, 1 fM, wenden.

Reihe 26: 1 Lm, 2 fM, 3 Lm, 3 Lm überspr, 2x [1 fM, 2 Lm, 2 Lm überspr], * 1 fM, 6 Lm, 6 Lm überspr, 2x [1 fM, 2 Lm, 2 Lm überspr]; ab * wdh, 1 fM, 3 Lm, 3 Lm überspr, 2 fM, Fbw, wenden.

Reihe 27: 1 Lm, 1 fM, 2 Lm, 1 M überspr, 2 MoStb, 2x [2 Lm, 1 M überspr, 1 MoStb], * 2 Lm, 1 M überspr, 5 MoStb, 2x [2 Lm, 1 M überspr, 1 MoStb]; ab * wdh, 2 Lm, 1 M überspr, 2 MoStb, 2 Lm, 1 M überspr, 1 fM, wenden.

Reihe 28: 1 Lm, 1 fM, 2 Lm, 2 Lm überspr, 2 fM, 2x [2 Lm, 2 Lm überspr, 1 fM], * 2 Lm, 2 Lm überspr, 5 fM, 2x [2 Lm, 2 Lm überspr, 1 fM]; ab * wdh, 2 Lm, 2 Lm überspr, 2 fM, 2 Lm, 2 Lm überspr, 1 fM, Fbw, wenden.

Reihe 29: 1 Lm, 1 fM, 1 MoStb, 3 Lm, 2 M überspr, 2x [1 MoStb, 2 Lm, 1 M überspr], * 1 MoStb, 6 Lm, 5 M überspr, 2x [1 MoStb, 2 Lm, 1 M überspr]; ab * wdh, 1 MoStb, 3 Lm, 2 M überspr, 1 MoStb, 1 fM, wenden.

TOP-TIPP

Du könntest ein bisschen wagemutiger sein als ich und eine richtig markante Borte häkeln oder mehr Quasten an den Enden dieser Decke anbringen.

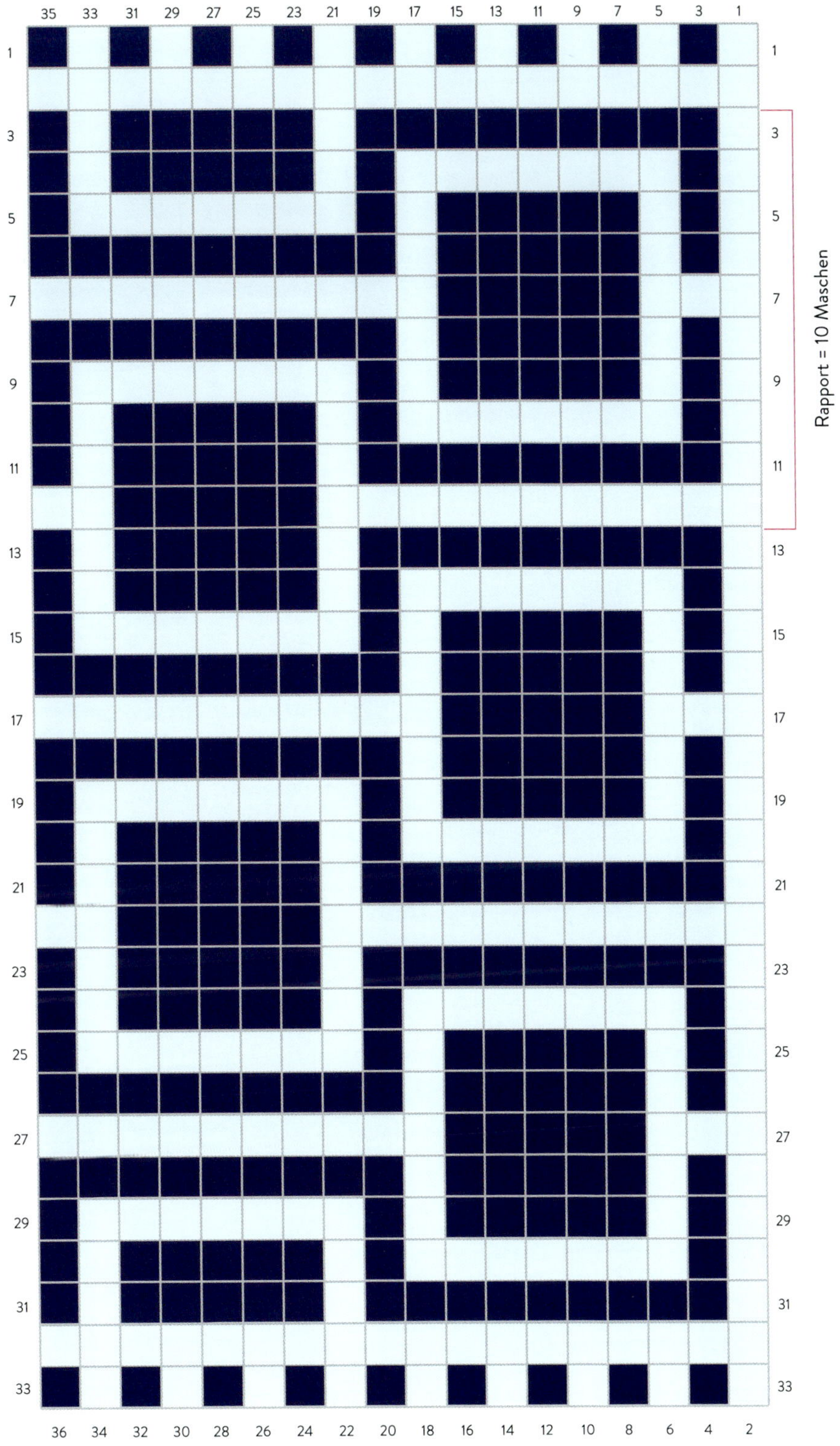

LEGENDE

A B

Jedes Quadrat stellt eine Masche dar.

Um nach diesem Diagramm zu arbeiten, drehe es um 90 Grad im Uhrzeigersinn. Lies alle ungeraden Reihen (RS) von rechts nach links und alle geraden Reihen (LS) von links nach rechts.

Arbeite zunächst 1x die Reihen 1–36, dann wdh stets die Reihen 5–36.

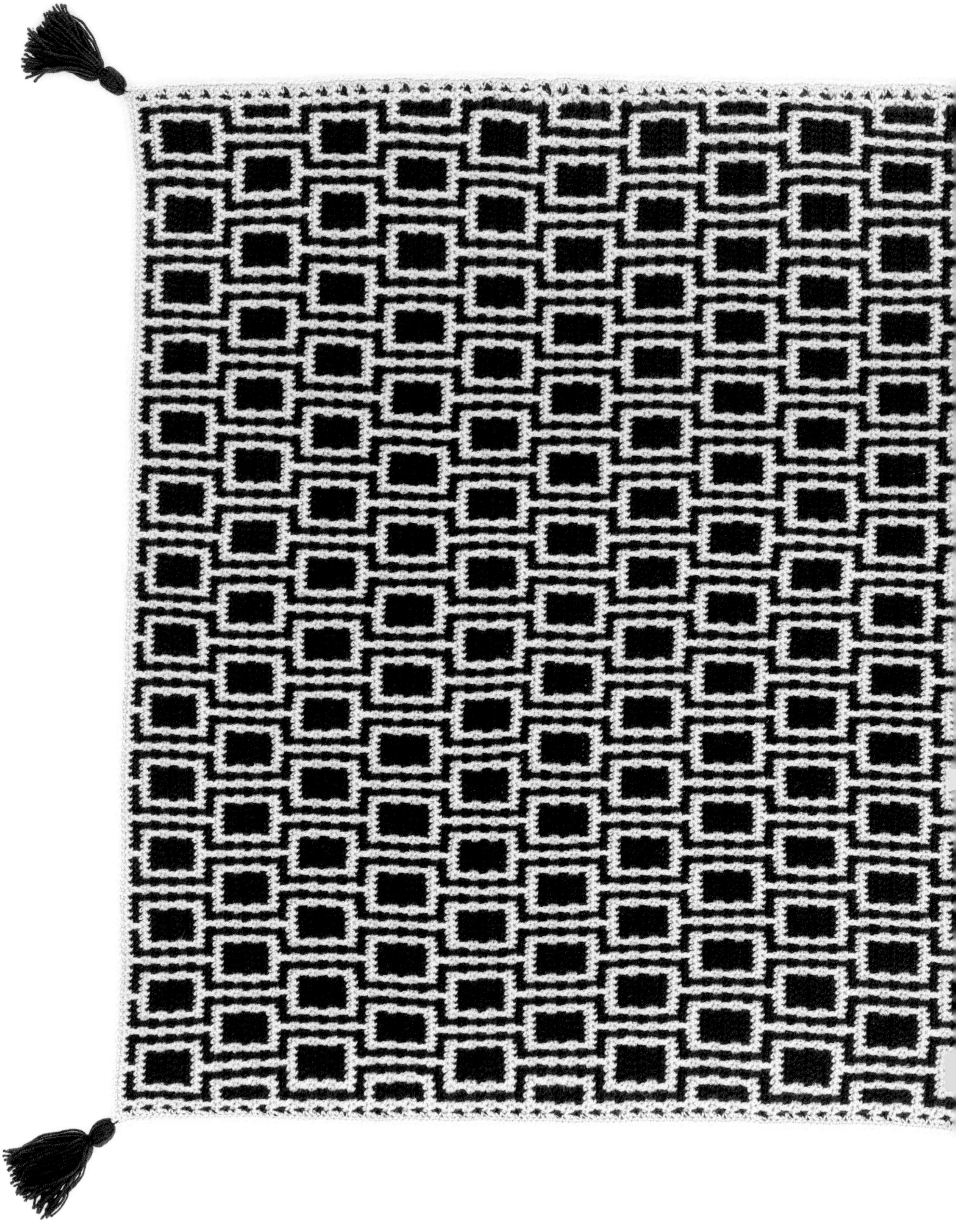

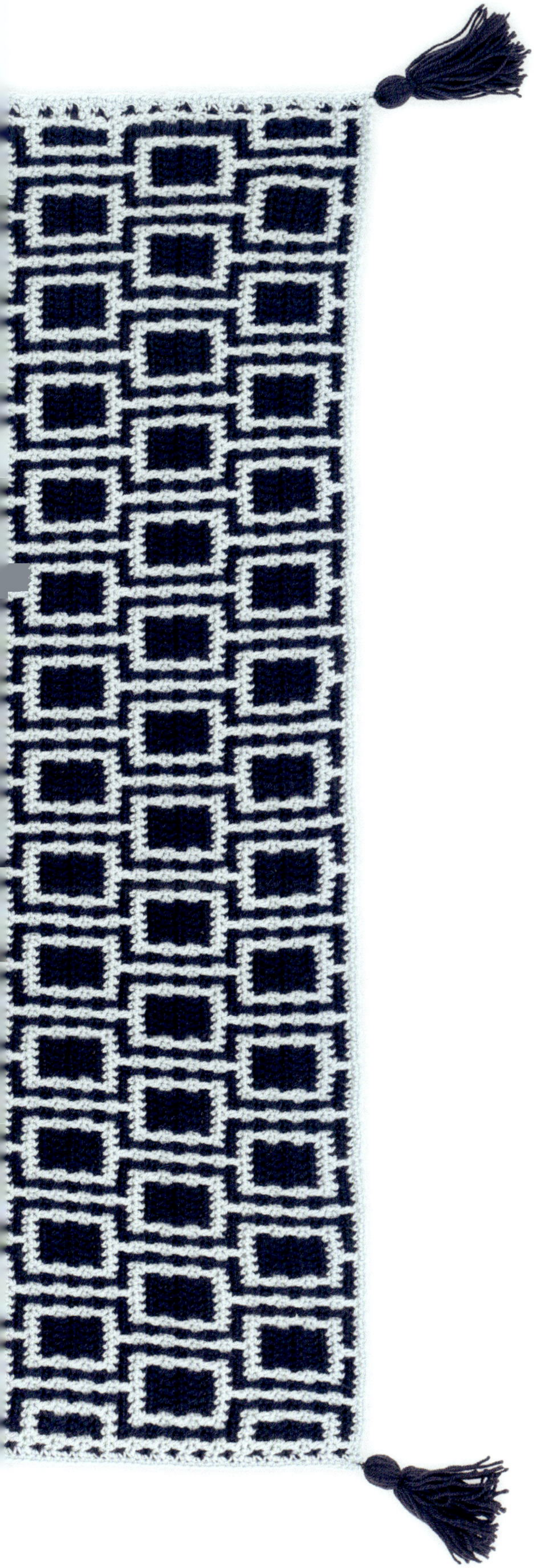

Reihe 30: 1 Lm, 2 fM, 3 Lm, 3 Lm überspr, 2x [1 fM, 2 Lm, 2 Lm überspr], * 1 fM, 6 Lm, 6 Lm überspr, 2x [1 fM, 2 Lm, 2 Lm überspr]; ab * wdh, 1 fM, 3 Lm, 3 Lm überspr, 2 fM, Fbw, wenden.

Reihe 31: 1 Lm, 1 fM, 2 Lm, 1 M überspr, 2 MoStb, 2x [2 Lm, 1 M überspr, 1 MoStb], * 2 Lm, 1 M überspr, 5 MoStb, 2x [2 Lm, 1 M überspr, 1 MoStb]; ab * wdh, 2 Lm, 1 M überspr, 2 MoStb, 2 Lm, 1 M überspr, 1 fM, wenden.

Reihe 32: 1 Lm, 1 fM, 2 Lm, 2 Lm überspr, 2 fM, 2x [2 Lm, 2 Lm überspr, 1 fM], * 2 Lm, 2 Lm überspr, 5 fM, 2x [2 Lm, 2 Lm überspr, 1 fM]; ab * wdh, 2 Lm, 2 Lm überspr, 2 fM, 2 Lm, 2 Lm überspr, 1 fM, Fbw, wenden.

Reihe 33: 1 Lm, 1 fM, 1 MoStb, 2 fM, 2x [1 MoStb, 2 Lm, 1 M überspr], * 1 MoStb, 5 fM, 2x [1 MoStb, 2 Lm, 1 M überspr]; ab * wdh, 1 MoStb, 2 fM, 1 MoStb, 1 fM, wenden.

Reihe 34: 1 Lm, 5 fM, 2 Lm, 2 Lm überspr, 1 fM, 2 Lm, 2 Lm überspr, * 7 fM, 2 Lm, 2 Lm überspr, 1 fM, 2 Lm, 2 Lm überspr; ab * wdh, 5 fM, Fbw, wenden.

Reihe 35: 1 Lm, 1 fM, 2 Lm, 1 M überspr, * 3 fM, 1 MoStb, 2 Lm, 1 M überspr, 1 MoStb, 3 fM, 2 Lm, 1 M überspr; ab * wdh, 1 fM, wenden.

Farboption

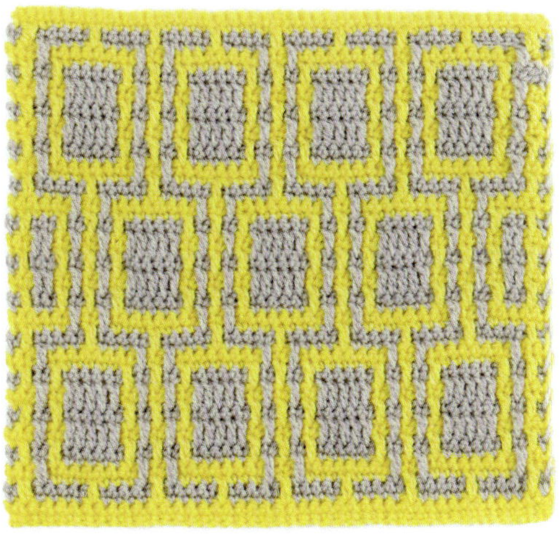

GANZ SCHÖN HELLE

Helle Farben können zusammen markant und lebendig wirken, wenn du eine dominante Farbe wählst, wie dieses leuchtende Zitronengelb. Es kontrastiert wunderbar mit dem schönen weichen Taubengrau, aber dominiert das Muster nicht zu stark.

Reihe 36: 1 Lm, 1 fM, 2 Lm, 2 Lm überspr, * 4 fM, 2 Lm, 2 Lm überspr; ab * wdh, 1 fM, Fbw, wenden.

Reihen 37–228: Die Reihen 5–36 noch 6x wdh.

Reihe 229: 1 Lm, 1 fM, 1 MoStb, * 4 fM, 1 MoStb; ab * wdh, 1 fM, wenden.

Reihe 230: 1 Lm, 1 fM in jede M.

Farbe B beenden, Farbe A noch nicht.

BORTE

Die Borte wird nur an den langen Seiten gearbeitet.

Erste lange Seite

Reihe 1 (LS): Mit Farbe A und mit LS oben 1 Lm, die Arbeit um 90 Grad drehen und entlang einer langen Seite wie folgt arbeiten: * fM in die nächsten 4 Randm, 1 Randm überspr; ab * wdh, mit einer beliebigen M im Rapport enden. Wenn die letzte M übersprungen wurde, einfach 1 fM zum Abschluss der Reihe arbeiten. Wenden.

Reihe 2 (RS): 1 Lm, 1 fM in jede M.

Die Fäden abschneiden und vernähen.

Zweite lange Seite

Reihe 1 (LS): Mit LS zu dir zeigend Farbe A mit 1 Km am Ende der 1. Reihe an der anderen langen Seite anschlingen, 1 Lm, 1 fM in dieselbe M, fM in die nächsten 3 Randm, * 1 Randm überspr, fM in die nächsten 4 Randm; ab * wdh, mit 1 beliebigen M im Rapport enden. Wenn die letzte M übersprungen wurde, einfach 1 fM zum Abschluss der Reihe arbeiten. Wenden.

Reihe 2 (RS): 1 Lm, 1 fM in jede M, wenden.

Die Fäden abschneiden und vernähen.

QUASTEN

(4 Stück)

Farbe B etwa 30x um eine etwa 12 cm breite Pappe wickeln. Einen 30 cm langen Faden B am oberen Ende unter alle Schlaufen durchführen und festknoten, um die Schlaufen zusammenzubinden. Die Schlaufen am unteren Ende aufschneiden. Einen weiteren 30 cm langen Faden B in etwa 3 cm Abstand vom oberen Ende um alle Fäden knoten (außer dem Faden, mit dem die Schlaufen zusammengeknotet wurden). Die Enden der Quaste gerade abschneiden.

Eine Quaste an jeder Ecke der Decke anbringen. Dazu den Faden, mit dem die Schlaufen zusammengeknotet wurden, sicher an jeder Ecke anknoten.

Zum Abschluss alle Fäden vernähen.

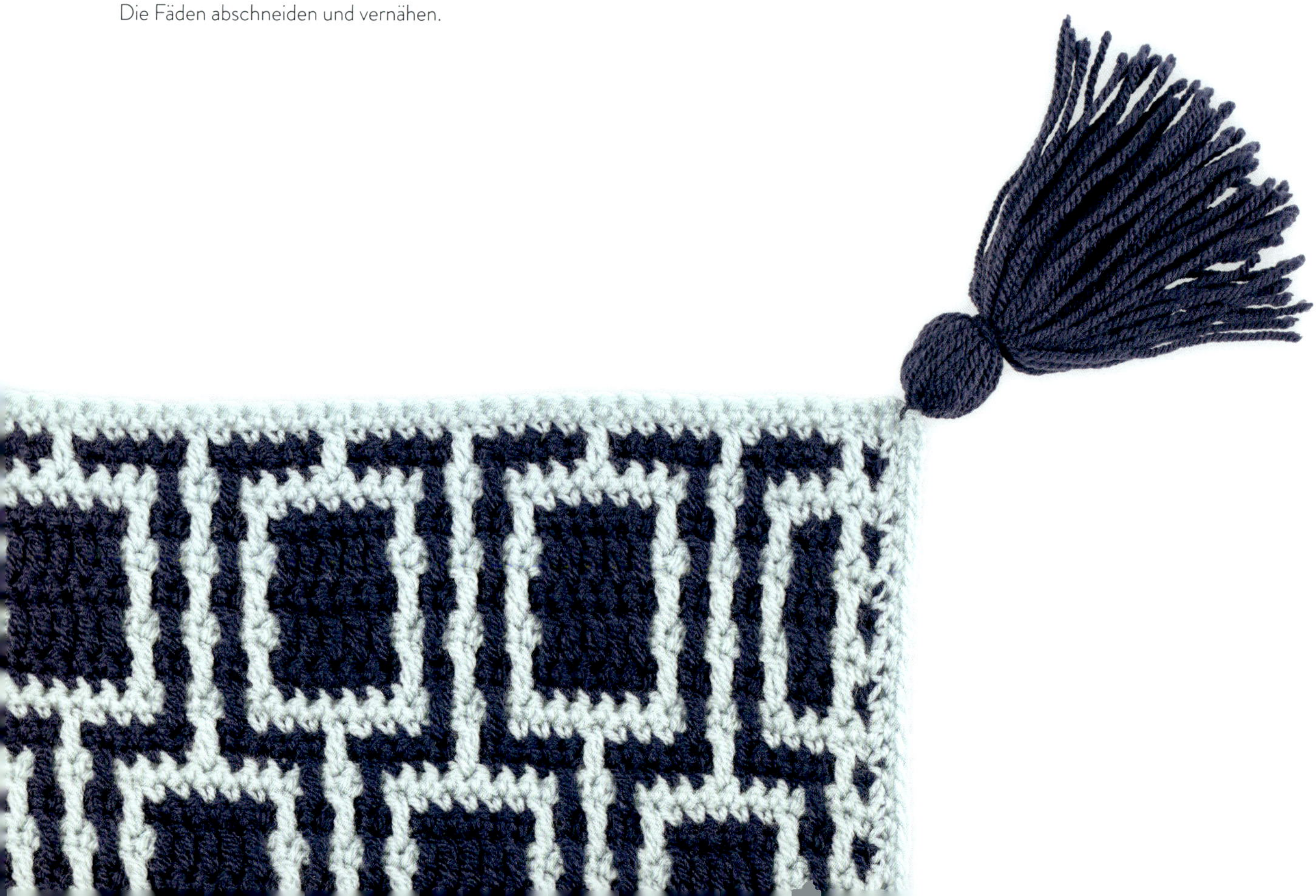

LEVEL

NEBENPROJEKT:

Kannenwärmer für Teeliebhaber

Trinkst du gerne Tee? Wie du weißt, sind wir Briten begeisterte Teetrinker*innen. Ich nehme Teebeutel mit in den Urlaub, damit ich sicher sein kann, dass ich eine ORDENTLICHE Tasse Tee bekomme. Kochendes Wasser auf den Teebeutel in der Kanne (die natürlich vorgewärmt wurde), mindestens drei Minuten ziehen lassen, dann in einen großen Becher (keine Tasse!) gießen, einen Schluck Milch dazu, und bitte ohne Zucker, wenn du so nett wärst. Der Bommel oben auf diesem schönen Kannenwämer dient keinem Zweck, außer dass er toll aussieht.

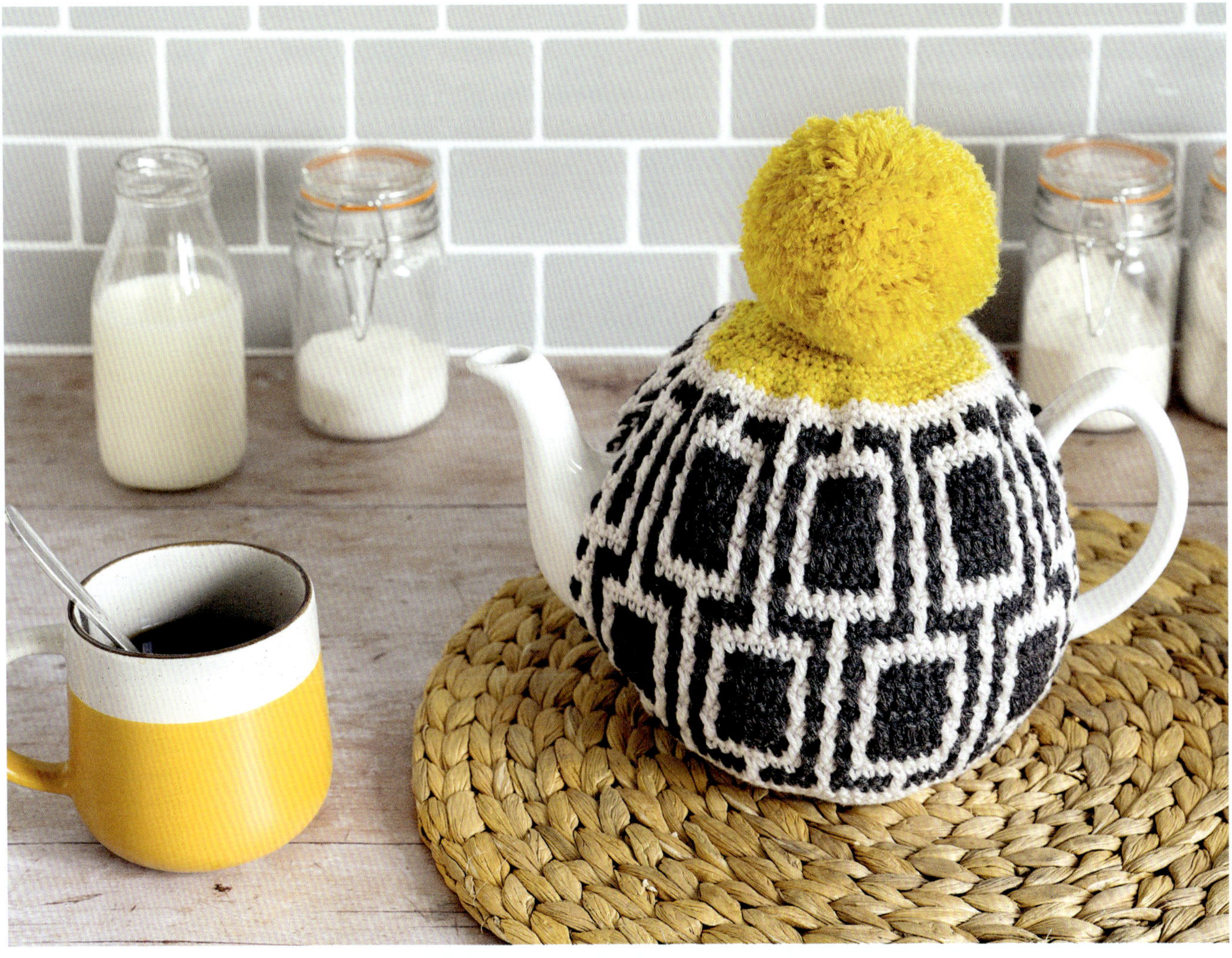

DU BENÖTIGST

GARN

Scheepjes Metropolis (75 % extrafeine Merinowolle/25 % Nylon), 50 g (200 m), in den folgenden Farbtönen:

Cota (024); 1 Knäuel (A)

Miami (069); 1 Knäuel (B)

Dhaka (040); 1 Knäuel (C)

NADEL

3 mm Häkelnadel

WEITERE HILFSMITTEL UND MATERIALIEN

Teekanne für 10 Tassen: Höhe 15 cm, Umfang an breitester Stelle 50 cm

Pompon-Maker, 85 mm

Knopf/Knebelknopf

Nadel und Faden

MASCHEN IM RAPPORT

Maschenzahl teilbar durch 10 + 4 M für die anfängliche Luftmaschenkette

MASCHENPROBE

20 M und 26 R = 10 cm x 10 cm im Muster mit einer 3 mm Häkelnadel

FERTIGE GRÖSSE

Etwa 20,5 cm breit x 20 cm hoch (ohne Bommel)

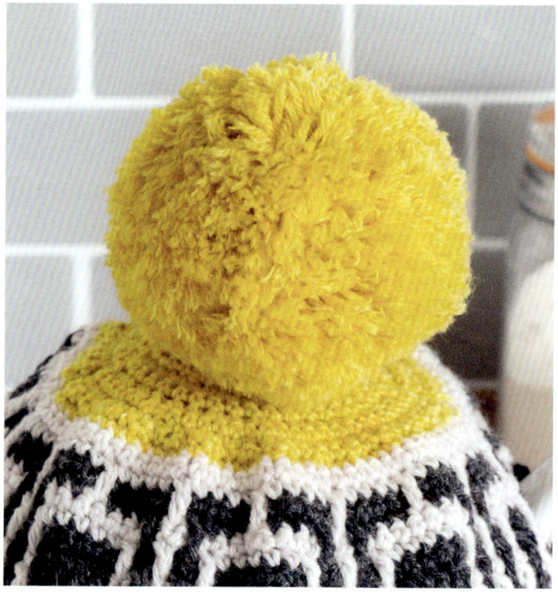

Hinweise

Dieser Kannenwärmer besteht aus 2 Teilen, die von unten nach oben in den Farben A und B gearbeitet werden, während bei beiden ein oberer Abschnitt in C gearbeitet wird. Ein großer Bommel in C wird oben angebracht. Durch einen Knopf mit einer Schlaufe hinten am Griff lässt sich der Kannenwärmer von der Kanne abnehmen.

Um die Größe des Kannenwärmers an deine Teekanne anzupassen, ändere die Anfangskette (siehe »Maschen im Rapport«) so, dass die ersten 2 bei 3 Reihen gerade zur Hälfte um den dicksten Teil der Kanne passen (sozusagen um die Hälfte ihres Bauchs). Du kannst bei Bedarf auch eine etwas größere oder kleinere Nadelstärke verwenden.

TOP-TIPPS

- *Teekannen sind wie Menschen – es gibt sie in allen Größen und Formen. Deshalb lässt sich dieser Kannenwärmer ganz einfach an deine Lieblingskanne anpassen.*
- *Bitte sei besonders vorsichtig, wenn du den Kannenwärmer auf die Kanne ziehst oder abnimmst, während sich heißes Wasser darin befindet. Denke außerdem daran, die Teekanne von Babys, Kleinkindern und Haustieren fernzuhalten.*

ANLEITUNG

Seitenteil

(2 Stück)

Mit Farbe A 44 Lm anschlagen.

Reihe 1 (RS): 1 fM in die 2. Lm ab der Nadel und in jede Lm bis zum Ende, wenden. (43 M)

Reihen 2–36: Arbeite im Muster der Decke mit Ecken und Kanten. Beginne mit Farbe A in Reihe 2 und ende mit Reihe 36. Verwende dabei A und B wie angegeben.

Dann Farbe B beenden.

Nächste Reihe: Mit A 1 Lm, 1 fM, 1 MoStb, * 4 fM, 1 MoStb; ab * wdh, 1 fM, wenden.

Nächste Reihe: 1 Lm, 1 fM in jede M, Fbw zu C, Farbe A beenden, wenden.

Oberer Abschnitt

Reihe 1 (RS): Mit C 1 Lm (zählt nie als M), 1 fM in jede M, wenden. (43 M)

Reihe 2 (LS): 1 Lm, 1 fM, * 2 fM zus, 1 fM; ab * wdh, wenden. (29 M)

Reihen 3 und 4: 1 Lm, 1 fM in jede M, wenden.

Reihe 5: 1 Lm, 2 fM zus, * 1 fM, 2 fM zus; ab * wdh, wenden. (19 M)

Reihen 6 und 7: 1 Lm, 1 fM in jede M, wenden.

Reihe 8: 1 Lm, 1 fM, * 2 fM zus, 1 fM; ab * wdh, wenden. (13 M)

Reihe 9: 1 Lm, 2 fM zus, 1 fM in jede M bis zu den letzten 2 M, 2 fM zus, wenden. (11 M)

Reihen 10 und 11: 1 Lm, 1 fM in jede M, wenden.

Reihe 12: 1 Lm, 2 fM, 2 hStb, 3 Stb, 2 hStb, 2 fM, wenden. (11 M)

Reihe 13: 1 Lm, 1 fM in jede M.

Die Fäden abschneiden und vernähen.

ZUSAMMENNÄHEN

Beide Seitenteile mit LS außen zusammenlegen. Einen Faden in C in eine Nadel einfädeln und die beiden Seitenteile mit Überwendlingsstich am gesamten Rand oben zusammennähen. Anschließend einen Faden in A in die Nadel einfädeln und von den unteren Ecken mit Überwendlingsstich etwa 1 cm nach oben nähen, um die beiden Teile unter der Kannentülle zusammenzunähen.

KNOPFSCHLAUFE

Den Kannenwärmer auf rechts drehen, A mit 1 Km an einem unteren Rand hinten am Kannenwärmer befestigen, 15 Lm (oder so viele Lm, wie für die Knopfschlaufe erforderlich sind), wieder Km in dieselbe Seite, etwa 1 cm höher, um eine Schlaufe zu bilden, 1 Lm, wenden, etwa 20 fM um die Kette arbeiten, Km am Ausgangspunkt, beenden.

Den Knopf auf der anderen Seite des Kannenwärmers fest annähen.

BOMMEL

Farbe C etwa 500x um beide Seiten des Pompon-Makers wickeln, um einen großen Bommel herzustellen. Oben auf dem Kannenwärmer fest annähen.

Alle Faden vernähen.

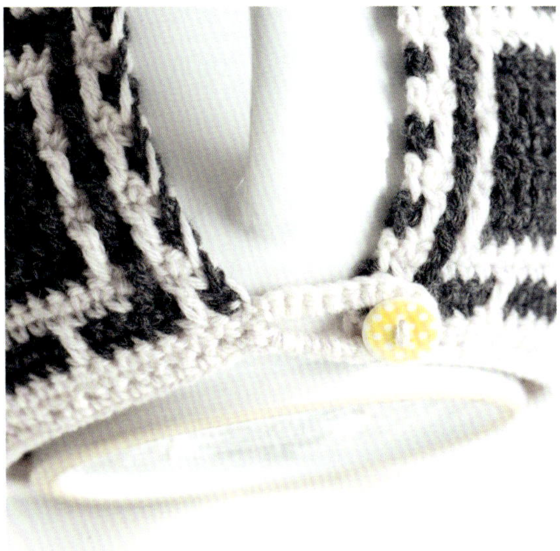

LEVEL

Tolle Karodecke

Mosaikhäkeln und Karomuster: eine wunderbare Freundschaft. Diese kuschelige Decke hat viel zu bieten und lohnt die Arbeit, wenn du lineare Designs liebst. Dank des wunderbaren dicken Garns ist diese Decke relativ schnell fertig und sieht toll aus, wo immer du sie hinwirfst (natürlich auf mühelos stilvolle Weise). UND sie sähe in jeder Farbkombi fantastisch aus – wähle fünf Farben, nimm deine Häkelnadel, und los geht's. Ein absolutes Multitalent.

DU BENÖTIGST

GARN

Scheepjes Chunky Monkey (100 % Acryl), Aran/Worsted, 100 g (116 m), in den folgenden Farbtönen:

Dark Grey (2018); 7 Knäuel (A)

Cerise (1061); 1 Knäuel (B)

Pearl Pink (1080); 3 Knäuel (C)

Stone (2017); 3 Knäuel (D)

Coral (1132); 1 Knäuel (E)

NADEL

6,5 mm Häkelnadel

MASCHEN IM RAPPORT

Maschenzahl teilbar durch 8 + 4 M für die anfängliche Luftmaschenkette

MASCHENPROBE

10 M und 13 R = 10 cm x 10 cm im Muster mit einer 6,5 mm Häkelnadel

FERTIGE GRÖSSE

Etwa 90 cm x 130 cm

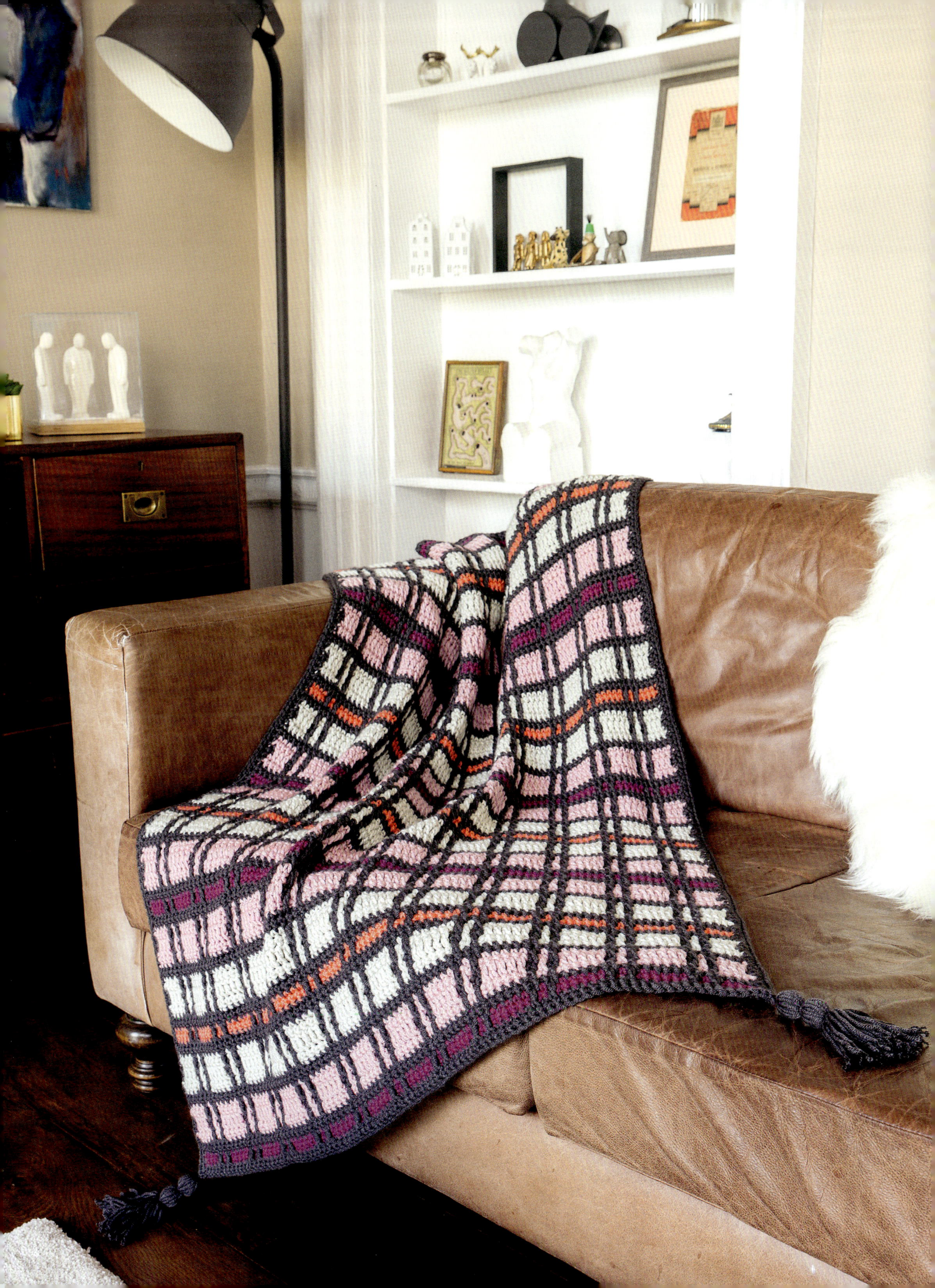

Hinweis

Schneide Farbe A nicht ab. Sie ist die Hintergrundfarbe und wird stets nach 2 Reihen verwendet. Nimm alle anderen Garne (B bis E) nach Anleitung hinzu bzw. schneide sie ab. Verwende bei Bedarf das Diagramm als Orientierung.

ANLEITUNG

Mit Farbe A 92 Lm anschlagen.

Reihe 1 (RS): 1 fM in die 2. Lm ab der Nadel und in jede Lm bis zum Ende, wenden. (91 M)

Reihe 2 (LS): 1 Lm (zählt nie als M), 1 fM in jede M, Fbw zu B, wenden.

Reihe 3: 1 Lm, 4 fM, 2 Lm, 1 M überspr, 1 fM, 2 Lm, 1 M überspr, * 5 fM, 2 Lm, 1 M überspr, 1 fM, 2 Lm, 1 M überspr; ab * wdh, 4 fM, wenden.

Reihe 4: 1 Lm, 4 fM, 2 Lm, 2 Lm überspr, 1 fM, 2 Lm, 2 Lm überspr, * 5 fM, 2 Lm, 2 Lm überspr, 1 fM, 2 Lm, 2 Lm überspr; ab * wdh, 4 fM, Fbw zu A, Farbe B beenden, wenden.

Reihe 5: 1 Lm, 4 fM, 1 MoStb, 1 fM, 1 MoStb, * 5 fM, 1 MoStb, 1 fM, 1 MoStb; ab * wdh, 4 fM, wenden.

Reihe 6: 1 Lm, 1 fM in jede M, Fbw zu C, wenden.

Reihe 7: 1 Lm, 4 fM, 2 Lm, 1 M überspr, 1 fM, 2 Lm, 1 M überspr, * 5 fM, 2 Lm, 1 M überspr, 1 fM, 2 Lm, 1 M überspr; ab * wdh, 4 fM, wenden.

Reihe 8: 1 Lm, 4 fM, 2 Lm, 2 Lm überspr, 1 fM, 2 Lm, 2 Lm überspr, * 5 fM, 2 Lm, 2 Lm überspr, 1 fM, 2 Lm, 2 Lm überspr; ab * wdh, 4 fM, Fbw zu A, wenden.

Reihe 9: 1 Lm, 1 fM, 4 Lm, 3 M überspr, 1 MoStb, 2 Lm, 1 M überspr, 1 MoStb, * 6 Lm, 5 M überspr, 1 MoStb, 2 Lm, 1 M überspr, 1 MoStb; ab * wdh, 4 Lm, 3 M überspr, 1 fM, wenden.

Reihe 10: 1 Lm, 1 fM, 4 Lm, 4 Lm überspr, 1 fM, 2 Lm, 2 Lm überspr, 1 fM, * 6 Lm, 6 Lm überspr, 1 fM, 2 Lm, 2 Lm überspr, 1 fM; ab * wdh, 4 Lm, 4 Lm überspr, 1 fM, Fbw zu C, wenden.

Reihe 11: 1 Lm, 1 fM, 3 MoStb, 2 Lm, 1 M überspr, 1 MoStb, 2 Lm, 1 M überspr, * 5 MoStb, 2 Lm, 1 M überspr, 1 MoStb, 2 Lm, 1 M überspr; ab * wdh, 3 MoStb, 1 fM, wenden.

Reihe 12: 1 Lm, 4 fM, 2 Lm, 2 Lm überspr, 1 fM, 2 Lm, 2 Lm überspr, * 5 fM, 2 Lm, 2 Lm überspr, 1 fM, 2 Lm, 2 Lm überspr; ab * wdh, 4 fM, Fbw zu A, Farbe C beenden, wenden.

Reihe 13: 1 Lm, 4 fM, 1 MoStb, 1 fM, 1 MoStb, * 5 fM, 1 MoStb, 1 fM, 1 MoStb; ab * wdh, 4 fM, wenden.

Reihe 14: 1 Lm, 1 fM in jede M, Fbw zu D, wenden.

Reihe 15: 1 Lm, 4 fM, 2 Lm, 1 M überspr, 1 fM, 2 Lm, 1 M überspr, * 5 fM, 2 Lm, 1 M überspr, 1 fM, 2 Lm, 1 M überspr; ab * wdh, 4 fM, wenden.

Reihe 16: 1 Lm, 4 fM, 2 Lm, 2 Lm überspr, 1 fM, 2 Lm, 2 Lm überspr, * 5 fM, 2 Lm, 2 Lm überspr, 1 fM, 2 Lm, 2 Lm überspr; ab * wdh, 4 fM, Fbw zu A, wenden.

Reihe 17: 1 Lm, 1 fM, 4 Lm, 3 M überspr, 1 MoStb, 2 Lm, 1 M überspr, 1 MoStb, * 6 Lm, 5 M überspr, 1 MoStb, 2 Lm, 1 M überspr, 1 MoStb; ab * wdh, 4 Lm, 3 M überspr, 1 fM, wenden.

Reihe 18: 1 Lm, 1 fM, 4 Lm, 4 Lm überspr, 1 fM, 2 Lm, 2 Lm überspr, 1 fM, * 6 Lm, 6 Lm überspr, 1 fM, 2 Lm, 2 Lm überspr, 1 fM; ab * wdh, 4 Lm, 4 Lm überspr, 1 fM, Fbw zu D, wenden.

Reihe 19: 1 Lm, 1 fM, 3 MoStb, 2 Lm, 1 M überspr, 1 MoStb, 2 Lm, 1 M überspr, * 5 MoStb, 2 Lm, 1 M überspr, 1 MoStb, 2 Lm, 1 M überspr; ab * wdh, 3 MoStb, 1 fM, wenden.

Reihe 20: 1 Lm, 4 fM, 2 Lm, 2 Lm überspr, 1 fM, 2 Lm, 2 Lm überspr, * 5 fM, 2 Lm, 2 Lm überspr, 1 fM, 2 Lm, 2 Lm überspr; ab * wdh, 4 fM, Fbw zu A, Farbe D beenden, wenden.

Reihe 21: 1 Lm, 4 fM, 1 MoStb, 1 fM, 1 MoStb, * 5 fM, 1 MoStb, 1 fM, 1 MoStb; ab * wdh, 4 fM, wenden.

Reihe 22: 1 Lm, 1 fM in jede M, Fbw zu E, wenden.

Reihe 23: 1 Lm, 4 fM, 2 Lm, 1 M überspr, 1 fM, 2 Lm, 1 M überspr, * 5 fM, 2 Lm, 1 M überspr, 1 fM, 2 Lm, 1 M überspr; ab * wdh, 4 fM, wenden.

Reihe 24: 1 Lm, 4 fM, 2 Lm, 2 Lm überspr, 1 fM, 2 Lm, 2 Lm überspr, * 5 fM, 2 Lm, 2 Lm überspr, 1 fM, 2 Lm, 2 Lm überspr; ab * wdh, 4 fM, Fbw zu A, Farbe E beenden, wenden.

Reihe 25: 1 Lm, 4 fM, 1 MoStb, 1 fM, 1 MoStb, * 5 fM, 1 MoStb, 1 fM, 1 MoStb; ab * wdh, 4 fM, wenden.

Reihe 26: 1 Lm, 1 fM in jede M, Fbw zu D, wenden.

Reihe 27: 1 Lm, 4 fM, 2 Lm, 1 M überspr, 1 fM, 2 Lm, 1 M überspr, * 5 fM, 2 Lm, 1 M überspr, 1 fM, 2 Lm, 1 M überspr; ab * wdh, 4 fM, wenden.

Reihe 28: 1 Lm, 4 fM, 2 Lm, 2 Lm überspr, 1 fM, 2 Lm, 2 Lm überspr, * 5 fM, 2 Lm, 2 Lm überspr, 1 fM, 2 Lm, 2 Lm überspr; ab * wdh, 4 fM, Fbw zu A, wenden.

Reihe 29: 1 Lm, 1 fM, 4 Lm, 3 M überspr, 1 MoStb, 2 Lm, 1 M überspr, 1 MoStb, * 6 Lm, 5 M überspr, 1 MoStb, 2 Lm, 1 M überspr, 1 MoStb; ab * wdh, 4 Lm, 3 M überspr, 1 fM, wenden.

Reihe 30: 1 Lm, 1 fM, 4 Lm, 4 Lm überspr, 1 fM, 2 Lm, 2 Lm überspr, 1 fM, * 6 Lm, 6 Lm überspr, 1 fM, 2 Lm, 2 Lm überspr, 1 fM; ab * wdh, 4 Lm, 4 Lm überspr, 1 fM, Fbw zu D, wenden.

Reihe 31: 1 Lm, 1 fM, 3 MoStb, 2 Lm, 1 M überspr, 1 MoStb, 2 Lm, 1 M überspr, * 5 MoStb, 2 Lm, 1 M überspr, 1 MoStb, 2 Lm, 1 M überspr; ab * wdh, 3 MoStb, 1 fM, wenden.

TOP-TIPP

Dies wäre auch ein toller, extragroßer Schal für den Winter – passe dazu einfach die Ausgangskette nach Bedarf unter Verwendung der Maschenzahl im Rapport an.

Reihe 32: 1 Lm, 4 fM, 2 Lm, 2 Lm überspr, 1 fM, 2 Lm, 2 Lm überspr, * 5 fM, 2 Lm, 2 Lm überspr, 1 fM, 2 Lm, 2 Lm überspr; ab * wdh, 4 fM, Fbw zu A, Farbe D beenden, wenden.

Reihe 33: 1 Lm, 4 fM, 1 MoStb, 1 fM, 1 MoStb, * 5 fM, 1 MoStb, 1 fM, 1 MoStb; ab * wdh, 4 fM, wenden.

Reihe 34: 1 Lm, 1 fM in jede M, Fbw zu C, wenden.

Reihe 35: 1 Lm, 4 fM, 2 Lm, 1 M überspr, 1 fM, 2 Lm, 1 M überspr, * 5 fM, 2 Lm, 1 M überspr, 1 fM, 2 Lm, 1 M überspr; ab * wdh, 4 fM, wenden.

Reihe 36: 1 Lm, 4 fM, 2 Lm, 2 Lm überspr, 1 fM, 2 Lm, 2 Lm überspr, * 5 fM, 2 Lm, 2 Lm überspr, 1 fM, 2 Lm, 2 Lm überspr; ab * wdh, 4 fM, Fbw zu A, wenden.

Reihe 37: 1 Lm, 1 fM, 4 Lm, 3 M überspr, 1 MoStb, 2 Lm, 1 M überspr, 1 MoStb, * 6 Lm, 5 M überspr, 1 MoStb, 2 Lm, 1 M überspr, 1 MoStb; ab * wdh, 4 Lm, 3 M überspr, 1 fM, wenden.

Reihe 38: 1 Lm, 1 fM, 4 Lm, 4 Lm überspr, 1 fM, 2 Lm, 2 Lm überspr, 1 fM, * 6 Lm, 6 Lm überspr, 1 fM, 2 Lm, 2 Lm überspr, 1 fM; ab * wdh, 4 Lm, 4 Lm überspr, 1 fM, Fbw zu C, wenden.

Reihe 39: 1 Lm, 1 fM, 3 MoStb, 2 Lm, 1 M überspr, 1 MoStb, 2 Lm, 1 M überspr, * 5 MoStb, 2 Lm, 1 M überspr, 1 MoStb, 2 Lm, 1 M überspr; ab *, 3 MoStb, 1 fM, wenden.

Reihe 40: 1 Lm, 4 fM, 2 Lm, 2 Lm überspr, 1 fM, 2 Lm, 2 Lm überspr, * 5 fM, 2 Lm, 2 Lm überspr, 1 fM, 2 Lm, 2 Lm überspr; ab * wdh, 4 fM, Fbw zu A, Farbe C beenden, wenden.

Reihe 41: 1 Lm, 4 fM, 1 MoStb, 1 fM, 1 MoStb, * 5 fM, 1 MoStb, 1 fM, 1 MoStb; ab * wdh, 4 fM, wenden.

Reihe 42: 1 Lm, 1 fM in jede M, Fbw zu B, wenden.

Reihen 43–166: Die Reihen 3–42 noch 3x wdh, dann die Reihen 3–6 noch 1x wdh.

Farbe B am Ende von Reihe 166 beenden, Farbe A noch nicht.

BORTE

Die Borte wird nur an den langen Seiten gearbeitet.

Erste lange Seite

Reihe 1 (LS): Mit Farbe A und mit LS oben 1 Lm, die Arbeit um 90 Grad drehen und wie folgt arbeiten: * fM in die nächsten 4 Randm, 1 Randm überspr; ab * wdh, mit einer beliebigen M im Rapport enden. Wenn die letzte M übersprungen wurde, einfach 1 fM zum Abschluss der Reihe arbeiten. Wenden.

Reihe 2 (RS): 1 Lm, 1 fM in jede M.

Die Fäden abschneiden und vernähen.

Zweite lange Seite

Reihe 1 (LS): Mit LS oben Farbe A mit 1 Km am Ende der 1. Reihe der anderen langen Seite anschlingen, 1 Lm, 1 fM in dieselbe M, fM in die nächsten 3 Randm, * 1 Randm überspr, fM in die nächsten 4 Randm; ab * wdh, mit einer beliebigen

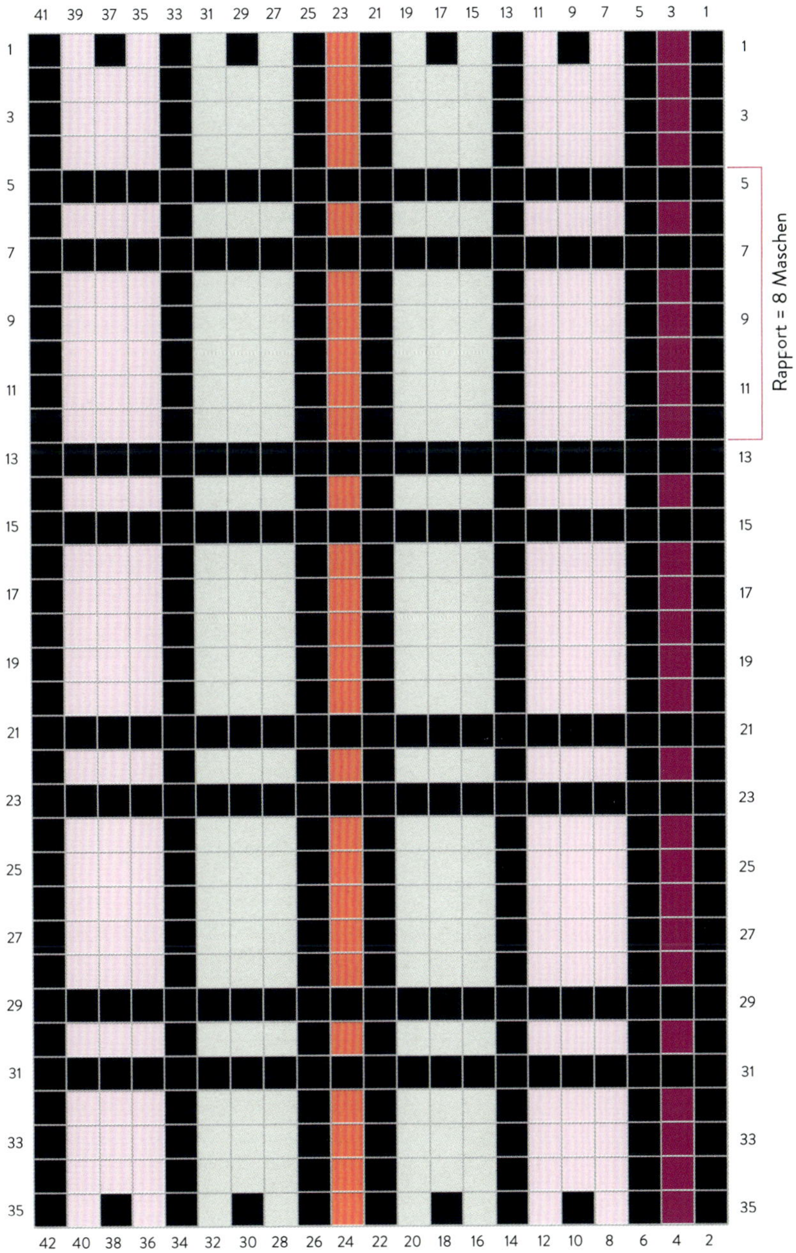

LEGENDE

A B C
D E

Jedes Quadrat stellt eine Masche dar.

Um nach diesem Diagramm zu arbeiten, drehe es um 90 Grad im Uhrzeigersinn. Lies alle ungeraden Reihen (RS) von rechts nach links und alle geraden Reihen (LS) von links nach rechts.

Arbeite zunächst 1x die Reihen 1–42, dann wdh stets die Reihen 3–42.

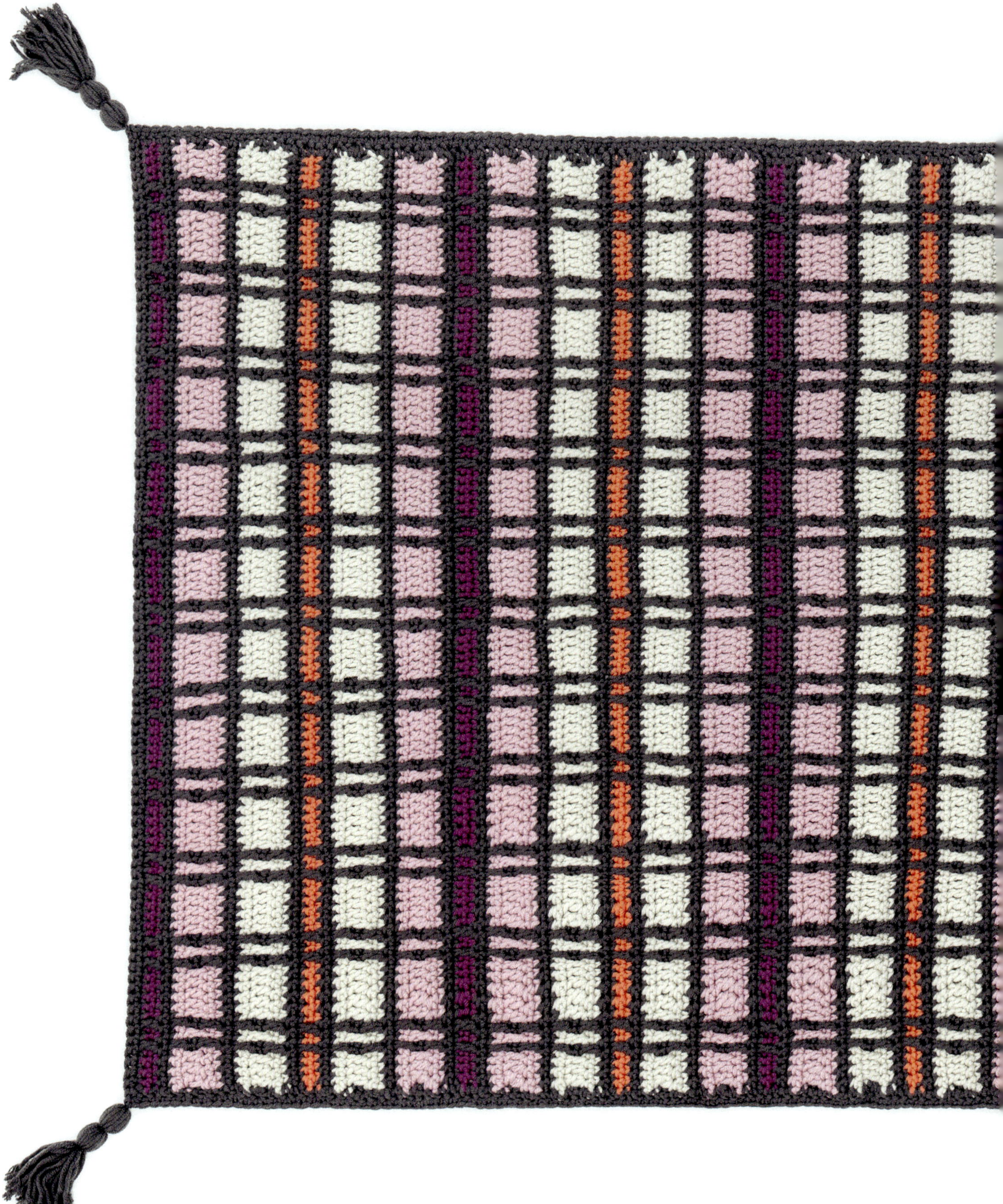

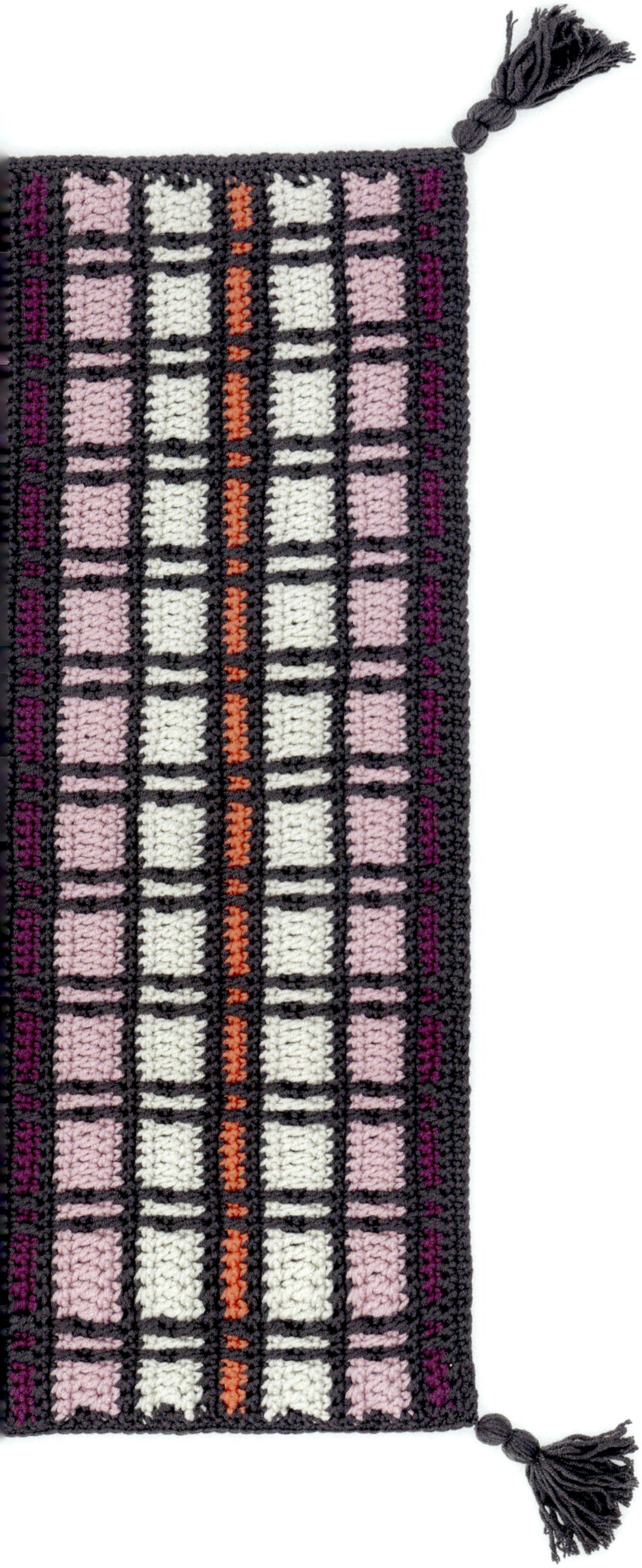

M im Rapport enden. Wenn die letzte M übersprungen wurde, einfach 1 fM zum Abschluss der Reihe arbeiten. Wenden.

Reihe 2 (RS): 1 Lm, 1 fM in jede M, wenden.

Die Fäden abschneiden und vernähen.

QUASTEN

(4 Stück)

Garn A etwa 20x um ein etwa 14 cm langes Pappstück wickeln. Einen 30 cm langen Faden A am oberen Ende unter alle Schlaufen durchführen, festknoten und so die Schlaufen zusammenbinden. Schlaufen am unteren Ende aufschneiden. Einen weiteren 30 cm langen Faden A in etwa 3 cm Abstand vom oberen Ende um alle Fäden knoten (außer dem Faden, mit dem die Schlaufen zusammengeknotet wurden). Dann einen weiteren 20 cm langen Faden A in etwa 3 cm Abstand davon um alle Fäden knoten, um eine weitere Kugel zu formen. Quaste gerade abschneiden.

Eine Quaste an jeder Ecke anbringen. Dazu den Faden, mit dem die Schlaufen zusammengeknotet wurden, sicher am Rand anknoten.

Zum Abschluss alle Fäden vernähen.

Farboption

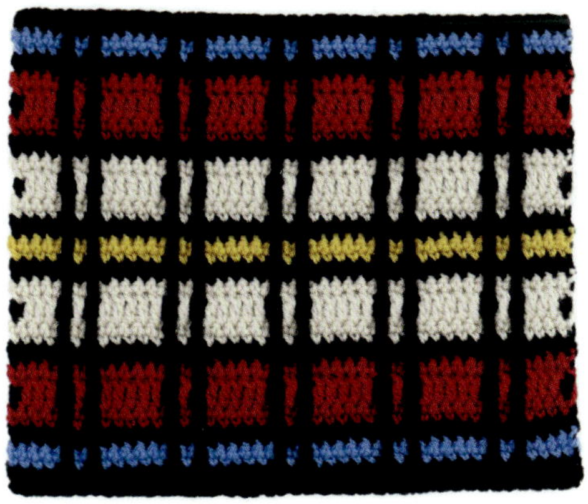

PRIMÄRFARBEN

Die Primärfarben Rot, Gelb und Blau: eine zeitlose Kombination, die es irgendwie schafft, gleichzeitig modern und retro zu wirken. Und dieses lineare Design ist natürlich auch eine Anspielung auf die Arbeiten des niederländischen Malers Mondrian.

LEVEL

NEBENPROJEKT:

Picknick-Set für den Ausflug ins Grüne

Koche eine Thermoskanne Kaffee und mache dich mit der Decke im praktischen Tragegurt und den Bechern mit gestreiften Tassenwärmern auf den Weg. Ob der Ausflug zu einer Bank in der Stadt oder einem Feld mitten im Nirgendwo geht, ein bisschen frische Luft tut einfach gut.

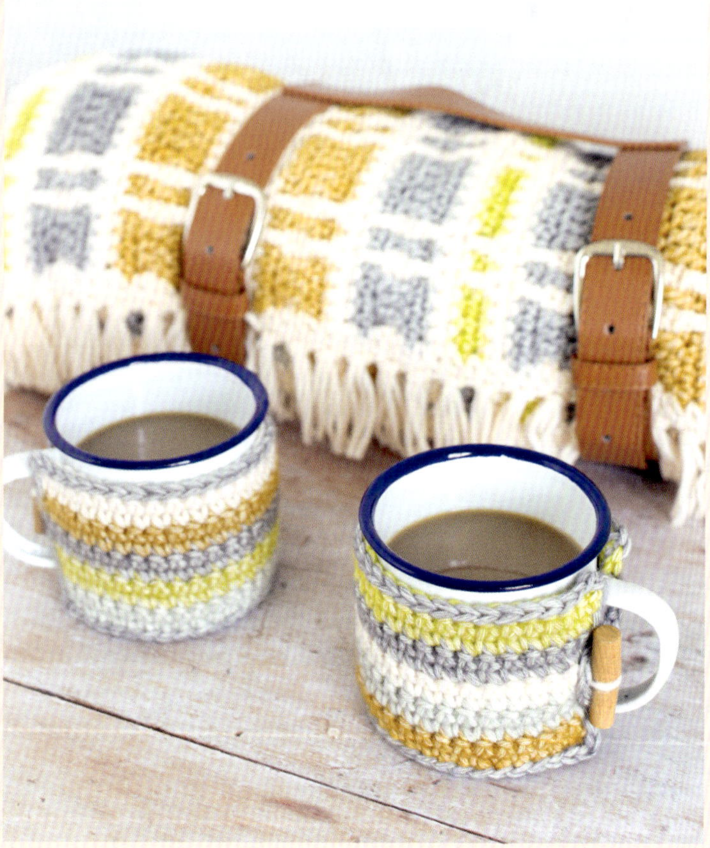

DU BENÖTIGST

GARN

Scheepjes Stone Washed XL (70 % Baumwolle/30 % Acryl), Aran/Worsted, 50 g (75 m), in den folgenden Farbtönen:

Pink Quartzite (861); 9 Knäuel (A)

Crystal Quartz (854); 1 Knäuel (B)

Yellow Jasper (849); 4 Knäuel (C)

Smokey Quartz (842); 4 Knäuel (D)

Lemon Quartz (852); 1 Knäuel (E)

NADELN

4,5 mm Häkelnadel

5,5 mm Häkelnadel

WEITERE HILFSMITTEL UND MATERIALIEN

Tragegurt

2 Emaillebecher, beliebige Größe

2 Holzknöpfe oder -knebel

Nadel und Faden

MASCHEN IM RAPPORT

Picknickdecke: Maschenzahl teilbar durch 8 + 4 M für die anfängliche Luftmaschenkette

MASCHENPROBE

12 M und 16 R = 10 cm x 10 cm im Muster mit einer 5,5 mm Häkelnadel

FERTIGE GRÖSSE

Die Picknickdecke ist ohne Fransen etwa 78 cm x 105 cm groß.

Hinweis

Die Picknickdecke ist eine Miniversion der Karodecke, wobei sie um 90 Grad gedreht ist, sodass die Länge zur Breite wird. An den kurzen Enden ist als Abschluss eine Reihe Fransen anzuknüpfen. Bei den Tassenwärmern wurden Garnreste von der Decke verwendet. Sie lassen sich problemlos individuell anpassen.

ANLEITUNG PICKNICKDECKE

Mit Farbe A und der 5,5 mm Häkelnadel 124 Lm anschlagen.

Reihe 1 (RS): 1 fM in die 2. Lm ab der Nadel und in jede Lm bis zum Ende, wenden. (123 M)

Reihen 2–42: Arbeite im Muster der Karodecke. Beginne mit Farbe A in Reihe 2 und ende mit Reihe 42. Verwende dabei A bis E wie angegeben.

Reihen 43–126: Die Reihen 3–42 der Anleitung für die Karodecke noch 2x wdh. Dann die Reihen 3–6 noch 1x arbeiten. Farbe B am Ende von Reihe 126 beenden, A noch nicht beenden.

Vor dem Arbeiten der Borte alle Fäden vernähen.

BORTE

Fasse die beiden kurzen Enden mit Farbe A und auf dieselbe Weise wie bei der Karodecke ein.

FRANSENABSCHLUSS

(51 Fransen pro kurze Seite oder so viele, wie du möchtest)

Schneide 2 Fäden (je 12 cm lang) von Farbe A zu und falte sie auf die Hälfte. Stecke das Schlaufenende durch die erste M am Ende auf einer kurzen Seite der Decke. Führe die abgeschnittenen Enden durch die Schlaufe, ziehe sie dann fest. Wiederhole dies in jeder zweiten M entlang der kurzen Seite. Schneide die Fransen sauber auf gleiche Länge.

Rolle die Decke auf und stecke sie in den Tragegurt.

ANLEITUNG TASSENWÄRMER

(2 Stück)

Mit einer beliebigen Farbe und der 4,5 mm Häkelnadel 36 Lm (oder so viele M wie für eine Lm-Kette erforderlich sind, die 3 cm kürzer ist als der Tassenumfang).

Reihe 1 (RS): 1 fM in die 2. Lm ab der Nadel und in jede Lm bis zum Ende, wenden. (35 M)

Folgende Reihen: 1 Lm, 1 fM in jede M, wenden. Dabei das Garn am Ende beliebiger Reihe wechseln, um Streifen zu erzielen.

Häkeln, bis der Tassenwärmer etwas kürzer als die Höhe der Tasse ist.

Die Fäden abschneiden und vernähen.

BORTE UND KNOPFSCHLAUFE

Mit RS vorne eine beliebige Farbe mit 1 Km an der oberen rechten Ecke anschlingen, Km entlang oberem Rand bis zur Ecke, 1 Lm, Km in jede M bis halbe Höhe, 10 Lm für Knopfschlaufe, Km in die nächste Randm und bis zur Ecke, 1 Lm, Km entlang unterem Rand, 1 Lm, Km entlang anderer Seite, 1 Lm, Km in die Anfangs-Km.

Die Fäden abschneiden und vernähen.

Den Knopf auf Höhe der Schlaufe in der Mitte der anderen kurzen Seite annähen.

TOP-TIPP

Arbeite die Tassenwärmer in verschiedenen Streifenkombinationen, damit es keinen Streit gibt, wem welche Tasse gehört.

LEVEL

Hummeldecke

Weshalb sind Hummeln nur so schön zu beobachten? Als ich im Sommer an dieser Decke gearbeitet habe, wurde ich immer wieder von diesen gemütlichen, summenden Insekten abgelenkt und wunderte mich, wie sie überhaupt fliegen können – sie sind so puschelig, schwer und langsam. Wie wenn man in ein Flugzeug steigt und sich fragt, wie es bei dem Gewicht jemals abheben kann. Physik war offensichtlich noch nie meine Stärke. Diese Decke ist mein Dankeschön an die wunderbaren Hummeln für ihre fantastischen, der Schwerkraft trotzenden Tricks. Sie erinnerten mich daran, dass es immer Freude und Wunder in der Welt gibt, auch wenn man manchmal etwas suchen muss.

DU BENÖTIGST

GARN

Scheepjes Chunky Monkey (100 % Acryl), Aran/Worsted, 100 g (116 m), in den folgenden Farbtönen:

Bumblebee (1712); 6 Knäuel (A)

Stone (2017); 5 Knäuel (B)

Dark Grey (2018); 2 Knäuel (C)

NADEL

7 mm Häkelnadel

MASCHEN IM RAPPORT

Maschenzahl teilbar durch 20 + 6 M für die anfängliche Luftmaschenkette

MASCHENPROBE

10 M und 12 R = 10 cm x 10 cm im Muster mit einer 7 mm Häkelnadel

FERTIGE GRÖSSE

Etwa 92 cm x 132 cm

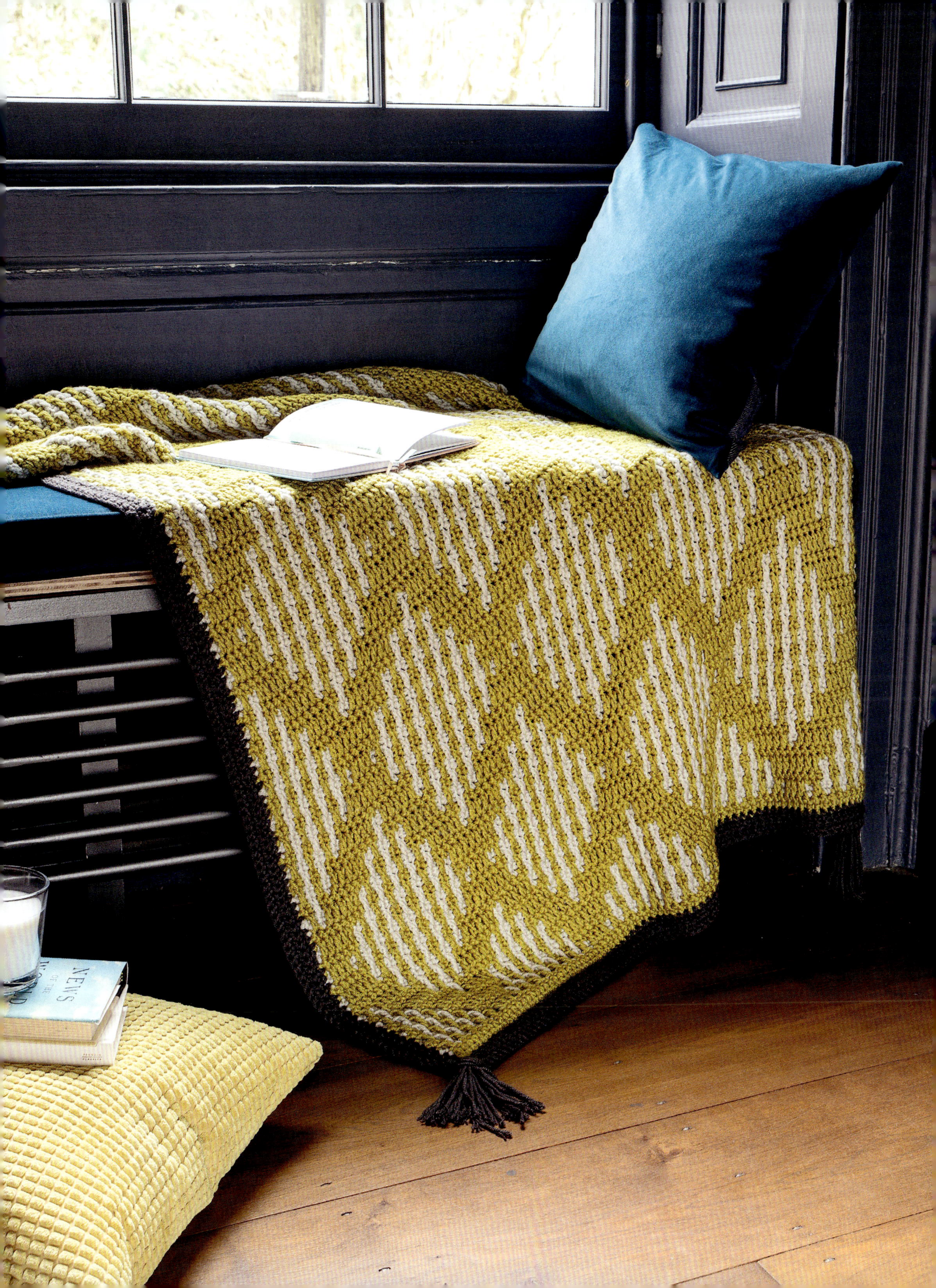
NEWS

Hinweis

Nachdem die Decke in den Farben A und B gearbeitet wurde, werden für die Borte 4 Runden in C gehäkelt und dann zum Schluss einfache Quasten in C an allen Ecken befestigt.

ANLEITUNG

Mit Farbe A 86 Lm anschlagen.

Reihe 1 (RS): 1 fM in die 2. Lm ab der Nadel und in jede Lm bis zum Ende, wenden. (85 M)

Reihe 2 (LS): 1 Lm (zählt nie als M), 1 fM in jede M, Fbw zu B, wenden.

Reihe 3: 1 Lm, 1 fM, 5x [2 Lm, 1 M überspr, 1 fM], 4 Lm, 3 M überspr, * 1 fM, 8x [2 Lm, 1 M überspr, 1 fM], 4 Lm, 3 M überspr; ab * bis zu den letzten 11 M wdh, 1 fM, 5x [2 Lm, 1 M überspr, 1 fM], wenden.

Reihe 4: 1 Lm, 1 fM, 5x [2 Lm, 2 Lm überspr, 1 fM], 4 Lm, 4 Lm überspr, * 1 fM, 8x [2 Lm, 2 Lm überspr, 1 fM], 4 Lm, 4 Lm überspr; ab * bis zu den letzten 11 M wdh, 5x [1 fM, 2 Lm, 2 Lm überspr], 1 fM, Fbw zu A, wenden.

Reihe 5: 1 Lm, 1 fM, 4x [1 MoStb, 2 Lm, 1 M überspr], 1 MoStb, 1 fM, 3 MoStb, 1 fM, 1 MoStb, * 7x [2 Lm, 1 M überspr, 1 MoStb], 1 fM, 3 MoStb, 1 fM, 1 MoStb; ab * bis zu den letzten 9 M wdh, 4x [2 Lm, 1 M überspr, 1 MoStb], 1 fM, wenden.

38 **Reihe 6:** 1 Lm, 1 fM, 4x [1 fM, 2 Lm, 2 Lm überspr], 7 fM, * 2 Lm, 2 Lm überspr, 6x [1 fM, 2 Lm, 2 Lm überspr], 7 fM; ab * bis zu den letzten 9 M wdh, 4x [2 Lm, 2 Lm überspr, 1 fM], 1 fM, Fbw, wenden.

Reihe 7: 1 Lm, 1 fM, 4x [2 Lm, 1 M überspr, 1 MoStb], 8 Lm, 7 M überspr, * 1 MoStb, 6x [2 Lm, 1 M überspr, 1 MoStb], 8 Lm, 7 M überspr; ab * bis zu den letzten 9 M wdh, 4x [1 MoStb, 2 Lm, 1 M überspr], 1 fM, wenden.

Reihe 8: 1 Lm, 1 fM, 4x [2 Lm, 2 Lm überspr, 1 fM], 8 Lm, 8 Lm überspr, * 1 fM, 6x [2 Lm, 2 Lm überspr, 1 fM], 8 Lm, 8 Lm überspr; ab * bis zu den letzten 9 M wdh, 4x [1 fM, 2 Lm, 2 Lm überspr], 1 fM, Fbw, wenden.

Reihe 9: 1 Lm, 1 fM, 1 MoStb, 3x [2 Lm, 1 M überspr, 1 MoStb], 1 fM, 7 MoStb, 1 fM, 1 MoStb, * 5x [2 Lm, 1 M überspr, 1 MoStb], 1 fM, 7 MoStb, 1 fM, 1 MoStb; ab * bis zu den letzten 7 M wdh, 3x [2 Lm, 1 M überspr, 1 MoStb], 1 fM, wenden.

Reihe 10: 1 Lm, 1 fM, 3x [1 fM, 2 Lm, 2 Lm überspr], 11 fM, * 2 Lm, 2 Lm überspr, 4x [1 fM, 2 Lm, 2 Lm überspr], 11 fM; ab * bis zu den letzten 7 M wdh, 3x [2 Lm, 2 Lm überspr, 1 fM], 1 fM, Fbw, wenden.

Reihe 11: 1 Lm, 1 fM, 3x [2 Lm, 1 M überspr, 1 MoStb], 6 Lm, 5 M überspr, 1 fM, 6 Lm, 5 M überspr, * 1 MoStb, 4x [2 Lm, 1 M überspr, 1 MoStb], 6 Lm, 5 M überspr, 1 fM, 6 Lm, 5 M überspr; ab * bis zu den letzten 7 M wdh, 3x [1 MoStb, 2 Lm, 1 M überspr], 1 fM, wenden.

Reihe 12: 1 Lm, 1 fM, 3x [2 Lm, 2 Lm überspr, 1 fM], 6 Lm, 6 Lm überspr, 1 fM, 6 Lm, 6 Lm überspr, * 1 fM, 4x [2 Lm, 2 Lm überspr, 1 fM], 6 Lm, 6 Lm überspr, 1 fM, 6 Lm, 6 Lm überspr; ab * bis zu den letzten 7 M wdh, 3x [1 fM, 2 Lm, 2 Lm überspr], 1 fM, Fbw, wenden.

Reihe 13: 1 Lm, 1 fM, 1 MoStb, 2x [2 Lm, 1 M überspr, 1 MoStb], 1 fM, 5 MoStb, 2 Lm, 1 M überspr, 5 MoStb, 1 fM, 1 MoStb, * 3x [2 Lm, 1 M überspr, 1 MoStb], 1 fM, 5 MoStb, 2 Lm, 1 M überspr, 5 MoStb, 1 fM, 1 MoStb; ab * bis zu den letzten 5 M wdh, 2x [2 Lm, 1 M überspr, 1 MoStb], 1 fM, wenden.

Reihe 14: 1 Lm, 1 fM, 2x [1 fM, 2 Lm, 2 Lm überspr], 7 fM, 2 Lm, 2 Lm überspr, 7 fM, * 2x [2 Lm, 2 Lm überspr, 1 fM], 2x [2 Lm, 2 Lm überspr, 7 fM]; ab * bis zu den letzten 5 M wdh, 2x [2 Lm, 2 Lm überspr, 1 fM], 1 fM, Fbw, wenden.

Reihe 15: 1 Lm, 1 fM, 2x [2 Lm, 1 M überspr, 1 MoStb], 6 Lm, 5 M überspr, 1 fM, 2 Lm, 1 M überspr, 1 MoStb, 2 Lm, 1 M überspr, 1 fM, 6 Lm, 5 M überspr, * 1 MoStb, 2x [2 Lm, 1 M überspr, 1 MoStb], 6 Lm, 5 M überspr, 1 fM, 2 Lm, 1 M überspr, 1 MoStb, 2 Lm, 1 M überspr, 1 fM, 6 Lm, 5 M überspr; ab * bis zu den letzten 5 M wdh, 2x [1 MoStb, 2 Lm, 1 M überspr], 1 fM, wenden.

Reihe 16: 1 Lm, * 1 fM, 2x [2 Lm, 2 Lm überspr, 1 fM], 6 Lm, 6 Lm überspr; ab * bis zu den letzten 5 M wdh, 2x [1 fM, 2 Lm, 2 Lm überspr], 1 fM, Fbw, wenden.

Reihe 17: 1 Lm, 1 fM, 1 MoStb, * 2 Lm, 1 M überspr, 1 MoStb, 1 fM, 5 MoStb, 2 Lm, 1 M überspr, 2x [1 MoStb, 2 Lm, 1 M überspr], 5 MoStb, 1 fM, 1 MoStb; ab * bis zu den letzten 3 M wdh, 2 Lm, 1 M überspr, 1 MoStb, 1 fM, wenden.

Reihe 18: 1 Lm, 2 fM, * 2 Lm, 2 Lm überspr, 7 fM, 2 Lm, 2 Lm überspr, 2x [1 fM, 2 Lm, 2 Lm überspr], 7 fM; ab * bis zu den letzten 3 M wdh, 2 Lm, 2 Lm überspr, 2 fM, Fbw, wenden.

Reihe 19: 1 Lm, 1 fM, 2 Lm, 1 M überspr, * 1 MoStb, 6 Lm, 5 M überspr, 1 fM, 2 Lm, 1 M überspr, 3x [1 MoStb, 2 Lm, 1 M überspr], 1 fM, 6 Lm, 5 M überspr; ab * bis zu den letzten 3 M wdh, 1 MoStb, 2 Lm, 1 M überspr, 1 fM, wenden.

Reihe 20: 1 Lm, 1 fM, 2 Lm, 2 Lm überspr, * 1 fM, 6 Lm, 6 Lm überspr, 1 fM, 4x [2 Lm, 2 Lm überspr, 1 fM], 6 Lm, 6 Lm überspr; ab * bis zu den letzten 3 M wdh, 1 fM, 2 Lm, 2 Lm überspr, 1 fM, Fbw, wenden.

Reihe 21: 1 Lm, 1 fM, 1 MoStb, * 1 fM, 5 MoStb, 2 Lm, 1 M überspr, 4x [1 MoStb, 2 Lm, 1 M überspr], 5 MoStb; ab * bis zu den letzten 3 M wdh, 1 fM, 1 MoStb, 1 fM, wenden.

TOP-TIPP

Mit großen Nadeln und herrlich dickem Garn ist dieses Projekt im Nu fertig.

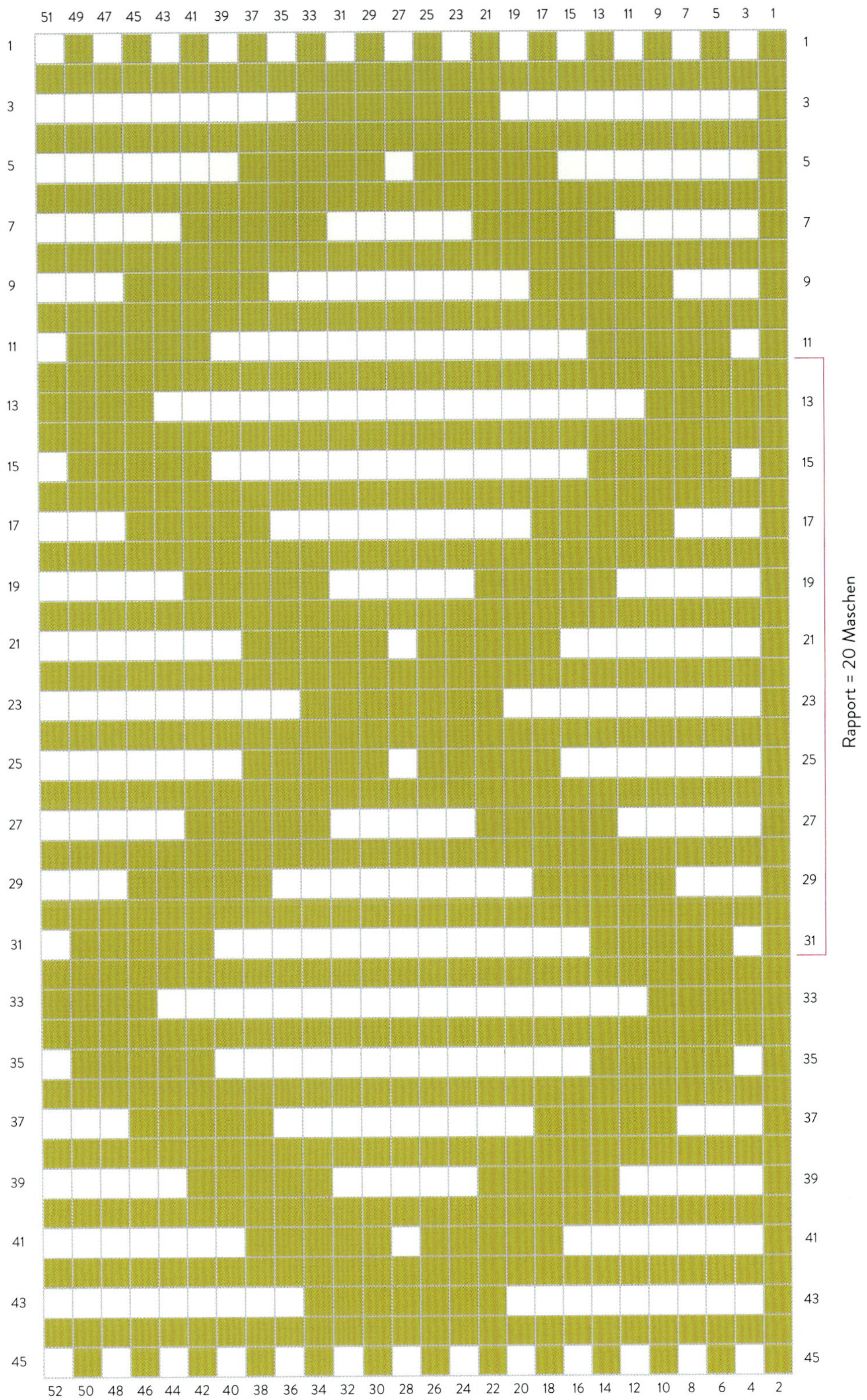

LEGENDE

A B

Jedes Quadrat stellt eine Masche dar.

Um nach diesem Diagramm zu arbeiten, drehe es um 90 Grad im Uhrzeigersinn. Lies alle ungeraden Reihen (RS) von rechts nach links und alle geraden Reihen (LS) von links nach rechts.

Arbeite zunächst 1x die Reihen 1–52, dann wdh stets die Reihen 5–52.

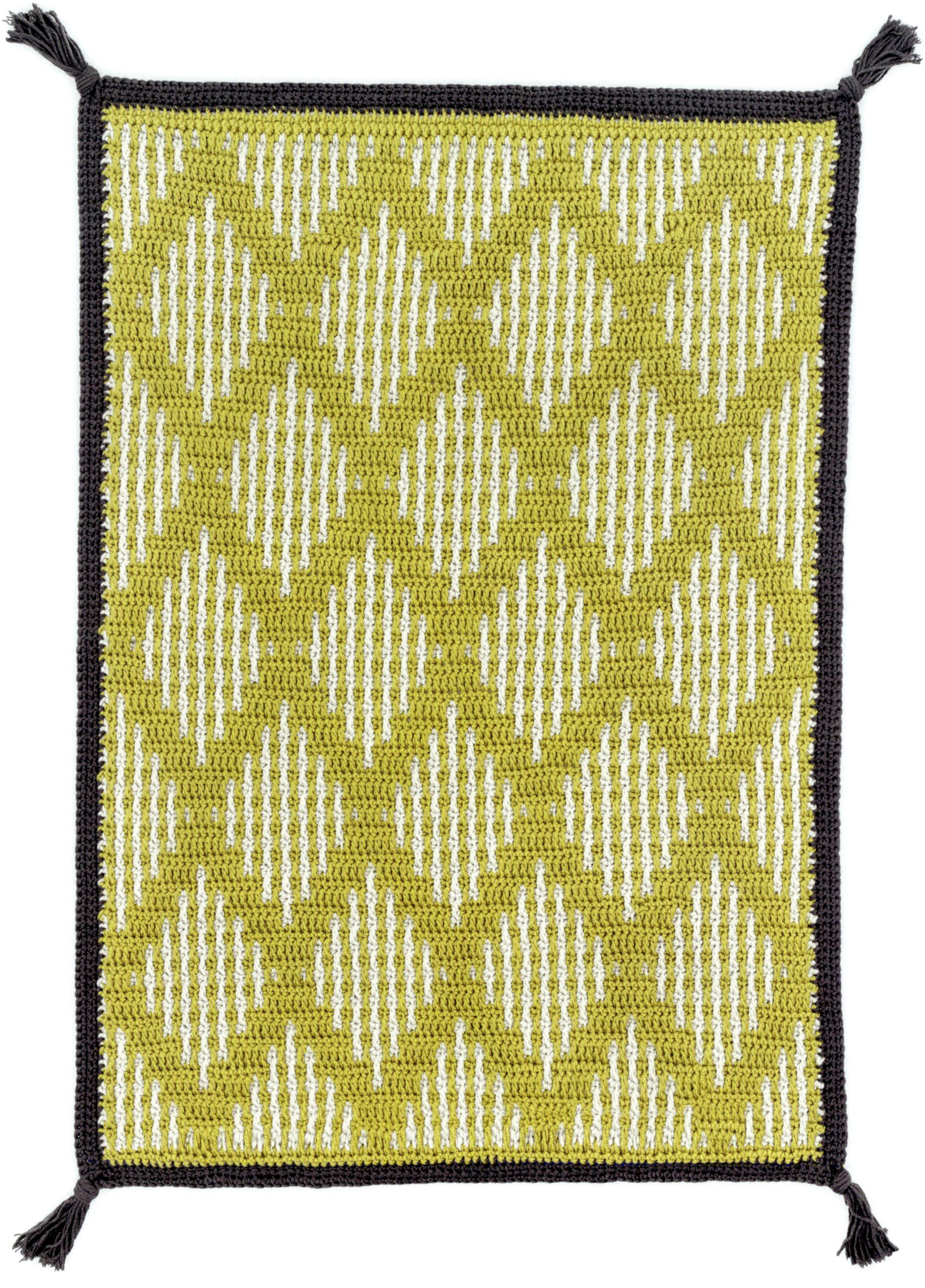

Reihe 22: 1 Lm, 8 fM, 2 Lm, 2 Lm überspr, 4x [1 fM, 2 Lm, 2 Lm überspr], * 11 fM, 2 Lm, 2 Lm überspr, 4x [1 fM, 2 Lm, 2 Lm überspr]; ab * bis zu den letzten 8 M wdh, 8 fM, Fbw, wenden.

Reihe 23: 1 Lm, 1 fM, 6 Lm, 5 M überspr, 1 fM, 2 Lm, 1 M überspr, 5x [1 MoStb, 2 Lm, 1 M überspr], 1 fM, * 8 Lm, 7 M überspr, 1 fM, 2 Lm, 1 M überspr, 5x [1 MoStb, 2 Lm, 1 M überspr], 1 fM; ab * bis zu den letzten 6 M wdh, 6 Lm, 5 M überspr, 1 fM, wenden.

Reihe 24: 1 Lm, 1 fM, 6 Lm, 6 Lm überspr, 1 fM, 6x [2 Lm, 2 Lm überspr, 1 fM], * 8 Lm, 8 Lm überspr, 1 fM, 6x [2 Lm, 2 Lm überspr, 1 fM]; ab * bis zu den letzten 6 M wdh, 6 Lm, 6 Lm überspr, 1 fM, Fbw, wenden.

Reihe 25: 1 Lm, 1 fM, 5 MoStb, 2 Lm, 1 M überspr, 6x [1 MoStb, 2 Lm, 1 M überspr], * 7 MoStb, 2 Lm, 1 M überspr, 6x [1 MoStb, 2 Lm, 1 M überspr]; ab * bis zu den letzten 6 M wdh, 5 MoStb, 1 fM, wenden.

Reihe 26: 1 Lm, 6 fM, 2 Lm, 2 Lm überspr, 6x [1 fM, 2 Lm, 2 Lm überspr], * 7 fM, 2 Lm, 2 Lm überspr, 6x [1 fM, 2 Lm, 2 Lm überspr]; ab * bis zu den letzten 6 M wdh, 6 fM, Fbw, wenden.

Reihe 27: 1 Lm, 1 fM, * 4 Lm, 3 M überspr, 1 fM, 2 Lm, 1 M überspr, 7x [1 MoStb, 2 Lm, 1 M überspr], 1 fM; ab * bis zu den letzten 4 M wdh, 4 Lm, 3 M überspr, 1 fM, wenden.

Farboption

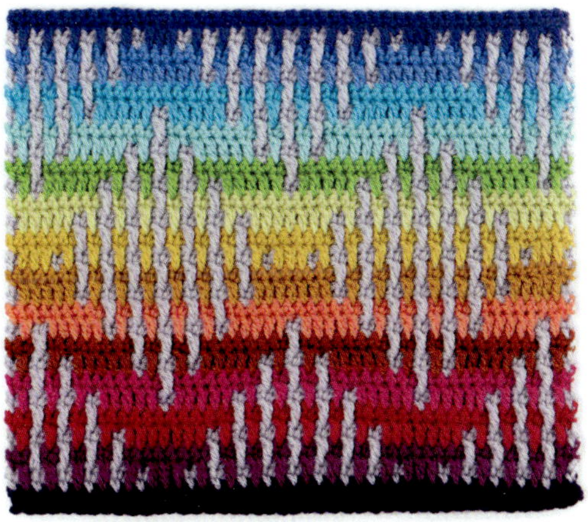

REGENBOGEN-WUNDER

Jeder liebt Regenbogen: Hoffnung und Glück! Ein Regenbogen ist außerdem ein toller Resteverwerter: Hole dein ganzes Garn heraus, lege es in der gewünschten Abfolge bereit und wechsele einfach alle paar Reihen die Farbe.

Reihe 28: 1 Lm, 1 fM, * 4 Lm, 4 Lm überspr, 1 fM, 8x [2 Lm, 2 Lm überspr, 1 fM]; ab * bis zu den letzten 4 M wdh, 4 Lm, 4 Lm überspr, 1 fM, Fbw, wenden.

Reihe 29: 1 Lm, 1 fM, * 3 MoStb, 1 fM, 1 MoStb, 7x [2 Lm, 1 M überspr, 1 MoStb], 1 fM; ab * bis zu den letzten 4 M wdh, 3 MoStb, 1 fM, wenden.

Reihe 30: 1 Lm, 6 fM, 2 Lm, 2 Lm überspr, 6x [1 fM, 2 Lm, 2 Lm überspr], * 7 fM, 2 Lm, 2 Lm überspr, 6x [1 fM, 2 Lm, 2 Lm überspr]; ab * bis zu den letzten 6 M wdh, 6 fM, Fbw, wenden.

Reihe 31: 1 Lm, 1 fM, 6 Lm, 5 M überspr, 1 MoStb, 6x [2 Lm, 1 M überspr, 1 MoStb], * 8 Lm, 7 M überspr, 1 MoStb, 6x [2 Lm, 1 M überspr, 1 MoStb]; ab * bis zu den letzten 6 M wdh, 6 Lm, 5 M überspr, 1 fM, wenden.

Reihe 32: 1 Lm, 1 fM, 6 Lm, 6 Lm überspr, 1 fM, 6x [2 Lm, 2 Lm überspr, 1 fM], * 8 Lm, 8 Lm überspr, 1 fM, 6x [2 Lm, 2 Lm überspr, 1 fM]; ab * bis zu den letzten 6 M wdh, 6 Lm, 6 Lm überspr, 1 fM, Fbw, wenden.

Reihe 33: 1 Lm, 1 fM, 5 MoStb, 1 fM, 1 MoStb, 5x [2 Lm, 1 M überspr, 1 MoStb], 1 fM, * 7 MoStb, 1 fM, 1 MoStb, 5x [2 Lm, 1 M überspr, 1 MoStb], 1 fM; ab * bis zu den letzten 6 M wdh, 5 MoStb, 1 fM, wenden.

Reihe 34: 1 Lm, 8 fM, 2 Lm, 2 Lm überspr, 4x [1 fM, 2 Lm, 2 Lm überspr], * 11 fM, 2 Lm, 2 Lm überspr, 4x [1 fM, 2 Lm, 2 Lm überspr]; ab * bis zu den letzten 8 M wdh, 8 fM, Fbw, wenden.

Reihe 35: 1 Lm, 1 fM, 2 Lm, 1 M überspr, 1 fM, 6 Lm, 5 M überspr, 1 MoStb, 4x [2 Lm, 1 M überspr, 1 MoStb], 6 Lm, 5 M überspr, 1 fM, * 6 Lm, 5 M überspr, 1 MoStb, 4x [2 Lm, 1 M überspr, 1 MoStb], 6 Lm, 5 M überspr, 1 fM; ab * bis zu den letzten 2 M wdh, 2 Lm, 1 M überspr, 1 fM, wenden.

Reihe 36: 1 Lm, 1 fM, 2 Lm, 2 Lm überspr, * 1 fM, 6 Lm, 6 Lm überspr, 1 fM, 4x [2 Lm, 2 Lm überspr, 1 fM], 6 Lm, 6 Lm überspr; ab * bis zu den letzten 3 M wdh, 1 fM, 2 Lm, 2 Lm überspr, 1 fM, Fbw, wenden.

Reihe 37: 1 Lm, 1 fM, 1 MoStb, 2 Lm, 1 M überspr, * 5 MoStb, 1 fM, 1 MoStb, 3x [2 Lm, 1 M überspr, 1 MoStb], 1 fM, 5 MoStb, 2 Lm, 1 M überspr; ab * bis zu den letzten 2 M wdh, 1 MoStb, 1 fM, wenden.

Reihe 38: 1 Lm, 2 fM, * 2 Lm, 2 Lm überspr, 7 fM, 2 Lm, 2 Lm überspr, 2x [1 fM, 2 Lm, 2 Lm überspr], 7 fM; ab * bis zu den letzten 3 M wdh, 2 Lm, 2 Lm überspr, 2 fM, Fbw, wenden.

Reihe 39: 1 Lm, * 1 fM, 2 Lm, 1 M überspr, 1 MoStb, 2 Lm, 1 M überspr, 1 fM, 6 Lm, 5 M überspr, 1 MoStb, 2x [2 Lm, 1 M überspr, 1 MoStb], 6 Lm, 5 M überspr; ab * bis zu den letzten 5 M wdh, 1 fM, 2 Lm, 1 M überspr, 1 MoStb, 2 Lm, 1 M überspr, 1 fM, wenden.

Reihe 40: 1 Lm, * 1 fM, 2x [2 Lm, 2 Lm überspr, 1 fM], 6 Lm, 6 Lm überspr; ab * bis zu den letzten 5 M wdh, 2x [1 fM, 2 Lm, 2 Lm überspr], 1 fM, Fbw, wenden.

Reihe 41: 1 Lm, 1 fM, 2x [1 MoStb, 2 Lm, 1 M überspr], 5 MoStb, 1 fM, 1 MoStb, 2 Lm, 1 M überspr, 1 MoStb, 1 fM, 5 MoStb, * 2 Lm, 1 M überspr, 2x [1 MoStb, 2 Lm, 1 M überspr], 5 MoStb, 1 fM, 1 MoStb, 2 Lm, 1 M überspr,

1 MoStb, 1 fM, 5 MoStb; ab * bis zu den letzten 5 M wdh, 2x [2 Lm, 1 M überspr, 1 MoStb], 1 fM, wenden.

Reihe 42: 1 Lm, 1 fM, 2x [1 fM, 2 Lm, 2 Lm überspr], 7 fM, 2 Lm, 2 Lm überspr, 7 fM, * 2x [2 Lm, 2 Lm überspr, 1 fM], 2x [2 Lm, 2 Lm überspr, 7 fM]; ab * bis zu den letzten 5 M wdh, 2x [2 Lm, 2 Lm überspr, 1 fM], 1 fM, Fbw, wenden.

Reihe 43: 1 Lm, 1 fM, 2x [2 Lm, 1 M überspr, 1 MoStb], 2 Lm, 1 M überspr, 1 fM, 6 Lm, 5 M überspr, 1 MoStb, 6 Lm, 5 M überspr, * 1 fM, 3x [2 Lm, 1 M überspr, 1 MoStb], 2 Lm, 1 M überspr, 1 fM, 6 Lm, 5 M überspr, 1 MoStb, 6 Lm, 5 M überspr; ab * bis zu den letzten 7 M wdh, 1 fM, 2x [2 Lm, 1 M überspr, 1 MoStb], 2 Lm, 1 M überspr, 1 fM, wenden.

Reihe 44: 1 Lm, 1 fM, 3x [2 Lm, 2 Lm überspr, 1 fM], 6 Lm, 6 Lm überspr, 1 fM, 6 Lm, 6 Lm überspr, * 1 fM, 4x [2 Lm, 2 Lm überspr, 1 fM], 6 Lm, 6 Lm überspr, 1 fM, 6 Lm, 5 Lm überspr; ab * bis zu den letzten 7 M wdh, 3x [1 fM, 2 Lm, 2 Lm überspr], 1 fM, Fbw, wenden.

Reihe 45: 1 Lm, 1 fM, 3x [1 MoStb, 2 Lm, 1 M überspr], 5 MoStb, 1 fM, 5 MoStb, * 2 Lm, 1 M überspr, 4x [1 MoStb, 2 Lm, 1 M überspr], 5 MoStb, 1 fM, 5 MoStb; ab * bis zu den letzten 7 M wdh, 3x [2 Lm, 1 M überspr, 1 MoStb], 1 fM, wenden.

Reihe 46: 1 Lm, 1 fM, 3x [1 fM, 2 Lm, 2 Lm überspr], 11 fM, * 2 Lm, 2 Lm überspr, 4x [1 fM, 2 Lm, 2 Lm überspr], 11 fM; ab * bis zu den letzten 7 M wdh, 3x [2 Lm, 2 Lm überspr, 1 fM], 1 fM, Fbw, wenden.

Reihe 47: 1 Lm, 1 fM, 3x [2 Lm, 1 M überspr, 1 MoStb], 2 Lm, 1 M überspr, 1 fM, 8 Lm, 7 M überspr, * 1 fM, 5x [2 Lm, 1 M überspr, 1 MoStb], 2 Lm, 1 M überspr, 1 fM, 8 Lm, 7 M überspr; ab * bis zu den letzten 9 M wdh, 1 fM, 3x [2 Lm, 1 M überspr, 1 MoStb], 2 Lm, 1 M überspr, 1 fM, wenden.

Reihe 48: 1 Lm, 1 fM, 4x [2 Lm, 2 Lm überspr, 1 fM], 8 Lm, 8 Lm überspr, * 1 fM, 6x [2 Lm, 2 Lm überspr, 1 fM], 8 Lm, 8 Lm überspr; ab * bis zu den letzten 9 M wdh, 4x [1 fM, 2 Lm, 2 Lm überspr], 1 fM, Fbw, wenden.

Reihe 49: 1 Lm, 1 fM, 4x [1 MoStb, 2 Lm, 1 M überspr], 7 MoStb, * 2 Lm, 1 M überspr, 6x [1 MoStb, 2 Lm, 1 M überspr], 7 MoStb; ab * bis zu den letzten 9 M wdh, 4x [2 Lm, 1 M überspr, 1 MoStb], 1 fM, wenden.

Reihe 50: 1 Lm, 1 fM, 4x [1 fM, 2 Lm, 2 Lm überspr], 7 fM, * 2 Lm, 2 Lm überspr, 6x [1 fM, 2 Lm, 2 Lm überspr], 7 fM; ab * bis zu den letzten 9 M wdh, 4x [2 Lm, 2 Lm überspr, 1 fM], 1 fM, Fbw, wenden.

Reihe 51: 1 Lm, 1 fM, 4x [2 Lm, 1 M überspr, 1 MoStb], 2 Lm, 1 M überspr, 1 fM, 4 Lm, 3 M überspr, * 1 fM, 7x [2 Lm, 1 M überspr, 1 MoStb], 2 Lm, 1 M überspr, 1 fM, 4 Lm, 3 M überspr; ab * bis zu den letzten 11 M wdh, 1 fM, 4x [2 Lm, 1 M überspr, 1 MoStb], 2 Lm, 1 M überspr, 1 fM, wenden.

Reihe 52: 1 Lm, 1 fM, 5x [2 Lm, 2 Lm überspr, 1 fM], 4 Lm, 4 Lm überspr, * 1 fM, 8x [2 Lm, 2 Lm überspr, 1 fM], 4 Lm, 4 Lm überspr; ab * bis zu den letzten 11 M wdh, 5x [1 fM, 2 Lm, 2 Lm überspr], 1 fM, Fbw, wenden.

Reihen 53–148: Die Reihen 5–52 noch 2x wdh.

Reihe 149: 1 Lm, 5x [1 fM, 1 MoStb], 1 fM, 3 MoStb, * 8x [1 fM, 1 MoStb], 1 fM, 3 MoStb; ab * bis zu den letzten 11 M wdh, 5x [1 fM, 1 MoStb], 1 fM, wenden.

Reihe 150: 1 Lm, 1 fM in jede M.

Die Fäden abschneiden und vernähen.

BORTE

Runde 1 (RS): Farbe C mit 1 Km am oberen rechten Rand der Decke anschlingen, 1 LM (zählt nie als M), (1 fM, 2 Lm, 1 fM) in dieselbe M, 1 fM in jede M des oberen Rands, (1 fM, 2 Lm, 1 fM) in die letzte M, die Arbeit um 90 Grad drehen, fM in die nächsten 3 Randm, * 1 Randm überspr, fM in die nächsten 4 Randm; ab * bis zum Ende der langen Seite wdh, mit einer beliebigen M im Rapport enden, Arbeit drehen, (1 fM, 2 Lm, 1 fM) in die 1. M des unteren Rands, 1 fM in jede M des unteren Rands, (1 fM, 2 Lm, 1 fM) in die letzte M, Arbeit drehen, fM in die nächsten 3 Randm, ** 1 Randm überspr, fM in die nächsten 4 Randm; ab ** bis zum Ende der langen Seite wdh, mit einer beliebigen M im Rapport enden, mit 1 Km in die 1. fM zur Runde schließen, wenden.

Runde 2 (LS): 1 Lm, * fM bis zur Lm-Kette der Vorrunde, (1 fM, 2 Lm, 1 fM) in die Lm-Kette; ab * bis zum Ende der Runde, mit 1 Km in die 1. fM zur Runde schließen, wenden.

Runde 3 (RS): 1 Lm, * fM bis zur Lm-Kette der Vorrunde, (1 fM, 2 Lm, 1 fM) in die Lm-Kette; ab * bis zur letzten Seite wdh, 1 fM in jede M, mit 1 Km in die 1. fM zur Runde schließen, wenden.

Runde 4 (LS): Wie Runde 2 arbeiten.

Die Fäden abschneiden und vernähen.

QUASTEN

(4 Stück)

16 Fäden (28 cm lang) von Farbe C zuschneiden, zusammenlegen und auf die Hälfte falten. Das Schlaufenende durch die 2 Lm an der Ecke ziehen. Die abgeschnittenen Enden durch die Schlaufe führen und dann vorsichtig festziehen, um die Quaste zu befestigen. An allen Ecken wdh. Die Quasten zum Abschluss auf die gleiche Länge schneiden.

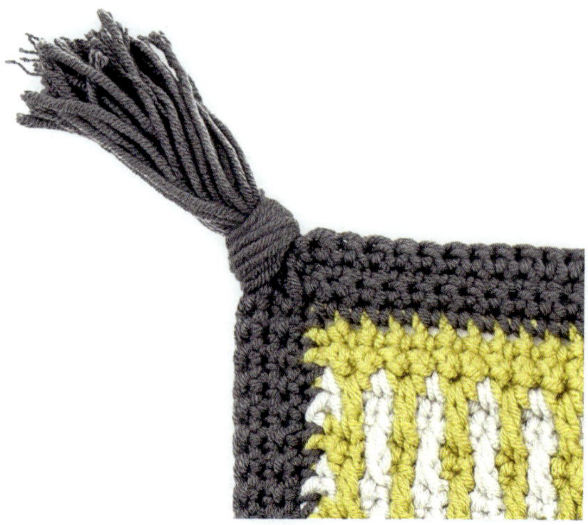

LEVEL

NEBENPROJEKT:

Libellen-Bodenkissen

Nachdem ich die Hummeln beobachtet habe, die mich zu der Hummeldecke inspiriert haben, ist es nur fair, etwas in wunderbaren Libellenfarben zu häkeln, da wir das Glück haben, dass den ganzen Sommer über Libellen durch unseren Garten schwirren. Daher die wunderbaren Grüntöne in diesem großen Bodenkissen, mit einem Schuss leuchtendem Orange am Rand. Katzen scheinen sich besonders gern auf dem Boden herumzulümmeln, und Hank Deluxe hat dieses Kissen bereits für sich beansprucht!

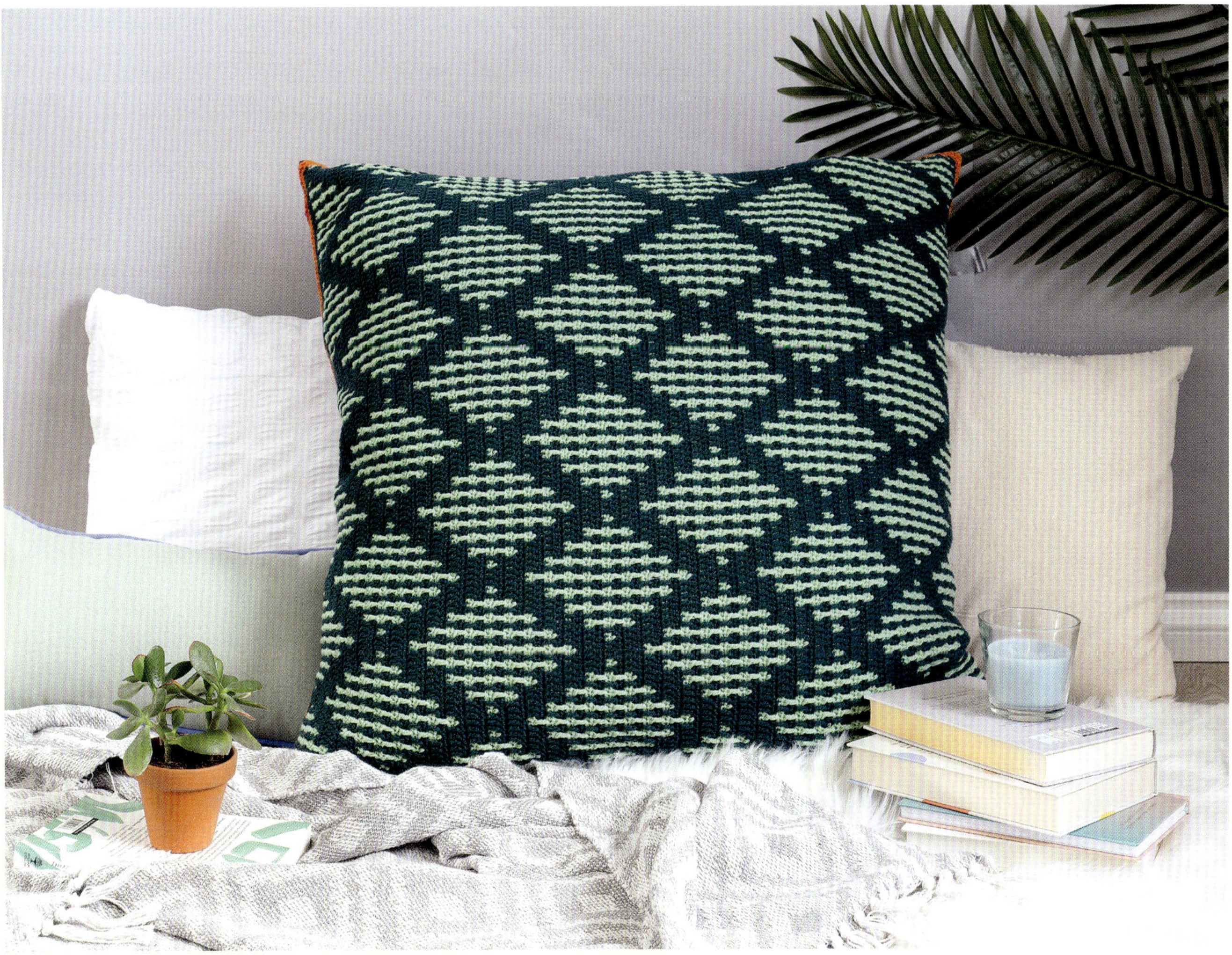

DU BENÖTIGST

GARN

Scheepjes Metropolis (75 % extrafeine Merinowolle/25 % Nylon), 4-fädig/Sport, 50 g (200 m), in den folgenden Farbtönen:

Karachi (016); 4 Knäuel (A)

Monterrey (023); 3 Knäuel (B)

Sevilla (076); 1 Knäuel (C)

NADEL

4 mm Häkelnadel

WEITERE HILFSMITTEL UND MATERIALIEN

Bodenkissenfüllung, 75 cm x 75 cm

robuster Stoff für die Rückseite, 77 cm x 77 cm

Nähnadel, Faden und Stecknadeln

MASCHEN IM RAPPORT

Maschenzahl teilbar durch 20 + 6 M für die anfängliche Luftmaschenkette

MASCHENPROBE

17 M und 23 R = 10 cm x 10 cm im Muster mit einer 4 mm Häkelnadel

FERTIGE GRÖSSE

Vorderteil misst etwa 74 cm x 74 cm

Kissen misst im fertigen Zustand 75 cm x 75 cm

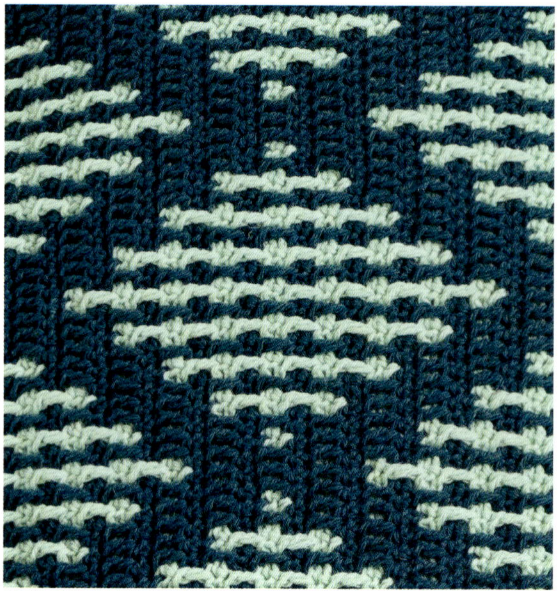

Hinweise

Dieses Bodenkissen besteht aus einem gehäkelten Vorderteil (in den Farben A und B, mit einer Einfassung in Farbe C) mit Stoffrückenteil. Die beiden Teile werden zusammengenäht und die Kissenfüllung hineingesteckt. Der gehäkelte Bezug sollte etwas kleiner sein als die Maße des fertigen Kissens, da er sich etwas dehnen soll, um die Form zu halten. Wenn du nach Reihe 174 feststellst, dass der Bezug wesentlich kleiner ist, mache die Borte mit weiteren Runden aus festen Maschen in Farbe C breiter, um die richtige Größe zu erreichen.

Verwende einen robusten Stoff für die Rückseite. Da es ein Bodenkissen ist, wird es stärker beansprucht. Ein dicker Baumwoll- oder Kalikostoff ist daher ideal.

TOP-TIPP

Wenn dieses Kissen für dein Zimmer zu groß ist, verkürze die Luftmaschenkette am Anfang und häkele stattdessen ein paar gemütliche Sofakissen für kuschelige Abende.

ANLEITUNG

Für das Vorderteil mit Farbe A 126 Lm anschlagen.

Reihe 1 (RS): 1 fM in die 2. Lm ab der Nadel und in jede Lm bis zum Ende, wenden. (125 M)

Reihen 2–52: Arbeite im Muster der Hummeldecke. Beginne mit Farbe A in Reihe 2 und ende mit Reihe 52. Verwende dabei A und B wie angegeben.

Reihen 53–172: Die Reihen 5–52 der Anleitung für die Hummeldecke noch 2x wdh, dann die Reihen 5–28 1x wdh.

Reihe 173: Mit Farbe A, 1 Lm, 1 fM, * 3 MoStb, 8x [1 fM, 1 MoStb], 1 fM; ab * bis zu den letzten 4 M wdh, 3 MoStb, 1 fM, wenden.

Reihe 174: 1 Lm, 1 fM in jede M.

Die Fäden abschneiden und vernähen.

BORTE

Runde 1 (RS): Farbe C mit 1 Km am oberen rechten Rand des Vorderteils anschlingen, 1 LM (zählt nie als M), (1 fM, 2 Lm, 1 fM) in dieselbe M, 1 fM in jede M des oberen Rands, (1 fM, 2 Lm, 1 fM) in die letzte M, die Arbeit um 90 Grad drehen, fM in die nächsten 3 Randm, * 1 Randm überspr, fM in die nächsten 4 Randm; ab * bis zum Ende der langen Seite wdh, mit einer beliebigen M im Rapport enden, Arbeit drehen, (1 fM, 2 Lm, 1 fM) in die 1. M des unteren Rands, 1 fM in jede M des unteren Rands, (1 fM, 2 Lm, 1 fM) in die letzte M, Arbeit drehen, fM in die nächsten 3 Randm, ** 1 Randm überspr, fM in die nächsten 4 Randm; ab ** bis zum Ende der langen Seite wdh, mit einer beliebigen M im Rapport enden, mit 1 Km in die 1. fM zur Runde schließen, wenden.

Runde 2 (LS): 1 Lm, * 1 fM in jede M bis 2 Lm-Kette, (1 fM, 2 Lm, 1 fM) in die Lm-Kette; ab * wdh, 1 Km in die 1. fM.

Arbeite weitere Runden der Borte in C, wenn du die Hülle etwas größer machen möchtest.

Die Fäden abschneiden und vernähen.

ZUSAMMENNÄHEN

Mit LS oben den Stoff für die Rückseite auf allen 4 Seiten 1 cm breit umbügeln (damit das Quadrat die gleichen Maße wie die Kissenfüllung hat). Den Stoff mit LS und Umschlag oben flach ausbreiten und das Vorderteil links auf links darauflegen. An 3 Seiten mit Stecknadeln zusammenstecken, das gehäkelte Teil dabei bei Bedarf leicht dehnen. Mit Nadel und Faden etwa 3 mm vom äußeren Rand kleine Heftstiche an 3 Rändern arbeiten. Die Kissenfüllung hineinstecken und zum Abschluss die letzte Seite auf die gleiche Weise schließen.

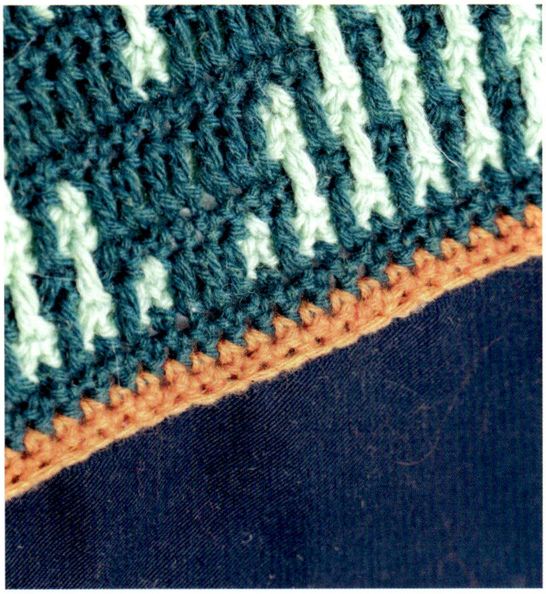

Rautendecke

Noch ein Design mit Rauten, weil ich von ihrer einfachen Schönheit und ihrer Mosaikwirkung einfach nicht genug kriegen kann. Diese Decke erinnert mich an Gänse, die in V-Formation durch den Himmel ziehen. Ich weiß auch nicht warum, aber wenn ich die Rufe der Gänse höre, die über mein Haus zum Fluss fliegen, muss ich immer nach draußen laufen und sie beobachten. Schöner als Fernsehen. Die Farbkombi aus Schwarz und Naturweiß wirkt bei dieser Decke so schön, und mit der leuchtend grünen Borte an beiden Enden ist das Rautendesign modern und zugleich hypnotisch.

DU BENÖTIGST

GARN

Scheepjes Colour Crafter (100 % Acryl), DK/Light Worsted, 100 g (300 m), in den folgenden Farbtönen:

Malmédy (2014); 2 Knäuel (A)

Verviers (2017); 3 Knäuel (B)

Ede (1002); 3 Knäuel (C)

NADEL

5,5 mm Häkelnadel

ANDERE HILFSMITTEL

Pompon-Maker, 65 mm

MASCHEN IM RAPPORT

Maschenzahl teilbar durch 22 + 6 M für die anfängliche Luftmaschenkette

MASCHENPROBE

14 M und 19 R = 10 cm x 10 cm im Muster mit einer 5,5 mm Häkelnadel

FERTIGE GRÖSSE

Etwa 98 cm x 121 cm

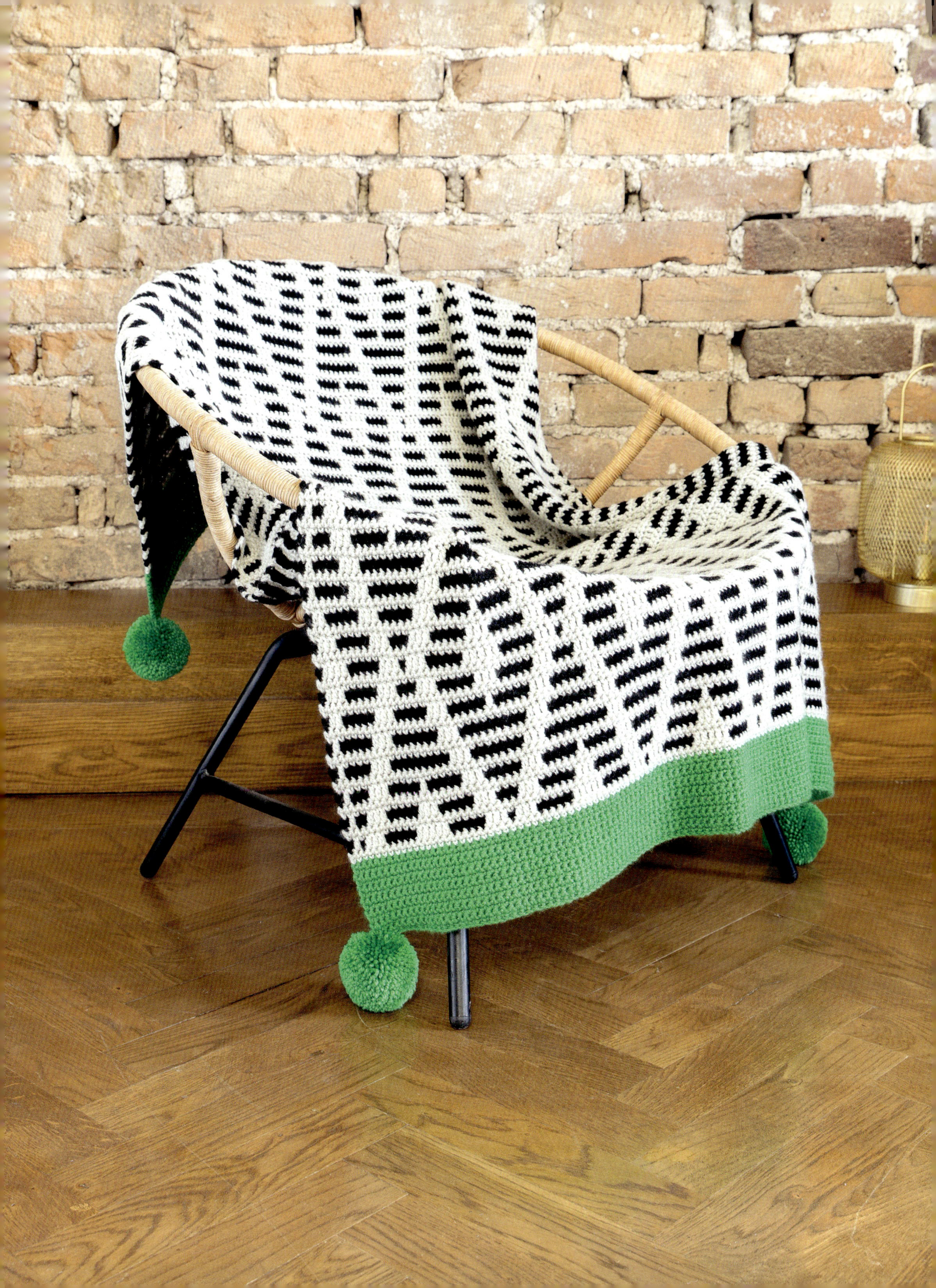

Hinweis

Diese Decke beginnt mit 14 Basisreihen in A, bevor das Hauptmuster in B und C gearbeitet wird. Am anderen Ende schließen weitere 14 Reihen in A das Design ab. Große Bommel in A werden an allen Ecken angenäht. Ein tolles Anfängermuster, da jede 4. Reihe des Hauptmusters einfach eine Reihe mit festen Maschen ist.

ANLEITUNG

Mit Fabe A 138 Lm anschlagen.

Basisreihe 1 (RS): 1 fM in die 2. Lm ab der Nadel und in jede Lm bis zum Ende, wenden. (137 M)

Basisreihen 2–14: 1 Lm (zählt nie als M), 1 fM in jede M, wenden. Fbw zu B am Ende von Reihe 14, Farbe A beenden.

Hauptmuster

Reihe 1 (RS): Mit B 1 Lm (zählt nie als M), 1 fM in jede M, wenden. (137 M)

Reihe 2 (LS): 1 Lm, 1 fM in jede M, Fbw zu C, wenden.

Reihe 3: 1 Lm, 1 fM, 2 Lm, 1 M überspr, 1 fM, * 4 Lm, 3 M überspr, 5 fM, 6 Lm, 5 M überspr, 5 fM, 4 Lm, 3 M überspr, 1 fM; ab * bis zu den letzten 2 M wdh, 2 Lm, 1 M überspr, 1 fM, wenden.

Reihe 4: 1 Lm, 1 fM, 2 Lm, 2 Lm überspr, 1 fM, * 4 Lm, 4 Lm überspr, 5 fM, 6 Lm, 6 Lm überspr, 5 fM, 4 Lm, 4 Lm überspr, 1 fM; ab * bis zu den letzten 2 M wdh, 2 Lm, 2 Lm überspr, 1 fM, Fbw zu B, wenden.

Reihe 5: 1 Lm, 1 fM, 1 MoStb, 1 fM, * 3 MoStb, 5 fM, 5 MoStb, 5 fM, 3 MoStb, 1 fM; ab * bis zu den letzten 2 M wdh, 1 MoStb, 1 fM, wenden.

Reihe 6: Wie Reihe 2 arbeiten.

Reihe 7: 1 Lm, 1 fM, 2 Lm, 1 M überspr, 2 fM, 2x [4 Lm, 3 M überspr, 5 fM], 4 Lm, 3 M überspr, * 3 fM, 2x [4 Lm, 3 M überspr, 5 fM], 4 Lm, 3 M überspr; ab * bis zu den letzten 4 M wdh, 2 fM, 2 Lm, 1 M überspr, 1 fM, wenden.

Reihe 8: 1 Lm, 1 fM, 2 Lm, 2 Lm überspr, 2 fM, 2x [4 Lm, 4 Lm überspr, 5 fM], 4 Lm, 4 Lm überspr, * 3 fM, 2x [4 Lm, 4 Lm überspr, 5 fM], 4 Lm, 4 Lm überspr; ab * bis zu den letzten 4 M wdh, 2 fM, 2 Lm, 2 Lm überspr, 1 fM, Fbw, wenden.

Reihe 9: 1 Lm, 1 fM, 1 MoStb, 2 fM, 2x [3 MoStb, 5 fM], 3 MoStb, * 3 fM, 2x [3 MoStb, 5 fM], 3 MoStb; ab * bis zu den letzten 4 M wdh, 2 fM, 1 MoStb, 1 fM, wenden.

Reihe 10: Wie Reihe 2 arbeiten.

Reihe 11: 1 Lm, 1 fM, 2 Lm, 1 M überspr, 3 fM, 4 Lm, 3 M überspr, 5 fM, 2 Lm, 1 M überspr, 5 fM, 4 Lm, 3 M überspr, * 5 fM, 4 Lm, 3 M überspr, 5 fM, 2 Lm, 1 M überspr, 5 fM, 4 Lm, 3 M überspr; ab * bis zu den letzten 5 M wdh, 3 fM, 2 Lm, 1 M überspr, 1 fM, wenden.

Reihe 12: 1 Lm, 1 fM, 2 Lm, 2 Lm überspr, 3 fM, 4 Lm, 4 Lm überspr, 5 fM, 2 Lm, 2 Lm überspr, 5 fM, 4 Lm, 4 Lm überspr, * 5 fM, 4 Lm, 4 Lm überspr, 5 fM, 2 Lm, 2 Lm überspr, 5 fM, 4 Lm, 4 Lm überspr; ab * bis zu den letzten 5 M wdh, 3 fM, 2 Lm, 2 Lm überspr, 1 fM, Fbw, wenden.

Reihe 13: 1 Lm, 1 fM, 1 MoStb, 3 fM, 3 MoStb, 5 fM, 1 MoStb, 5 fM, 3 MoStb, * 5 fM, 3 MoStb, 5 fM, 1 MoStb, 5 fM, 3 MoStb; ab * bis zu den letzten 5 M wdh, 3 fM, 1 MoStb, 1 fM, wenden.

Reihe 14: Wie Reihe 2 arbeiten.

Reihe 15: 1 Lm, 1 fM, 2 Lm, 1 M überspr, 4 fM, 4 Lm, 3 M überspr, 9 fM, 4 Lm, 3 M überspr, * 7 fM, 4 Lm, 3 M überspr, 9 fM, 4 Lm, 3 M überspr; ab * bis zu den letzten 6 M wdh, 4 fM, 2 Lm, 1 M überspr, 1 fM, wenden.

Reihe 16: 1 Lm, 1 fM, 2 Lm, 2 Lm überspr, 4 fM, 4 Lm, 4 Lm überspr, 9 fM, 4 Lm, 4 Lm überspr, * 7 fM, 4 Lm, 4 Lm überspr, 9 fM, 4 Lm, 4 Lm überspr; ab * bis zu den letzten 6 M wdh, 4 fM, 2 Lm, 2 Lm überspr, 1 fM, Fbw, wenden.

Reihe 17: 1 Lm, 1 fM, 1 MoStb, 4 fM, 3 MoStb, 9 fM, 3 MoStb, * 7 fM, 3 MoStb, 9 fM, 3 MoStb; ab * bis zu den letzten 6 M wdh, 4 fM, 1 MoStb, 1 fM, wenden.

Reihe 18: Wie Reihe 2 arbeiten.

Reihe 19: 1 Lm, 1 fM, 2 Lm, 1 M überspr, 5 fM, 4 Lm, 3 M überspr, 7 fM, 4 Lm, 3 M überspr, * 9 fM, 4 Lm, 3 M überspr, 7 fM, 4 Lm, 3 M überspr; ab * bis zu den letzten 7 M wdh, 5 fM, 2 Lm, 1 M überspr, 1 fM, wenden.

Reihe 20: 1 Lm, 1 fM, 2 Lm, 2 Lm überspr, 5 fM, 4 Lm, 4 Lm überspr, 7 fM, 4 Lm, 4 Lm überspr, * 9 fM, 4 Lm, 4 Lm überspr, 7 fM, 4 Lm, 4 Lm überspr; ab * bis zu den letzten 7 M wdh, 5 fM, 2 Lm, 2 Lm überspr, 1 fM, Fbw, wenden.

Reihe 21: 1 Lm, 1 fM, 1 MoStb, 5 fM, 3 MoStb, 7 fM, 3 MoStb, * 9 fM, 3 MoStb, 7 fM, 3 MoStb; ab * bis zu den letzten 7 M wdh, 5 fM, 1 MoStb, 1 fM, wenden.

Reihe 22: Wie Reihe 2 arbeiten.

Reihe 23: 1 Lm, 1 fM, 3 Lm, 2 M überspr, 2x [5 fM, 4 Lm, 3 M überspr], * 5 fM, 2 Lm, 1 M überspr, 2x [5 fM, 4 Lm, 3 M überspr]; ab * bis zu den letzten 8 M wdh, 5 fM, 3 Lm, 2 M überspr, 1 fM, wenden.

Reihe 24: 1 Lm, 1 fM, 3 Lm, 3 Lm überspr, 2x [5 fM, 4 Lm, 4 Lm überspr], * 5 fM, 2 Lm, 2 Lm überspr, 2x [5 fM, 4 Lm, 4 Lm überspr]; ab * bis zu den letzten 8 M wdh, 5 fM, 3 Lm, 3 Lm überspr, 1 fM, Fbw, wenden.

Reihe 25: 1 Lm, 1 fM, 2 MoStb, 2x [5 fM, 3 MoStb], * 5 fM, 1 MoStb, 2x [5 fM, 3 MoStb]; ab * bis zu den letzten 8 M wdh, 5 fM, 2 MoStb, 1 fM, wenden.

TOP-TIPP

Ein tolles Einsteigerprojekt – dies ist eine einfache Anleitung, um dich im Mosaikhäkeln zu üben.

Reihe 26: Wie Reihe 2 arbeiten.

Reihe 27: 1 Lm, 1 fM, 4 Lm, 3 M überspr, 5 fM, 4 Lm, 3 M überspr, 3 fM, 4 Lm, 3 M überspr, * 2x [5 fM, 4 Lm, 3 M überspr], 3 fM, 4 Lm, 3 M überspr; ab * bis zu den letzten 9 M wdh, 5 fM, 4 Lm, 3 M überspr, 1 fM, wenden.

Reihe 28: 1 Lm, 1 fM, 4 Lm, 4 Lm überspr, 5 fM, 4 Lm, 4 Lm überspr, 3 fM, 4 Lm, 4 Lm überspr, * 2x [5 fM, 4 Lm, 4 Lm überspr], 3 fM, 4 Lm, 4 Lm überspr; ab * bis zu den letzten 9 M wdh, 5 fM, 4 Lm, 4 Lm überspr, 1 fM, Fbw, wenden.

Reihe 29: 1 Lm, 1 fM, 3 MoStb, 5 fM, 3 MoStb, 3 fM, 3 MoStb, * 2x [5 fM, 3 MoStb], 3 fM, 3 MoStb; ab * bis zu den letzten 9 M wdh, 5 fM, 3 MoStb, 1 fM, wenden.

Reihe 30: Wie Reihe 2 arbeiten.

Reihe 31: 1 Lm, 1 fM, 5 Lm, 4 M überspr, 5 fM, 4 Lm, 3 M überspr, 1 fM, 4 Lm, 3 M überspr, * 5 fM, 6 Lm, 5 M überspr, 5 fM, 4 Lm, 3 M überspr, 1 fM, 4 Lm, 3 M überspr; ab * bis zu den letzten 10 M wdh, 5 fM, 5 Lm, 4 M überspr, 1 fM, wenden.

Reihe 32: 1 Lm, 1 fM, 5 Lm, 5 Lm überspr, 5 fM, 4 Lm, 4 Lm überspr, 1 fM, 4 Lm, 4 Lm überspr, * 5 fM, 6 Lm, 6 Lm überspr, 5 fM, 4 Lm, 4 Lm überspr, 1 fM, 4 Lm, 4 Lm überspr; ab * bis zu den letzten 10 M wdh, 5 fM, 5 Lm, 5 Lm überspr, 1 fM, Fbw, wenden.

Reihe 33: 1 Lm, 1 fM, 4 MoStb, 5 fM, 3 MoStb, 1 fM, 3 MoStb, * 5 fM, 5 MoStb, 5 fM, 3 MoStb, 1 fM, 3 MoStb; ab * bis zu den letzten 10 M wdh, 5 fM, 4 MoStb, 1 fM, wenden.

Reihe 34: Wie Reihe 2 arbeiten.

Reihe 35: 1 Lm, 1 fM, 4 Lm, 3 M überspr, 5 fM, 4 Lm, 3 M überspr, 3 fM, 4 Lm, 3 M überspr, * 2x [5 fM, 4 Lm, 3 M überspr], 3 fM, 4 Lm, 3 M überspr; ab * bis zu den letzten 9 M wdh, 5 fM, 4 Lm, 3 M überspr, 1 fM, wenden.

Reihe 36: 1 Lm, 1 fM, 4 Lm, 4 Lm überspr, 5 fM, 4 Lm, 4 Lm überspr, 3 fM, 4 Lm, 4 Lm überspr, * 2x [5 fM, 4 Lm, 4 Lm überspr], 3 fM, 4 Lm, 4 Lm überspr; ab * bis zu den letzten 9 M wdh, 5 fM, 4 Lm, 4 Lm überspr, 1 fM, Fbw, wenden.

Reihe 37: 1 Lm, 1 fM, 3 MoStb, 5 fM, 3 MoStb, 3 fM, 3 MoStb, * 2x [5 fM, 3 MoStb], 3 fM, 3 MoStb; ab * bis zu den letzten 9 M wdh, 5 fM, 3 MoStb, 1 fM, wenden.

Reihe 38: Wie Reihe 2 arbeiten.

Reihe 39: 1 Lm, 1 fM, 3 Lm, 2 M überspr, 2x [5 fM, 4 Lm, 3 M überspr], * 5 fM, 2 Lm, 1 M überspr, 2x [5 fM, 4 Lm, 3 M überspr]; ab * bis zu den letzten 8 M wdh, 5 fM, 3 Lm, 2 M überspr, 1 fM, wenden.

Reihe 40: 1 Lm, 1 fM, 3 Lm, 3 Lm überspr, 2x [5 fM, 4 Lm, 4 Lm überspr], * 5 fM, 2 Lm, 2 Lm überspr, 2x [5 fM, 4 Lm, 4 Lm überspr]; ab * bis zu den letzten 8 M wdh, 5 fM, 3 Lm, 3 Lm überspr, 1 fM, Fbw, wenden.

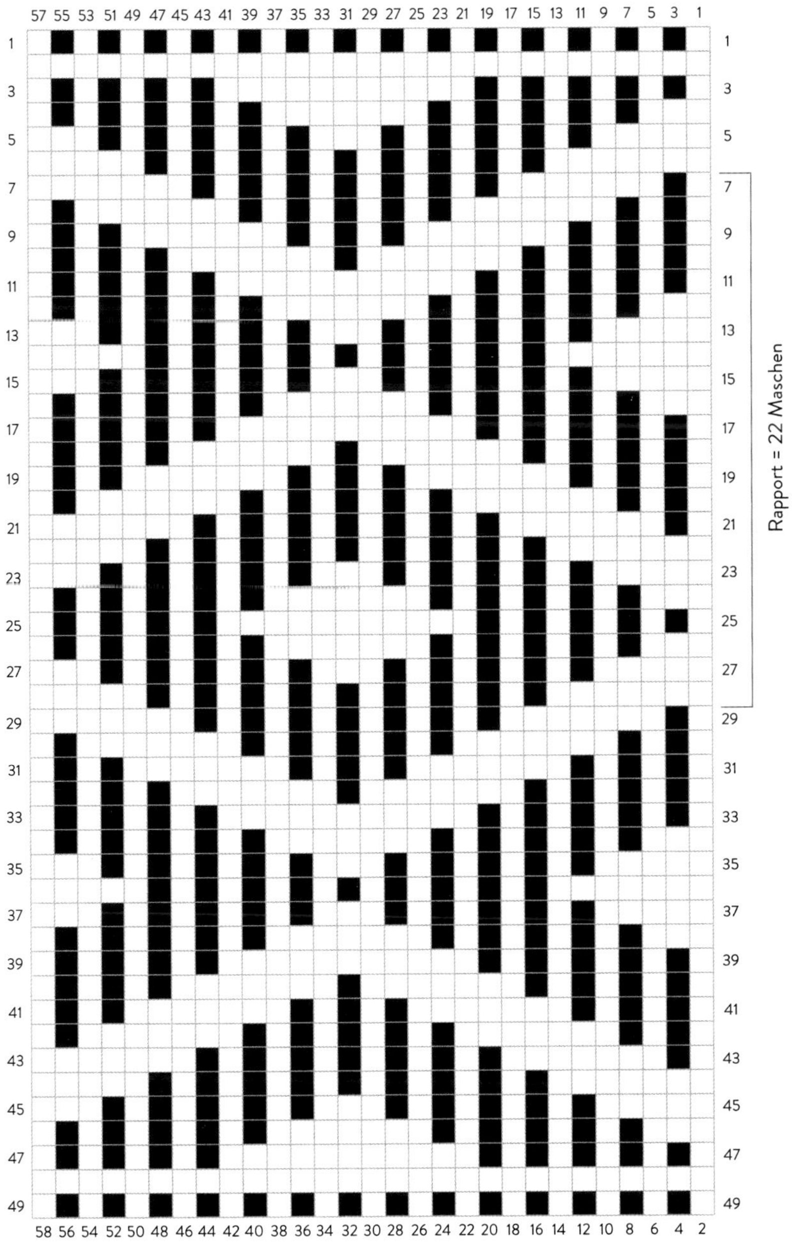

LEGENDE

B ■ C

Jedes Quadrat stellt eine Masche dar.

Um nach diesem Diagramm zu arbeiten, drehe es um 90 Grad im Uhrzeigersinn. Lies alle ungeraden Reihen (RS) von rechts nach links und alle geraden Reihen (LS) von links nach rechts.

Arbeite 14 Reihen in fM in A, bevor du mit dem Diagramm beginnst. Arbeite zunächst Reihen 1–58, dann wdh stets die Reihen 3–58. Schließe mit 14 Reihen fM in A ab.

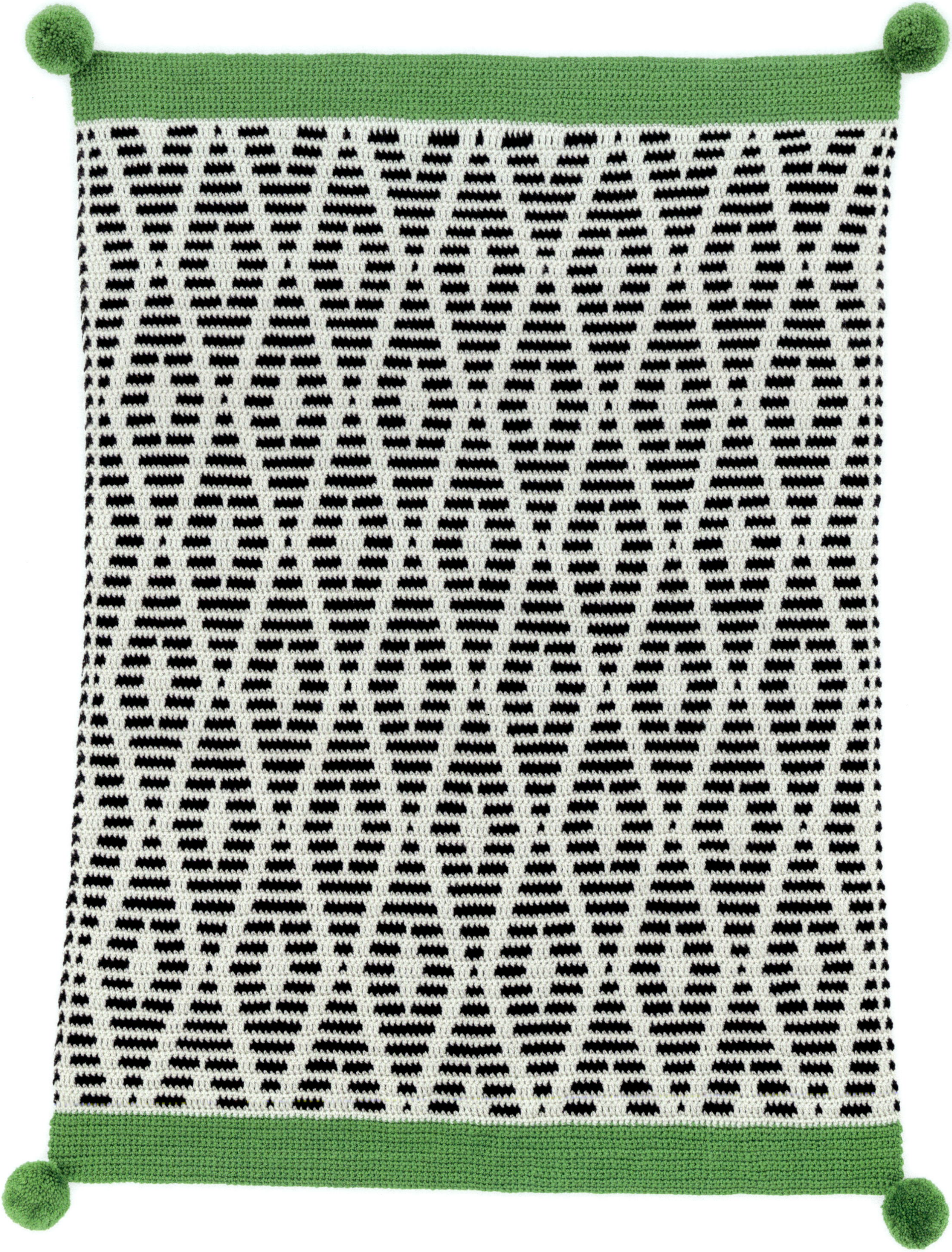

Reihe 41: 1 Lm, 1 fM, 2 MoStb, 2x [5 fM, 3 MoStb], * 5 fM, 1 MoStb, 2x [5 fM, 3 MoStb]; ab * bis zu den letzten 8 M wdh, 5 fM, 2 MoStb, 1 fM, wenden.

Reihe 42: Wie Reihe 2 arbeiten.

Reihe 43: 1 Lm, 1 fM, 2 Lm, 1 M überspr, 5 fM, 4 Lm, 3 M überspr, 7 fM, 4 Lm, 3 M überspr, * 9 fM, 4 Lm, 3 M überspr, 7 fM, 4 Lm, 3 M überspr; ab * bis zu den letzten 7 M wdh, 5 fM, 2 Lm, 1 M überspr, 1 fM, wenden.

Reihe 44: 1 Lm, 1 fM, 2 Lm, 2 Lm überspr, 5 fM, 4 Lm, 4 Lm überspr, 7 fM, 4 Lm, 4 Lm überspr, * 9 fM, 4 Lm, 4 Lm überspr, 7 fM, 4 Lm, 4 Lm überspr; ab * bis zu den letzten 7 M wdh, 5 fM, 2 Lm, 2 Lm überspr, 1 fM, Fbw, wenden.

Reihe 45: 1 Lm, 1 fM, 1 MoStb, 5 fM, 3 MoStb, 7 fM, 3 MoStb, * 9 fM, 3 MoStb, 7 fM, 3 MoStb; ab * bis zu den letzten 7 M wdh, 5 fM, 1 MoStb, 1 fM, wenden.

Reihe 46: Wie Reihe 2 arbeiten.

Reihe 47: 1 Lm, 1 fM, 2 Lm, 1 M überspr, 4 fM, 4 Lm, 3 M überspr, 9 fM, 4 Lm, 3 M überspr, * 7 fM, 4 Lm, 3 M überspr, 9 fM, 4 Lm, 3 M überspr; ab * bis zu den letzten 6 M wdh, 4 fM, 2 Lm, 1 M überspr, 1 fM, wenden.

Farboption

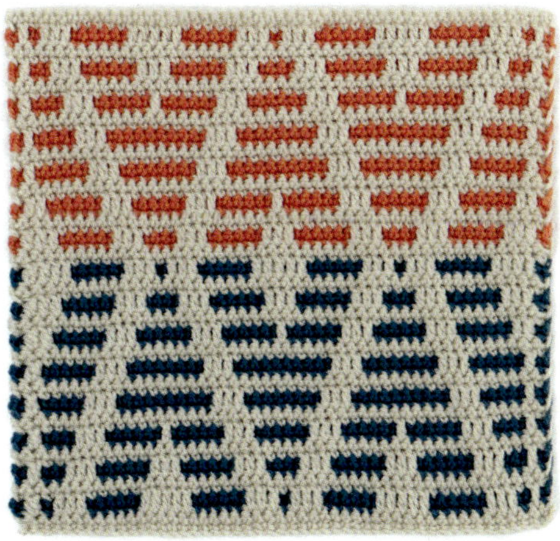

GEGENSÄTZE ZIEHEN SICH AN

Die Tertiärfarben Koralle und Petrol liegen sich im Farbkreis zwar direkt gegenüber, aber sie ergänzen sich perfekt und sehen zusammen fantastisch aus.

Reihe 48: 1 Lm, 1 fM, 2 Lm, 2 Lm überspr, 4 fM, 4 Lm, 4 Lm überspr, 9 fM, 4 Lm, 4 Lm überspr, * 7 fM, 4 Lm, 4 Lm überspr, 9 fM, 4 Lm, 4 Lm überspr; ab * bis zu den letzten 6 M wdh, 4 fM, 2 Lm, 2 Lm überspr, 1 fM, Fbw, wenden.

Reihe 49: 1 Lm, 1 fM, 1 MoStb, 4 fM, 3 MoStb, 9 fM, 3 MoStb, * 7 fM, 3 MoStb, 9 fM, 3 MoStb; ab * bis zu den letzten 6 M wdh, 4 fM, 1 MoStb, 1 fM, wenden.

Reihe 50: Wie Reihe 2 arbeiten.

Reihe 51: 1 Lm, 1 fM, 2 Lm, 1 M überspr, 3 fM, 4 Lm, 3 M überspr, 5 fM, 2 Lm, 1 M überspr, 5 fM, 4 Lm, 3 M überspr, * 5 fM, 4 Lm, 3 M überspr, 5 fM, 2 Lm, 1 M überspr, 5 fM, 4 Lm, 3 M überspr; ab * bis zu den letzten 5 M wdh, 3 fM, 2 Lm, 1 M überspr, 1 fM, wenden.

Reihe 52: 1 Lm, 1 fM, 2 Lm, 2 Lm überspr, 3 fM, 4 Lm, 4 Lm überspr, 5 fM, 2 Lm, 2 Lm überspr, 5 fM, 4 Lm, 4 Lm überspr, * 5 fM, 4 Lm, 4 Lm überspr, 5 fM, 2 Lm, 2 Lm überspr, 5 fM, 4 Lm, 4 Lm überspr; ab * bis zu den letzten 5 M wdh, 3 fM, 2 Lm, 2 Lm überspr, 1 fM, Fbw, wenden.

Reihe 53: 1 Lm, 1 fM, 1 MoStb, 3 fM, 3 MoStb, 5 fM, 1 MoStb, 5 fM, 3 MoStb, * 5 fM, 3 MoStb, 5 fM, 1 MoStb, 5 fM, 3 MoStb; ab * bis zu den letzten 5 M wdh, 3 fM, 1 MoStb, 1 fM, wenden.

Reihe 54: Wie Reihe 2 arbeiten.

Reihe 55: 1 Lm, 1 fM, 2 Lm, 1 M überspr, 2 fM, 2x [4 Lm, 3 M überspr, 5 fM], 4 Lm, 3 M überspr, * 3 fM, 2x [4 Lm, 3 M überspr, 5 fM], 4 Lm, 3 M überspr; ab * bis zu den letzten 4 M wdh, 2 fM, 2 Lm, 1 M überspr, 1 fM, wenden.

Reihe 56: 1 Lm, 1 fM, 2 Lm, 2 Lm überspr, 2 fM, 2x [4 Lm, 4 Lm überspr, 5 fM], 4 Lm, 4 Lm überspr, * 3 fM, 2x [4 Lm, 4 Lm überspr, 5 fM], 4 Lm, 4 Lm überspr; ab * bis zu den letzten 4 M wdh, 2 fM, 2 Lm, 2 Lm überspr, 1 fM, Fbw, wenden.

Reihe 57: 1 Lm, 1 fM, 1 MoStb, 2 fM, 2x [3 MoStb, 5 fM], 3 MoStb, * 3 fM, 2x [3 MoStb, 5 fM], 3 MoStb; ab * bis zu den letzten 4 M wdh, 2 fM, 1 MoStb, 1 fM, wenden.

Reihe 58: Wie Reihe 2 arbeiten.

Reihen 59–202: Die Reihen 3–58 noch 2x wdh, dann die Reihen 3–34 noch 1x arbeiten, Fbw zu A am Ende von Reihe 202.

Die Farben B und C beenden.

Reihen 203–216: Mit Farbe A die Basisreihe 2 insgesamt 14x arbeiten.

Die Fäden abschneiden und vernähen.

BOMMEL

(4 Stück)

Mit Farbe A und einem Pompon-Maker 4 Bommel anfertigen. Einen an jeder Ecke befestigen, um die Decke fertigzustellen. Alle Fäden vernähen.

LEVEL

NEBENPROJEKT:

Flauschiger Rautenteppich

Dieser Teppich ist echt der Knaller. Er ist nicht nur einfach zu häkeln, er sieht auch toll aus und ist dank der Mischung aus dickem und flauschigem Garn superweich. Er sieht zwar in jedem Zimmer schön aus, aber meiner dient als ziemlich edle Badematte. Meine Füße danken mir jedes Mal, wenn ich statt auf kalte Fliesen auf sein kuscheliges Muster trete. Ein heißes Bad, gefolgt von einem weichen Teppich unter den Füßen und einer riesigen Tasse Tee: absolutes Glück!

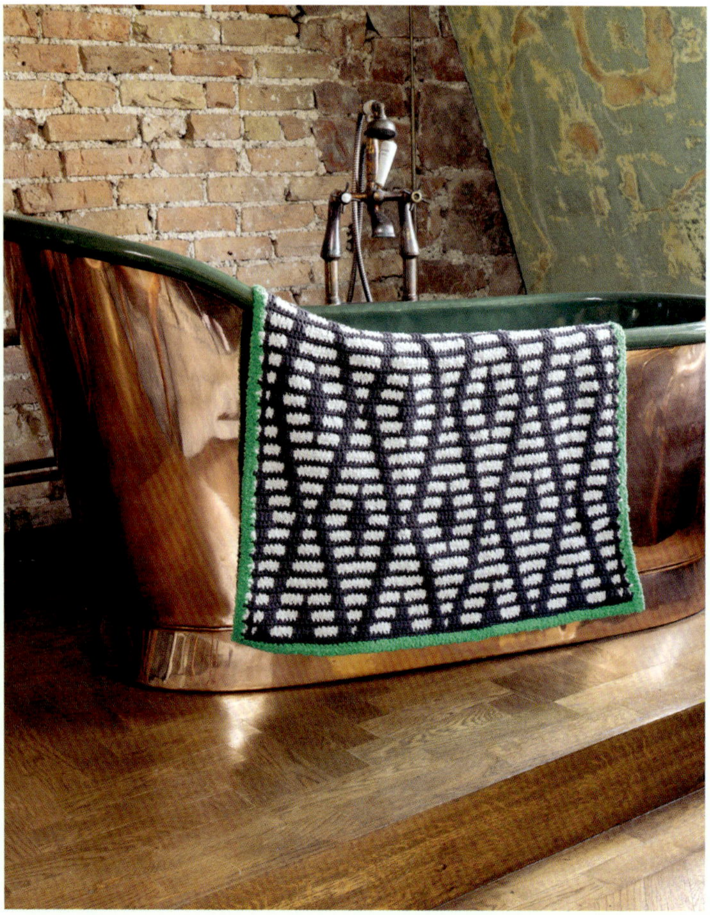

DU BENÖTIGST

GARN

Scheepjes Chunky Monkey (100 % Acryl), Aran/Worsted, 100 g (116 m), in den folgenden Farbtönen:

Dark Grey (2018); 5 Knäuel (A)

Scheepjes Sweetheart Soft (100% Polyester), Chunky/Bulky, 100 g (153 m), in den folgenden Farbtönen:

Light Grey (02); 3 Knäuel (B)

Green (23); 1 Knäuel (C)

NADEL

5 mm Häkelnadel

MASCHEN IM RAPPORT

Maschenzahl teilbar durch 22 M + 6 M für die anfängliche Luftmaschenkette

MASCHENPROBE

13 M und 15 R = 10 cm x 10 cm im Muster mit einer 5 mm Häkelnadel

FERTIGE GRÖSSE

Etwa 74 cm x 100 cm

ANLEITUNG

Mit Farbe C 94 Lm anschlagen.

Basisreihe 1 (RS): 1 fM in die 2. Lm ab der Nadel und in jede Lm bis zum Ende, wenden. (93 M)

Basisreihe 2 (LS): 1 Lm (zählt nie als M), 1 fM in jede M, Fbw zu A, Farbe C beenden, wenden.

Hauptmuster

Reihe 1 (RS): Mit Farbe A 1 Lm, 1 fM in jede M, wenden. (93 M)

Reihen 2–58: Arbeite im Muster der Rautendecke. Beginne mit Farbe A in Reihe 2 und ende mit Reihe 58. Verwende dabei A und B, wo in der Anleitung B und C angegeben sind.

Reihen 59–146: Die Reihen 3–58 der Anleitung für die Rautendecke noch 1x wdh, dann die Reihen 3–34 noch 1x arbeiten. Fbw zu C am Ende von Reihe 146.

Die Farben A und B beenden.

Reihen 147 und 148: Mit Farbe C die Basisreihe 2 2x wdh.

Farbe C noch nicht beenden.

BORTE

Die Borte wird nur an den langen Seiten gearbeitet.

Erste lange Seite

Reihe 1 (LS): Mit Farbe C und mit LS oben 1 Lm, die Arbeit um 90 Grad drehen und entlang einer langen Seite wie folgt arbeiten: * fM in die nächsten 4 Randm, 1 Randm überspr; ab * wdh, mit einer beliebigen M im Rapport enden. Wenn die letzte M übersprungen wurde, einfach 1 fM zum Abschluss der Reihe arbeiten. Wenden.

Reihe 2 (RS): 1 Lm, 1 fM in jede M.

Die Fäden abschneiden und vernähen.

Zweite lange Seite

Reihe 1 (LS): Mit LS zu dir zeigend Farbe C am Ende der 1. Reihe der anderen langen Seite anschlingen, 1 LM, 1 fM in dieselbe M, fM in die nächsten 3 Randm, * 1 Randm überspr, fM in die nächsten 4 Randm; ab * wdh, mit einer beliebigen M im Rapport enden. Wenn die letzte M übersprungen wurde, einfach 1 fM zum Abschluss der Reihe arbeiten. Wenden.

Reihe 2 (RS): 1 Lm, 1 fM in jede M, wenden.

Die Fäden abschneiden und vernähen.

Hinweise

Der Hintergrund ist ein dickes Chunky-Garn (Farbe A), während die Rauten und die Borte beide in einem flauschigen Garn (Farbe B und C) gearbeitet werden.

Achte auf deine Maschenzahl für die Reihen in B und C, da die Maschen im flauschigen Garn schlechter zu erkennen sind. Es ist einfacher, die nächste Masche mit den Fingern zu erfühlen, als sie mit den Augen zu finden.

Es ist sehr wichtig, dass dein fertiger Teppich keine Rutschgefahr auf glatten Böden darstellt. Ich schneide daher am liebsten eine Rutschschutz-Unterlage in der Größe des Teppichs zu und nähe sie mit kleinen Stichen an der Unterseite fest. Es gibt auch Produkte, die du ähnlich wie Farbe direkt auf die Unterseite des Teppichs auftragen kannst. Ich habe sie allerdings nicht ausprobiert und kann daher nichts über ihre Wirksamkeit sagen. Was immer du verwendest, achte darauf, dass dein Teppich sicher ist und nicht rutscht.

TOP-TIPP

Mit einem dicken Baumwollgarn wäre dies ein fantastischer Läufer für den Flur.

LEVEL

Schön gemusterte Retro-Decke

Als ich klein war, war ein Besuch bei meinen Großeltern immer eine aufregende Angelegenheit. Sie lebten in London. In einem Doppeldeckerbus durch das East End zu fahren, war unheimlich spannend für mich, das kleine Mädchen vom Lande. Meine Großeltern waren nett und warmherzig. Sie lehrten mich, Karten zu spielen und bei Nachspeisen immer Platz für Nachschlag zu finden. Sie hatten außerdem die tollsten Flockfaser-Tapeten. Ich kann mich erinnern, wie ich mit den Fingern darübergefahren bin, weil ich die Strukturen und Muster liebte. Diese Decke widme ich meinen Großeltern, Rosa und Ken, in Liebe.

DU BENÖTIGST

GARN

Scheepjes Namaste (50 % Neu-wolle/50 % Acryl), Chunky/Bulky 100 g (85 m), in den folgenden Farbtönen:

Upward Salute (630); 7 Knäuel (A)

Peacock (609); 7 Knäuel (B)

NADEL

8 mm Häkelnadel

MASCHEN IM RAPPORT

Maschenzahl teilbar durch 12 + 4 M für die anfängliche Luftmaschen-kette

MASCHENPROBE

10 M und 14 R = 10 cm x 10 cm im Muster mit einer 8 mm Häkelnadel

FERTIGE GRÖSSE

Etwa 87 cm x 113 cm

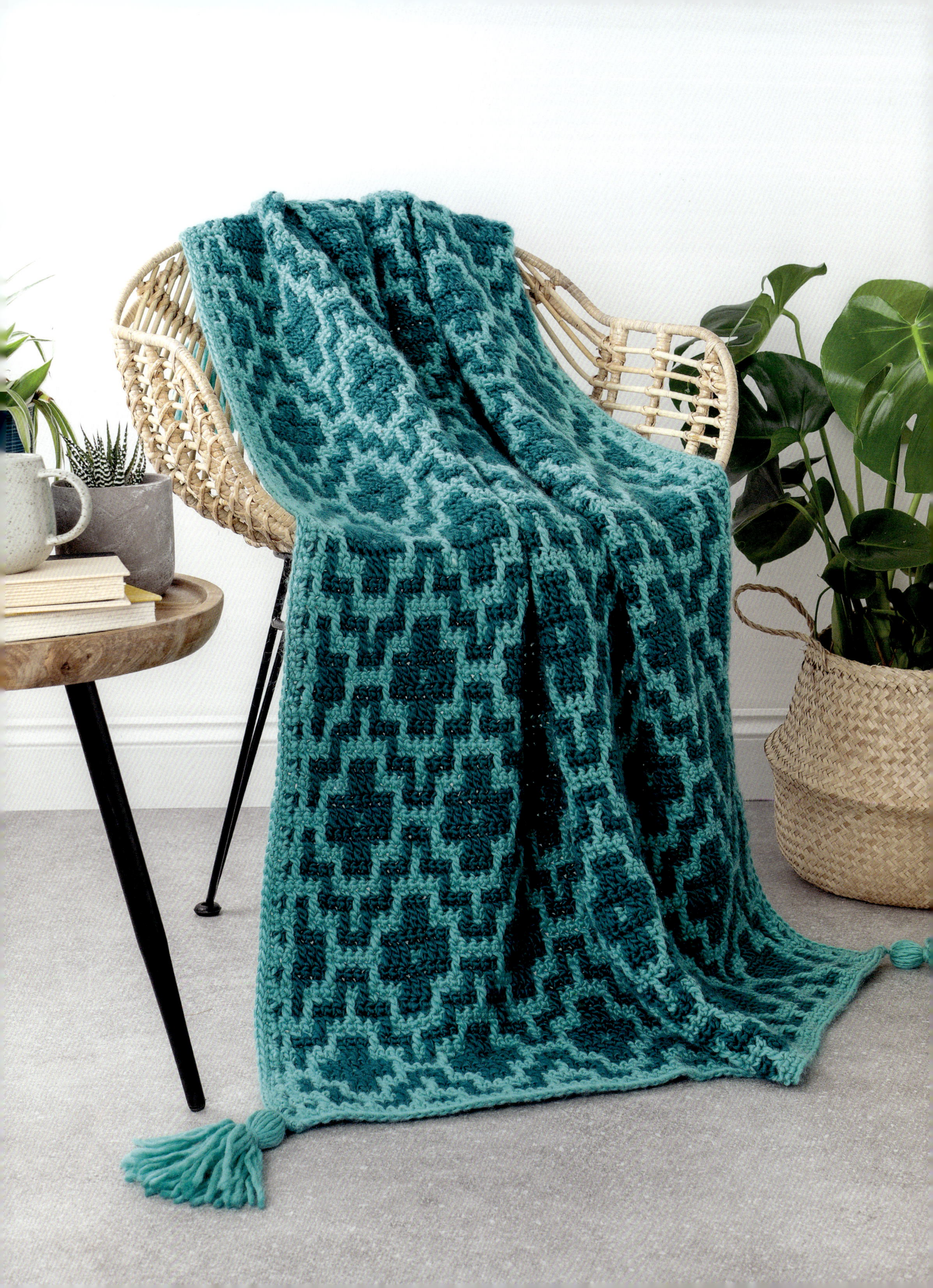

Hinweis

Wenn der Hauptteil der Decke fertig ist, werden die beiden langen Seiten in Farbe A eingefasst, schließlich wird eine Quaste an jeder Ecke befestigt.

ANLEITUNG

Mit Farbe A 88 Lm anschlagen.

Reihe 1 (RS): 1 fM in die 2. Lm ab der Nadel und in jede Lm bis zum Ende, wenden. (87 M)

Reihe 2 (LS): 1 Lm (zählt nie als M), 1 fM in jede M, Fbw zu B, wenden.

Reihe 3: 1 Lm, 1 fM, 2 Lm, 1 M überspr, 1 fM, * 2 Lm, 1 M überspr, 3 fM; ab * bis zu den letzten 4 M wdh, 2x [2 Lm, 1 M überspr, 1 fM], wenden.

Reihe 4: 1 Lm, 1 fM, 2 Lm, 2 Lm überspr, 1 fM, * 2 Lm, 2 Lm überspr, 3 fM; ab * bis zu den letzten 4 M wdh, 2x [2 Lm, 2 Lm überspr, 1 fM], Fbw zu A, wenden.

Reihe 5: 1 Lm, 2x [1 fM, 1 MoStb], 2 Lm, 1 M überspr, 2 fM, 1 MoStb, 2 fM, 2 Lm, 1 M überspr, * 1 MoStb, 3 fM, 1 MoStb, 2 Lm, 1 M überspr, 2 fM, 1 MoStb, 2 fM, 2 Lm, 1 M überspr; ab * bis zu den letzten 4 M wdh, 2x [1 MoStb, 1 fM], wenden.

Reihe 6: 1 Lm, 4 fM, 2 Lm, 2 Lm überspr, * 5 fM, 2 Lm, 2 Lm überspr; ab * bis zu den letzten 4 M wdh, 4 fM, Fbw, wenden.

Reihe 7: 1 Lm, 1 fM, * 2 Lm, 1 M überspr, 2 fM, 1 MoStb, 2 Lm, 1 M überspr, 3 fM, 2 Lm, 1 M überspr, 1 MoStb, 2 fM; ab * bis zu den letzten 2 M wdh, 2 Lm, 1 M überspr, 1 fM, wenden.

Reihe 8: 1 Lm, 1 fM, * 2 Lm, 2 Lm überspr, 3 fM; ab * bis zu den letzten 2 M wdh, 2 Lm, 2 Lm überspr, 1 fM, Fbw, wenden.

Reihe 9: 1 Lm, 1 fM, 1 MoStb, * 2 Lm, 1 M überspr, 2 fM, 1 MoStb, 4 Lm, 3 M überspr, 1 MoStb, 2 fM, 2 Lm, 1 M überspr, 1 MoStb; ab * bis zur letzten M wdh, 1 fM, wenden.

Reihe 10: 1 Lm, 2 fM, * 2 Lm, 2 Lm überspr, 3 fM, 4 Lm, 4 Lm überspr, 3 fM, 2 Lm, 2 Lm überspr, 1 fM; ab * bis zur letzten M wdh, 1 fM, Fbw, wenden.

Reihe 11: 1 Lm, 1 fM, 2 Lm, 1 M überspr, 1 MoStb, 2 Lm, 1 M überspr, 2 fM, 3 MoStb, 2 fM, 2 Lm, 1 M überspr, 1 MoStb, * 1 fM, 1 MoStb, 2 Lm, 1 M überspr, 2 fM, 3 MoStb, 2 fM, 2 Lm, 1 M überspr, 1 MoStb; ab * bis zu den letzten 2 M wdh, 2 Lm, 1 M überspr, 1 fM, wenden.

Reihe 12: 1 Lm, 2x [1 fM, 2 Lm, 2 Lm überspr], 7 fM, * 2 Lm, 2 Lm überspr, 3 fM, 2 Lm, 2 Lm überspr, 7 fM; ab * bis zu den letzten 4 M wdh, 2x [2 Lm, 2 Lm überspr, 1 fM], Fbw, wenden.

Reihe 13: 1 Lm, 2x [1 fM, 1 MoStb], 4 Lm, 3 M überspr, 1 fM, 4 Lm, 3 M überspr, 1 MoStb, * 3 fM, 1 MoStb, 4 Lm, 3 M überspr, 1 fM, 4 Lm, 3 M überspr, 1 MoStb; ab * bis zu den letzten 3 M wdh, 1 fM, 1 MoStb, 1 fM, wenden.

Reihe 14: 1 Lm, 4 fM, 4 Lm, 4 Lm überspr, 1 fM, 4 Lm, 4 Lm überspr, * 5 fM, 4 Lm, 4 Lm überspr, 1 fM, 4 Lm, 4 Lm überspr; ab * bis zu den letzten 4 M wdh, 4 fM, Fbw, wenden.

Reihe 15: 1 Lm, 2x [1 fM, 2 Lm, 1 M überspr], 3 MoStb, 1 fM, 3 MoStb, * 2 Lm, 1 M überspr, 3 fM, 2 Lm, 1 M überspr, 3 MoStb, 1 fM, 3 MoStb; ab * bis zu den letzten 4 M wdh, 2x [2 Lm, 1 M überspr, 1 fM], wenden.

Reihe 16: 1 Lm, 2x [1 fM, 2 Lm, 2 Lm überspr], 7 fM, * 2 Lm, 2 Lm überspr, 3 fM, 2 Lm, 2 Lm überspr, 7 fM; ab * bis zu den letzten 4 M wdh, 2x [2 Lm, 2 Lm überspr, 1 fM], Fbw, wenden.

Reihe 17: 1 Lm, 1 fM, 1 MoStb, 2 Lm, 1 M überspr, 1 MoStb, 2 fM, 4 Lm, 3 M überspr, 2 fM, 1 MoStb, 2 Lm, 1 M überspr, * 1 fM, 2 Lm, 1 M überspr, 1 MoStb, 2 fM, 4 Lm, 3 M überspr, 2 fM, 1 MoStb, 2 Lm, 1 M überspr; ab * bis zu den letzten 2 M wdh, 1 MoStb, 1 fM, wenden.

Reihe 18: 1 Lm, 2 fM, * 2 Lm, 2 Lm überspr, 3 fM, 4 Lm, 4 Lm überspr, 3 fM, 2 Lm, 2 Lm überspr, 1 fM; ab * bis zur letzten M wdh, 1 fM, Fbw, wenden.

Reihe 19: 1 Lm, 1 fM, * 2 Lm, 1 M überspr, 1 MoStb, 2 fM, 2 Lm, 1 M überspr, 3 MoStb, 2 Lm, 1 M überspr, 2 fM, 1 MoStb; ab * bis zu den letzten 2 M wdh, 2 Lm, 1 M überspr, 1 fM, wenden.

Reihe 20: 1 Lm, 1 fM, * 2 Lm, 2 Lm überspr, 3 fM; ab * bis zu den letzten 2 M wdh, 2 Lm, 2 Lm überspr, 1 fM, Fbw, wenden.

Reihe 21: 1 Lm, 1 fM, 1 MoStb, 2 fM, 2 Lm, 1 M überspr, 1 MoStb, 3 fM, 1 MoStb, 2 Lm, 1 M überspr, * 2 fM, 1 MoStb, 2 fM, 2 Lm, 1 M überspr, 1 MoStb, 3 fM, 1 MoStb, 2 Lm, 1 M überspr; ab * bis zu den letzten 4 M wdh, 2 fM, 1 MoStb, 1 fM, wenden.

Reihe 22: 1 Lm, 4 fM, 2 Lm, 2 Lm überspr, * 5 fM, 2 Lm, 2 Lm überspr; ab * bis zu den letzten 4 M wdh, 4 fM, Fbw, wenden.

Reihe 23: 1 Lm, 2x [1 fM, 2 Lm, 1 M überspr], 1 MoStb, 2 fM, 2 Lm, 1 M überspr, 2 fM, 1 MoStb, * 2 Lm, 1 M überspr, 3 fM, 2 Lm, 1 M überspr, 1 MoStb, 2 fM, 2 Lm, 1 M überspr, 2 fM, 1 MoStb; ab * bis zu den letzten 4 M wdh, 2x [2 Lm, 1 M überspr, 1 fM], wenden.

TOP-TIPP

Opulentes dickes Garn und eine hohe Nadelstärke machen dies zu einem schnellen und wunderbar kuscheligen Projekt.

Reihe 24: 1 Lm, 1 fM, 2 Lm, 2 Lm überspr, 1 fM, * 2 Lm, 2 Lm überspr, 3 fM; ab * bis zu den letzten 4 M wdh, 2x [2 Lm, 2 Lm überspr, 1 fM], Fbw, wenden.

Reihe 25: 1 Lm, 1 fM, 1 MoStb, 2 Lm, 1 M überspr, 1 MoStb, 2 fM, 2 Lm, 1 M überspr, 1 MoStb, 2 Lm, 1 M überspr, 2 fM, 1 MoStb, * 4 Lm, 3 M überspr, 1 MoStb, 2 fM, 2 Lm, 1 M überspr, 1 MoStb, 2 Lm, 1 M überspr, 2 fM, 1 MoStb; ab * bis zu den letzten 3 M wdh, 2 Lm, 1 M überspr, 1 MoStb, 1 fM, wenden.

Reihe 26: 1 Lm, 2 fM, 2 Lm, 2 Lm überspr, 3 fM, 2 Lm, 2 Lm überspr, 1 fM, 2 Lm, 2 Lm überspr, 3 fM, * 4 Lm, 4 Lm überspr, 3 fM, 2 Lm, 2 Lm überspr, 1 fM, 2 Lm, 2 Lm überspr, 3 fM; ab * bis zu den letzten 3 M wdh, 2 Lm, 2 Lm überspr, 2 fM, Fbw, wenden.

Reihe 27: 1 Lm, 1 fM, 2 Lm, 1 M überspr, 1 MoStb, 2 fM, 2 Lm, 1 M überspr, 1 MoStb, 1 fM, 1 MoStb, 2 Lm, 1 M überspr, 2 fM, * 3 MoStb, 2 fM, 2 Lm, 1 M überspr, 1 MoStb, 1 fM, 1 MoStb, 2 Lm, 1 M überspr, 2 fM; ab * bis zu den letzten 3 M wdh, 1 MoStb, 2 Lm, 1 M überspr, 1 fM, wenden.

Reihe 28: 1 Lm, 1 fM, 2 Lm, 2 Lm überspr, 2x [3 fM, 2 Lm, 2 Lm überspr], * 7 fM, 2 Lm, 2 Lm überspr, 3 fM, 2 Lm, 2 Lm überspr; ab * bis zu den letzten 5 M wdh, 3 fM, 2 Lm, 2 Lm überspr, 1 fM, Fbw, wenden.

Reihe 29: 1 Lm, 1 fM, 1 MoStb, 4 Lm, 3 M überspr, 1 MoStb, 3 fM, 1 MoStb, * 4 Lm, 3 M überspr, 1 fM, 4 Lm, 3 M überspr, 1 MoStb, 3 fM, 1 MoStb; ab * bis zu den letzten 5 M wdh, 4 Lm, 3 M überspr, 1 MoStb, 1 fM, wenden.

Reihe 30: 1 Lm, 2 fM, 4 Lm, 4 Lm überspr, 5 fM, * 4 Lm, 4 Lm überspr, 1 fM, 4 Lm, 4 Lm überspr, 5 fM; ab * bis zu den letzten 5 M wdh, 4 Lm, 4 Lm überspr, 2 fM, Fbw, wenden.

Reihe 31: 1 Lm, 1 fM, 2 Lm, 1 M überspr, 3 MoStb, 2 Lm, 1 M überspr, 3 fM, 2 Lm, 1 M überspr, * 3 MoStb, 1 fM, 3 MoStb, 2 Lm, 1 M überspr, 3 fM, 2 Lm, 1 M überspr; ab * bis zu den letzten 5 M wdh, 3 MoStb, 2 Lm, 1 M überspr, 1 fM, wenden.

Reihe 32: 1 Lm, 1 fM, 2 Lm, 2 Lm überspr, 2x [3 fM, 2 Lm, 2 Lm überspr], * 7 fM, 2 Lm, 2 Lm überspr, 3 fM, 2 Lm, 2 Lm überspr; ab * bis zu den letzten 5 M wdh, 3 fM, 2 Lm, 2 Lm überspr, 1 fM, Fbw, wenden.

Reihe 33: 1 Lm, 1 fM, 1 MoStb, 2 Lm, 1 M überspr, 2 fM, 1 MoStb, 2 Lm, 1 M überspr, 1 fM, 2 Lm, 1 M überspr, 1 MoStb, 2 fM, * 4 Lm, 3 M überspr, 2 fM, 1 MoStb, 2 Lm, 1 M überspr, 1 fM, 2 Lm, 1 M überspr, 1 MoStb, 2 fM; ab * bis zu den letzten 3 M wdh, 2 Lm, 1 M überspr, 1 MoStb, 1 fM, wenden.

Reihe 34: 1 Lm, 2 fM, 2 Lm, 2 Lm überspr, 3 fM, 2 Lm, 2 Lm überspr, 1 fM, 2 Lm, 2 Lm überspr, 3 fM, * 4 Lm, 4 Lm überspr, 3 fM, 2 Lm, 2 Lm überspr, 1 fM, 2 Lm, 2 Lm überspr, 3 fM; ab * bis zu den letzten 3 M wdh, 2 Lm, 2 Lm überspr, 2 fM, Fbw, wenden.

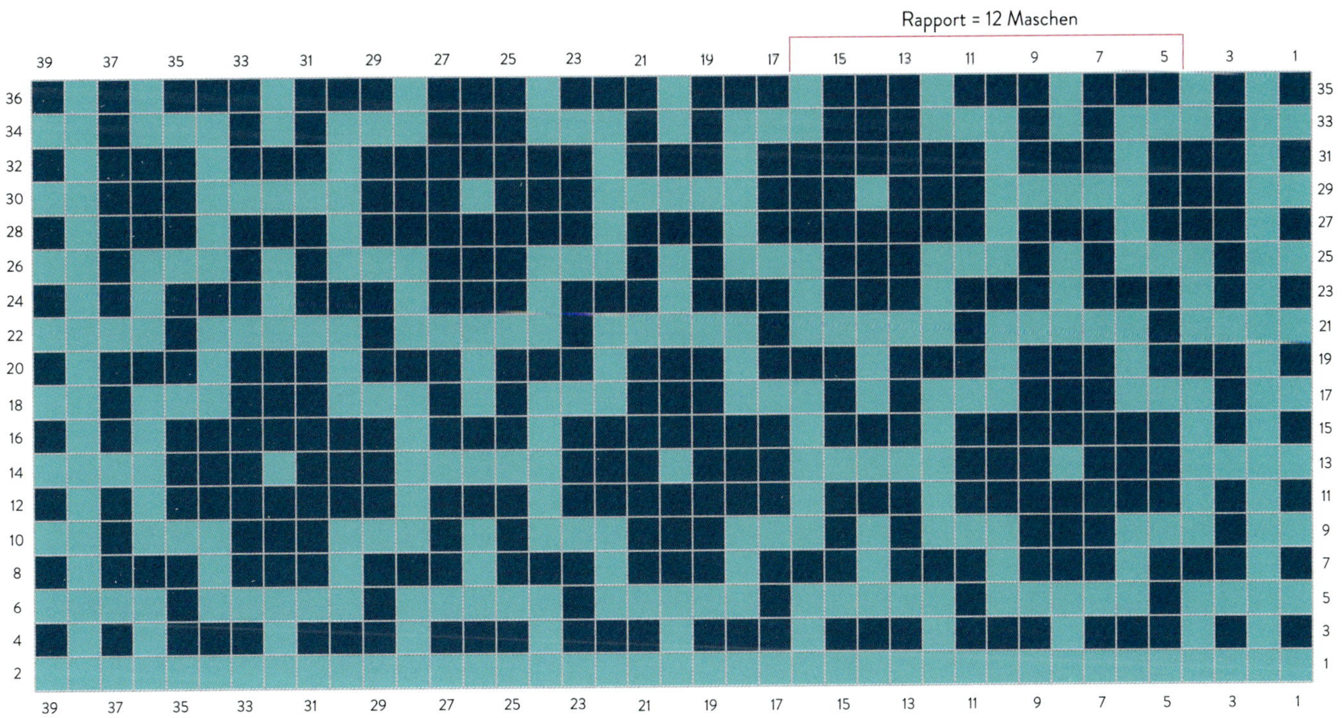

LEGENDE

A B

Jedes Quadrat stellt eine Masche dar.

Lies alle ungeraden Reihen (RS) von rechts nach links und alle geraden Reihen (LS) von links nach rechts.

Arbeite zunächst die Reihen 1–36, dann wdh stets die Reihen 5–36.

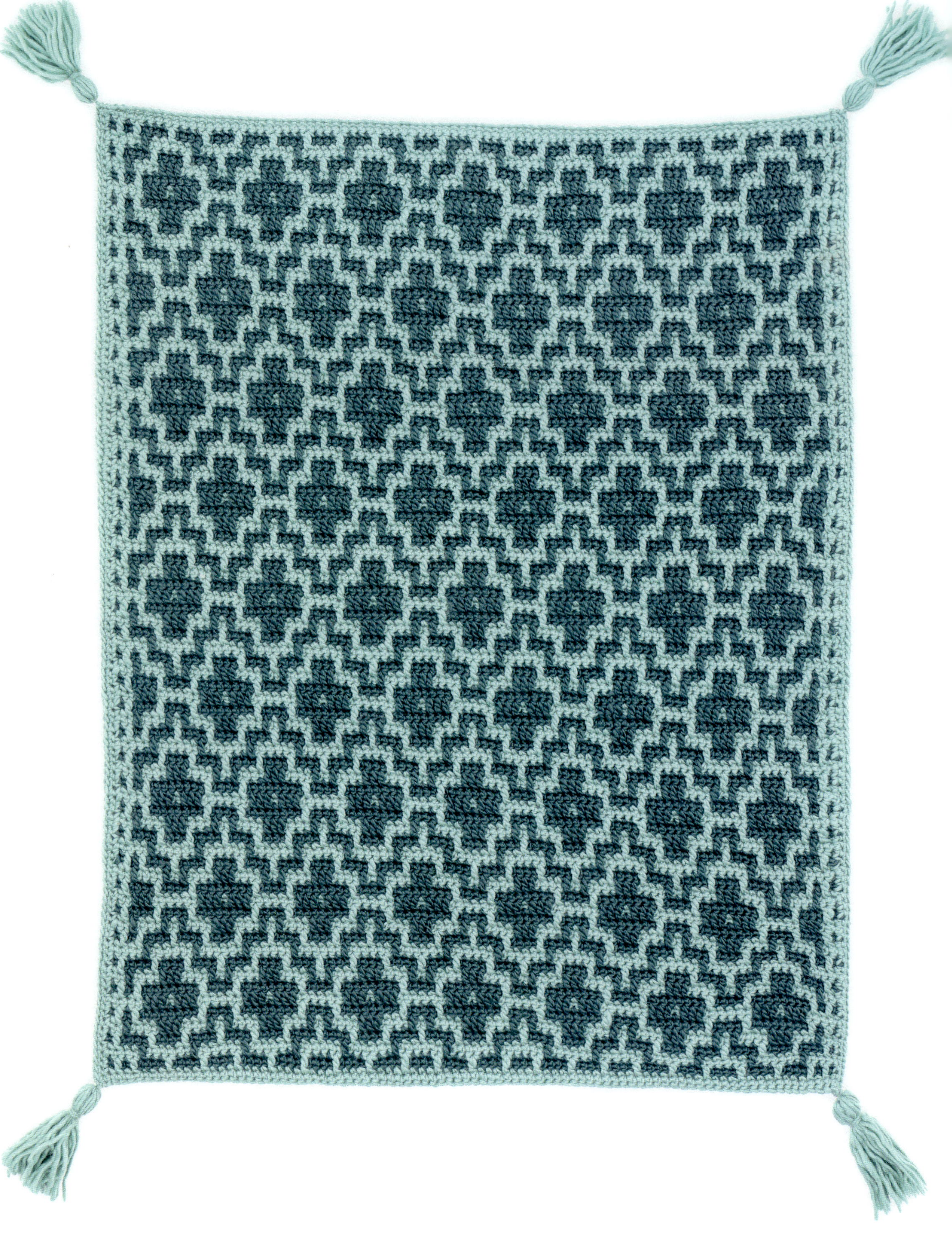

Reihe 35: 1 Lm, 1 fM, 2 Lm, 1 M überspr, 1 MoStb, 2 Lm, 1 M überspr, 2 fM, 1 MoStb, 2 Lm, 1 M überspr, 1 MoStb, 2 fM, 2 Lm, 1 M überspr, * 3 MoStb, 2 Lm, 1 M überspr, 2 fM, 1 MoStb, 2 Lm, 1 M überspr, 1 MoStb, 2 fM, 2 Lm, 1 M überspr; ab * bis zu den letzten 3 M wdh, 1 MoStb, 2 Lm, 1 M überspr, 1 fM, wenden.

Reihe 36: 1 Lm, 1 fM, 2 Lm, 2 Lm überspr, 1 fM, * 2 Lm, 2 Lm überspr, 3 fM; ab * bis zu den letzten 4 M wdh, 2x [2 Lm, 2 Lm überspr, 1 fM], Fbw, wenden.

Reihen 37–152: Die Reihen 5–36 noch 3x wdh, dann die Reihen 5–24 noch 1x wdh.

Reihe 153: 1 Lm, 2x [1 fM, 1 MoStb], * 3 fM, 1 MoStb; ab * bis zu den letzten 3 M wdh, 1 fM, 1 MoStb, 1 fM, wenden.

Reihe 154: 1 Lm, 1 fM in jede M.

Farbe B beenden und den Faden vernähen, Farbe A noch nicht beenden.

Farboption

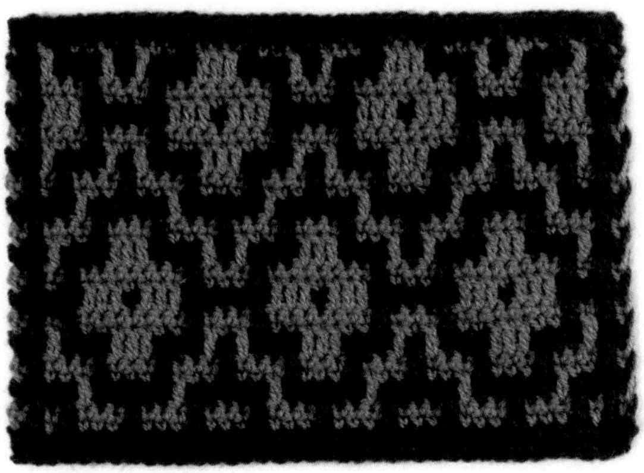

SEHR MYSTERIÖS

Es gibt keinen Grund, warum dunklere Töne zusammen nicht gut wirken sollten. Man denke an dunkle Winterabende, flackernden Kerzenschein und alte Geistergeschichten. Hier besticht ein sattes Tannengrün neben einem tiefen Jadeton. Mystisch!

BORTE

Die Borte wird nur an den langen Seiten gearbeitet.

Erste lange Seite

Reihe 1 (LS): Mit Farbe A und mit LS oben 1 Lm, die Arbeit um 90 Grad drehen und entlang der ersten langen Seite wie folgt arbeiten: * fM in die nächsten 4 Randm, 1 Randm überspr; ab * wdh, mit einer beliebigen M im Rapport enden. Wenn die letzte M übersprungen wurde, einfach 1 fM zum Abschluss der Reihe arbeiten. Wenden.

Reihe 2 (RS): 1 Lm, 1 fM in jede M, Arbeit beenden und Fäden vernähen.

Zweite lange Seite

Reihe 1 (LS): Mit Farbe A und LS zu dir zeigend am Ende der 1. Reihe der anderen langen Seite anschlingen, 1 Lm, 1 fM in dieselbe M, fM in die nächsten 3 Randm, * 1 Randm überspr, fM in die nächsten 4 Randm; ab * wdh, mit einer beliebigen M im Rapport enden. Wenn die letzte M übersprungen wurde, einfach 1 fM zum Abschluss der Reihe arbeiten. Wenden.

Reihe 2 (RS): 1 Lm, 1 fM in jede M, wenden.

Die Fäden abschneiden und vernähen.

QUASTEN

(4 Stück)

Garn A etwa 22x um ein etwa 15 cm langes Pappstück wickeln. Einen 30 cm langen Faden A am oberen Ende unter alle Schlaufen durchführen, festknoten und so die Schlaufen zusammenbinden. Die Schlaufen am unteren Ende aufschneiden. Einen weiteren 30 cm langen Faden A in etwa 4 cm Abstand vom oberen Ende um alle Fäden knoten (außer dem Faden, mit dem die Schlaufen zusammengeknotet wurden). Die Quaste gerade abschneiden.

Eine Quaste an jeder Ecke der Decke anbringen. Dazu den Faden, mit dem die Schlaufen zusammengeknotet wurden, sicher an jeder Ecke anknoten.

Zum Abschluss alle Fäden vernähen.

LEVEL

NEBENPROJEKT:

Gegensätze-ziehen-sich-an-Kissen

Dieses Kissenpaar verschönert jedes Sofa. Das gleiche Design, das gleiche Garn – aber durch Vertauschen der Farben werden zwei ganz unterschiedliche Effekte erzielt! Ich liebe diese Kombination aus leuchtendem Orange und weichem Steingrau, aber ich glaube, dass diese Kissen in jeder Farbkombination toll aussehen würden.

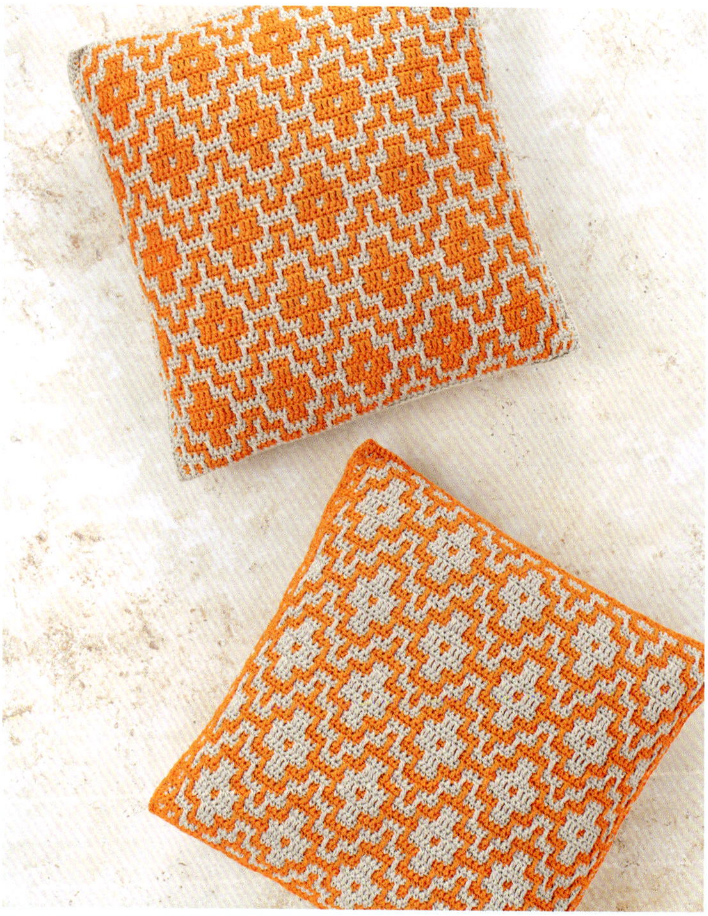

DU BENÖTIGST

GARN

Scheepjes Catona (100 % Baumwolle), 4-fädig/Sport, 50 g (125 m), in den folgenden Farbtönen:

Champagne (248); 3 Knäuel (A)

Royal Orange (189); 3 Knäuel (B)

NADEL

3 mm Häkelnadel

WEITERE HILFSMITTEL UND MATERIALIEN

2 Kissenfüllungen, 35 cm x 35 cm

2 Stoffquadrate für die Kissenrückseite, 37 cm x 37 cm

Nadel, Faden und Stecknadeln

MASCHEN IM RAPPORT

Maschenzahl teilbar durch 12 + 4 M für die anfängliche Luftmaschenkette

MASCHENPROBE

18 M und 24 R = 10 cm x 10 cm im Muster mit einer 3 mm Häkelnadel

FERTIGE GRÖSSE

Vorderteil misst etwa 34 cm x 34 cm

Kissen misst im fertigen Zustand 35 cm x 35

ANLEITUNG

Vorderteil

Mit Farbe A 64 Lm anschlagen.

Reihe 1 (RS): 1 fM in die 2. Lm ab der Nadel und in jede Lm bis zum Ende, wenden. (63 M)

Reihen 2–36: Arbeite im Muster für die schön gemusterte Retro-Decke. Beginne mit Farbe A in Reihe 2 und ende mit Reihe 36. Verwende dabei die Farben A und B wie angegeben.

Reihen 37–88: Die Reihen 5–36 noch 1x wdh, dann die Reihen 5–24 noch 1x arbeiten.

Reihe 89: Mit Farbe A 1 Lm, 2x [1 fM, 1 MoStb], * 3 fM, 1 MoStb; ab * bis zu den letzten 3 M wdh, 1 fM, 1 MoStb, 1 fM, wenden.

Reihe 90: 1 Lm, 1 fM in jede M.

Farbe B beenden, A noch nicht.

BORTE

Fasse die Randm der beiden Seiten mit Farbe A und derselben Methode wie bei der schön gemusterten Retro-Decke ein.

Die Fäden abschneiden und vernähen.

Arbeite das **zweite Vorderteil** auf die gleiche Weise. Verwende dabei Farbe B, wo A angegeben ist, und umgekehrt.

ZUSAMMENNÄHEN

Mit LS oben den Stoff für die Rückseite auf allen 4 Seiten 1 cm breit umbügeln (um ein Quadrat mit den Maßen der Kissenfüllung zu bilden). Den Stoff mit LS und Umschlag oben flach ausbreiten und die Vorderseite links auf links darauflegen. 3 Seiten mit Stecknadeln feststecken. Dabei bei Bedarf das gehäkelte Teil leicht dehnen. Mit Nadel und Faden etwa 3 mm vom äußeren Rand kleine Heftstiche an 3 Rändern arbeiten. Die Kissenfüllung hineinstecken und die letzte Seite auf die gleiche Weise schließen.

Hinweise

Diese beiden Kissen bestehen aus einem gehäkelten Vorderteil und einem Stoffrückenteil, die zusammengenäht und mit der Kissenfüllung versehen werden. Der gehäkelte Bezug sollte etwas kleiner als die Maße des fertigen Kissens sein, da er sich etwas dehnen soll, um die Form zu halten.

Verwende die Farben A und B wie angegeben für das erste Kissen, tausche sie dann für das zweite Kissen und verwende Farbe A, wo B angegeben ist, und umgekehrt.

TOP-TIPP

Wenn die gehäkelten Vorderteile ein bisschen zu klein sind, arbeite einfach ein paar zusätzliche Runden feste Maschen um den Rand für eine stilvolle, breite Borte.

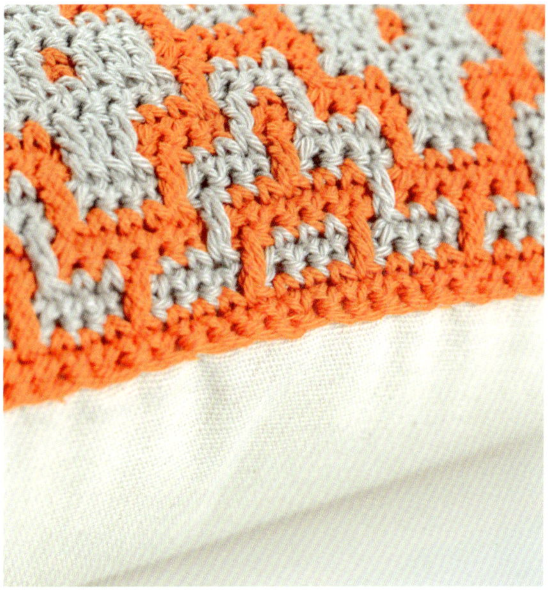

LEVEL

Nebelberge-Decke

Diese Decke hat mich eine wertvolle Lektion gelehrt: Schließe niemals eine Farbe aus, bevor du sie nicht ausprobiert hast! Ich wusste nicht, dass Hellrosa (nicht gerade meine Lieblingsfarbe) so toll mit diesem wunderschönen Gold-Orange wirken würde, aber als sich das Muster allmählich zeigte, sahen die Farben absolut fantastisch zusammen aus. Dieses Design ist meinem allerersten Mosaikhäkelmuster von vor ein paar Jahren gewidmet, der Rauten-Herzdecke. Diesmal arbeite ich mit »Halbrauten«, durch die das Design wie wunderschöne gespiegelte Bergspitzen wirkt. Und ja, der Name ... für all die Tolkien-Fans unter euch: Meine andere Hälfte und mein Sohn haben mich inständig gebeten, die Decke »Nebelberge« zu nennen. Da konnte ich nicht Nein sagen.

DU BENÖTIGST

GARN

Scheepjes Colour Crafter (100 % Acryl), DK/Light Worsted, 100 g (300 m), in den folgenden Farbtönen:

Burum (1709); 5 Knäuel (A)

Ommen (1240); 3 Knäuel (B)

NADEL

5,5 mm Häkelnadel

ANDERE HILFSMITTEL

Pompon-Maker, 65 mm

MASCHEN IM RAPPORT

Maschenzahl teilbar durch 20 + 6 M für die anfängliche Luftmaschenkette

MASCHENPROBE

14 M und 18 R = 10 cm x 10 cm im Muster mit einer 5,5 mm Häkelnadel

FERTIGE GRÖSSE

Etwa 105 cm x 135 cm

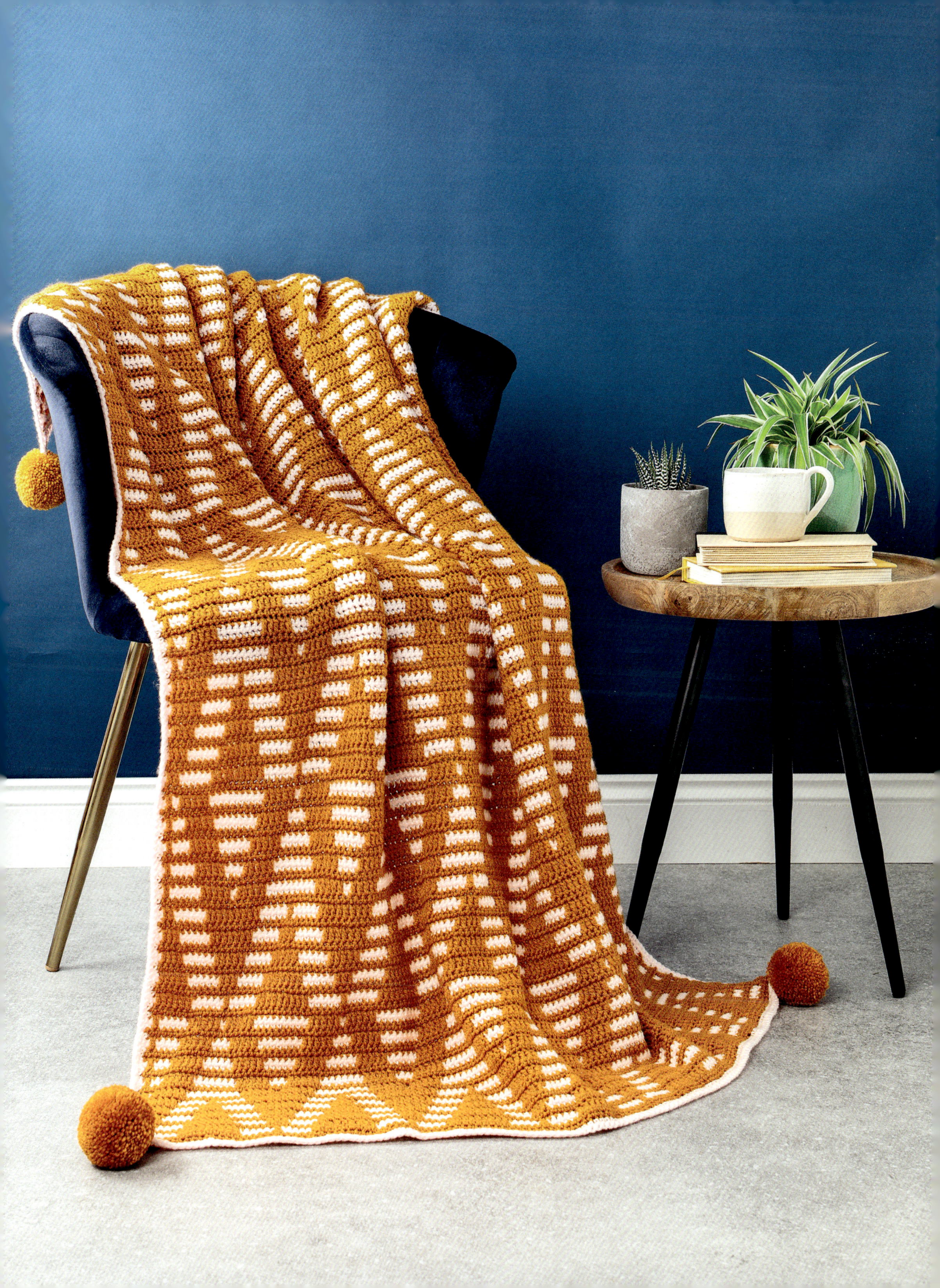

Hinweis

Farbe A wird für den Hintergrund verwendet und Farbe B bildet die hellrosafarbenen Berge. Dies ist ein tolles Einsteigermuster, da jede 4. Reihe einfach eine Reihe mit festen Maschen ist. Wenn der Hauptteil fertig ist, füge eine einfache Borte in B und einen Bommel an jeder Ecke an.

ANLEITUNG

Mit Farbe A 146 Lm anschlagen.

Reihe 1 (RS): 1 fM in die 2. Lm ab der Nadel und in jede Lm bis zum Ende, wenden. (145 M)

Reihe 2 (LS): 1 Lm (zählt nie als M), 1 fM in jede M, Fbw zu B, wenden.

Reihe 3: 1 Lm, 1 fM, 3 Lm, 2 M überspr, 5 fM, 10 Lm, 9 M überspr, 5 fM, * 2 Lm, 1 M überspr, 5 fM, 10 Lm, 9 M überspr, 5 fM; ab * bis zu den letzten 3 M wdh, 3 Lm, 2 M überspr, 1 fM, wenden.

Reihe 4: 1 Lm, 1 fM, 3 Lm, 3 Lm überspr, 5 fM, 10 Lm, 10 Lm überspr, 5 fM, * 2 Lm, 2 Lm überspr, 5 fM, 10 Lm, 10 Lm überspr, 5 fM; ab * bis zu den letzten 3 M wdh, 3 Lm, 3 Lm überspr, 1 fM, Fbw zu A, wenden.

Reihe 5: 1 Lm, 1 fM, 2 MoStb, 5 fM, 9 MoStb, 5 fM, * 1 MoStb, 5 fM, 9 MoStb, 5 fM; ab * bis zu den letzten 3 M wdh, 2 MoStb, 1 fM, wenden.

Reihe 6: Wie Reihe 2 arbeiten.

Reihe 7: 1 Lm, 1 fM, * 4 Lm, 3 M überspr, 5 fM, 8 Lm, 7 M überspr, 5 fM; ab * bis zu den letzten 4 M wdh, 4 Lm, 3 M überspr, 1 fM, wenden.

Reihe 8: 1 Lm, 1 fM, * 4 Lm, 4 Lm überspr, 5 fM, 8 Lm, 8 Lm überspr, 5 fM; ab * bis zu den letzten 4 M wdh, 4 Lm, 4 Lm überspr, 1 fM, Fbw, wenden.

Reihe 9: 1 Lm, 1 fM, * 3 MoStb, 5 fM, 7 MoStb, 5 fM; ab * bis zu den letzten 4 M wdh, 3 MoStb, 1 fM, wenden.

Reihe 10: Wie Reihe 2 arbeiten.

Reihe 11: 1 Lm, 1 fM, 5 Lm, 4 M überspr, 5 fM, * 6 Lm, 5 M überspr, 5 fM; ab * bis zu den letzten 5 M wdh, 5 Lm, 4 M überspr, 1 fM, wenden.

Reihe 12: 1 Lm, 1 fM, 5 Lm, 5 Lm überspr, 5 fM, * 6 Lm, 6 Lm überspr, 5 fM; ab * bis zu den letzten 5 M wdh, 5 Lm, 5 Lm überspr, 1 fM, Fbw, wenden.

Reihe 13: 1 Lm, 1 fM, 4 MoStb, 5 fM, * 5 MoStb, 5 fM; ab * bis zu den letzten 5 M wdh, 4 MoStb, 1 fM, wenden.

Reihe 14: Wie Reihe 2 arbeiten.

Reihe 15: 1 Lm, 1 fM, 6 Lm, 5 M überspr, 5 fM, 4 Lm, 3 M überspr, 5 fM, * 8 Lm, 7 M überspr, 5 fM, 4 Lm, 3 M überspr, 5 fM; ab * bis zu den letzten 6 M wdh, 6 Lm, 5 M überspr, 1 fM, wenden.

Reihe 16: 1 Lm, 1 fM, 6 Lm, 6 Lm überspr, 5 fM, 4 Lm, 4 Lm überspr, 5 fM, * 8 Lm, 8 Lm überspr, 5 fM, 4 Lm, 4 Lm überspr, 5 fM; ab * bis zu den letzten 6 M wdh, 6 Lm, 6 Lm überspr, 1 fM, Fbw, wenden.

Reihe 17: 1 Lm, 1 fM, 5 MoStb, 5 fM, 3 MoStb, 5 fM, * 7 MoStb, 5 fM, 3 MoStb, 5 fM; ab * bis zu den letzten 6 M wdh, 5 MoStb, 1 fM, wenden.

Reihe 18: Wie Reihe 2 arbeiten.

Reihe 19: 1 Lm, 1 fM, 7 Lm, 6 M überspr, 5 fM, 2 Lm, 1 M überspr, 5 fM, * 10 Lm, 9 M überspr, 5 fM, 2 Lm, 1 M überspr, 5 fM; ab * bis zu den letzten 7 M wdh, 7 Lm, 6 M überspr, 1 fM, wenden.

Reihe 20: 1 Lm, 1 fM, 7 Lm, 7 Lm überspr, 5 fM, 2 Lm, 2 Lm überspr, 5 fM, * 10 Lm, 10 Lm überspr, 5 fM, 2 Lm, 2 Lm überspr, 5 fM; ab * bis zu den letzten 7 M wdh, 7 Lm, 7 Lm überspr, 1 fM, Fbw, wenden.

Reihe 21: 1 Lm, 1 fM, 6 MoStb, 5 fM, 1 MoStb, 5 fM, * 9 MoStb, 5 fM, 1 MoStb, 5 fM; ab * bis zu den letzten 7 M wdh, 6 MoStb, 1 fM, wenden.

Reihe 22: Wie Reihe 2 arbeiten.

Reihe 23: 1 Lm, 1 fM, 2 Lm, 1 M überspr, * 1 fM, 6 Lm, 5 M überspr, 9 fM, 6 Lm, 5 M überspr; ab * bis zu den l etzten 3 M wdh, 1 fM, 2 Lm, 1 M überspr, 1 fM, wenden.

Reihe 24: 1 Lm, 1 fM, 2 Lm, 2 Lm überspr, * 1 fM, 6 Lm, 6 Lm überspr, 9 fM, 6 Lm, 6 Lm überspr; ab * bis zu den letzten 3 M wdh, 1 fM, 2 Lm, 2 Lm überspr, 1 fM, Fbw, wenden.

Reihe 25: 1 Lm, 1 fM, 1 MoStb, * 1 fM, 5 MoStb, 9 fM, 5 MoStb; ab * bis zu den letzten 3 M wdh, 1 fM, 1 MoStb, 1 fM, wenden.

Reihe 26: Wie Reihe 2 arbeiten.

Reihe 27: 1 Lm, 1 fM, 2 Lm, 1 M überspr, 2 fM, 6 Lm, 5 M überspr, 7 fM, 6 Lm, 5 M überspr, * 3 fM, 6 Lm, 5 M überspr, 7 fM, 6 Lm, 5 M überspr; ab * bis zu den letzten 4 M wdh, 2 fM, 2 Lm, 1 M überspr, 1 fM, wenden.

Reihe 28: 1 Lm, 1 fM, 2 Lm, 2 Lm überspr, 2 fM, 6 Lm, 6 Lm überspr, 7 fM, 6 Lm, 6 Lm überspr, * 3 fM, 6 Lm, 6 Lm überspr, 7 fM, 6 Lm, 6 Lm überspr; ab * bis zu den letzten 4 M wdh, 2 fM, 2 Lm, 2 Lm überspr, 1 fM, Fbw, wenden.

Reihe 29: 1 Lm, 1 fM, 1 MoStb, 2 fM, 5 MoStb, 7 fM, 5 MoStb, * 3 fM, 5 MoStb, 7 fM, 5 MoStb; ab * bis zu den letzten 4 M wdh, 2 fM, 1 MoStb, 1 fM, wenden.

Reihe 30: Wie Reihe 2 arbeiten.

Reihe 31: 1 Lm, 1 fM, 2 Lm, 1 M überspr, 3 fM, 6 Lm, 5 M überspr, * 5 fM, 6 Lm, 5 M überspr; ab * bis zu den letzten 5 M wdh, 3 fM, 2 Lm, 1 M überspr, 1 fM, wenden.

Reihe 32: 1 Lm, 1 fM, 2 Lm, 2 Lm überspr, 3 fM, 6 Lm, 6 Lm überspr, * 5 fM, 6 Lm, 6 Lm überspr; ab * bis zu den letzten 5 M wdh, 3 fM, 2 Lm, 2 Lm überspr, 1 fM, Fbw, wenden.

TOP-TIPP

Dies wäre ein perfektes erstes Mosaikhäkelprojekt!

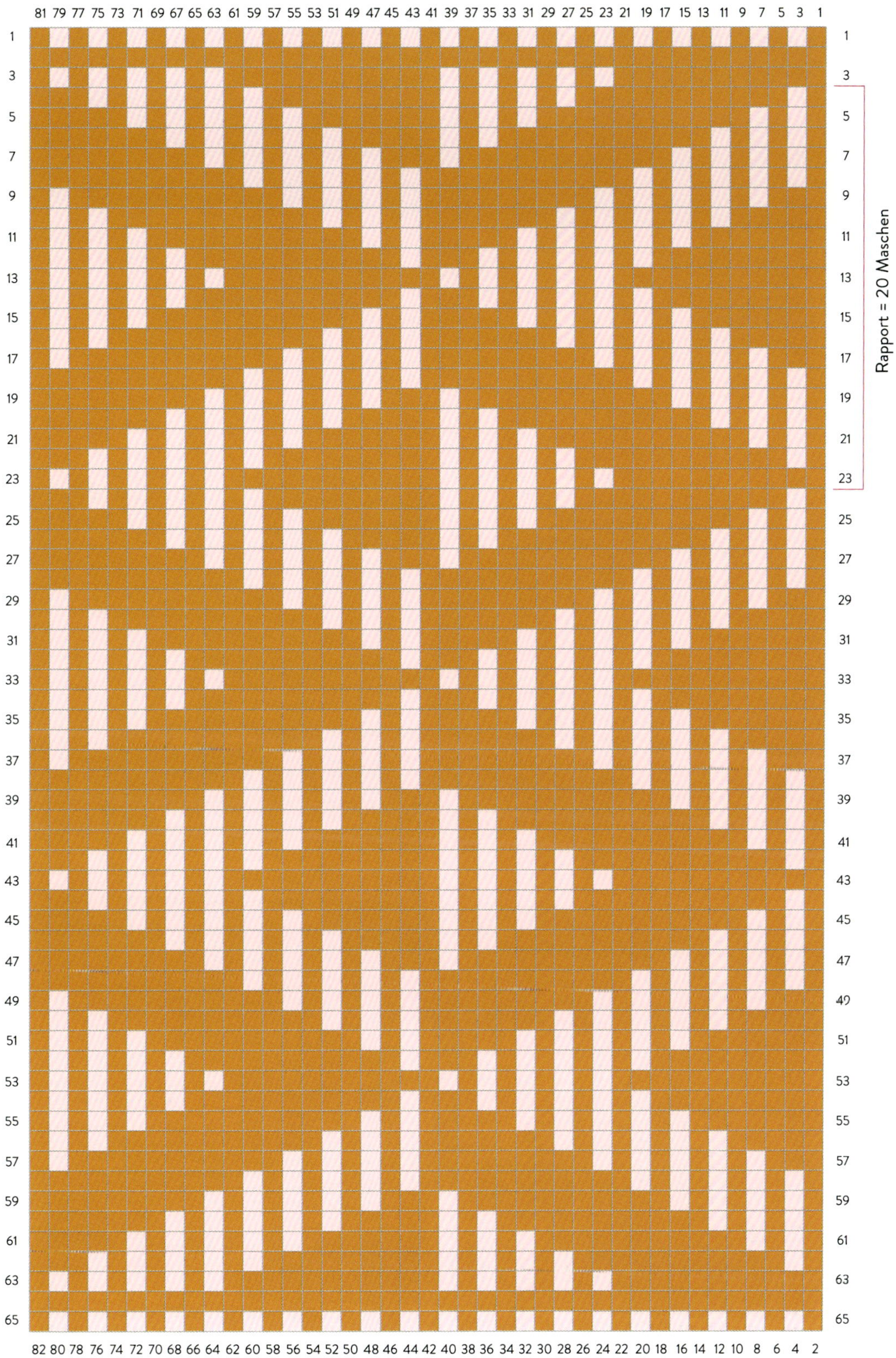

LEGENDE

A

B

Jedes Quadrat stellt eine Masche dar.

Um nach diesem Diagramm zu arbeiten, drehe es um 90 Grad im Uhrzeigersinn. Lies alle ungeraden Reihen (RS) von rechts nach links und alle geraden Reihen (LS) von links nach rechts.

Arbeite zunächst die Reihen 1–82, dann wdh stets die Reihen 3–82.

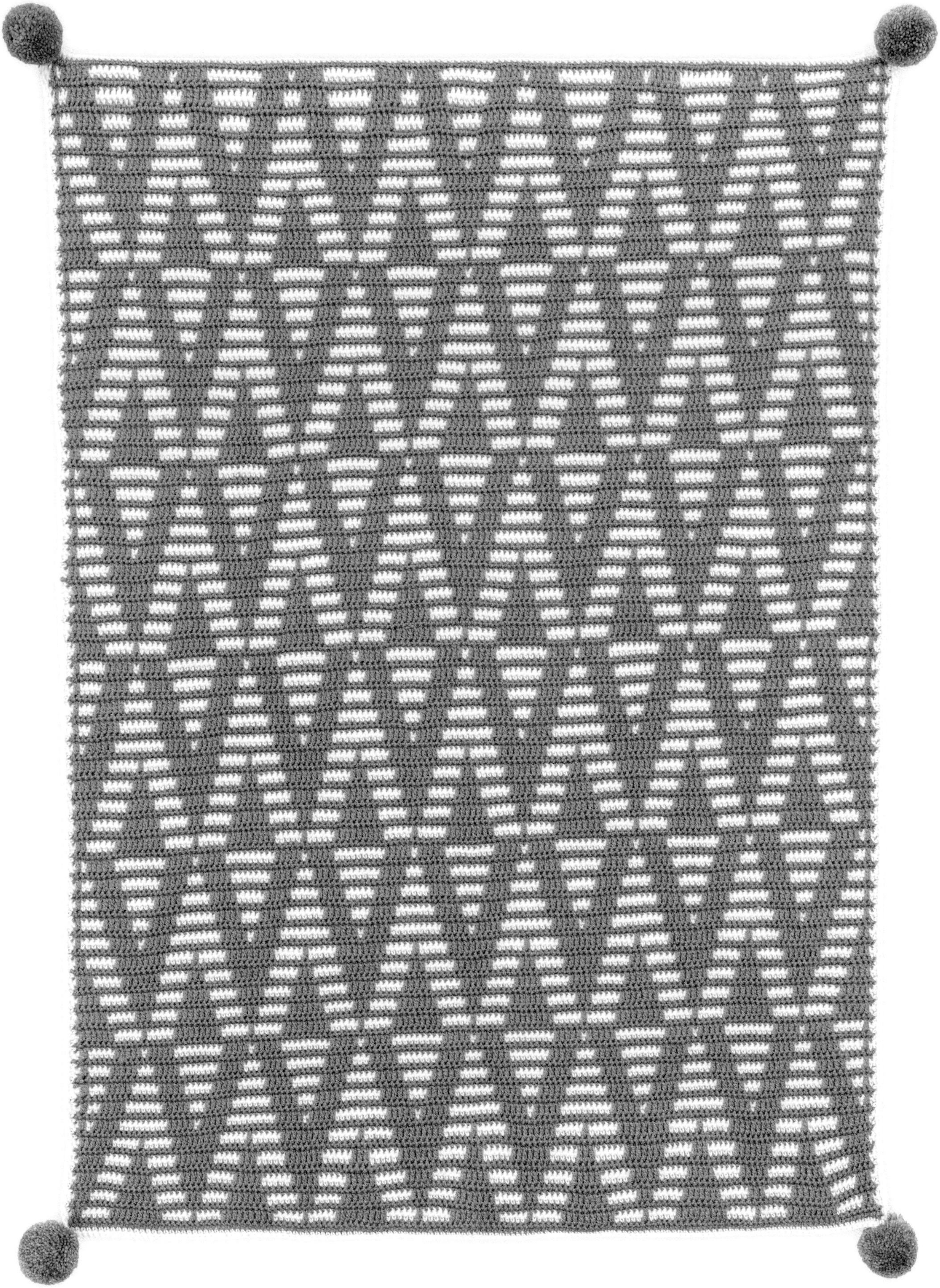

Reihe 33: 1 Lm, 1 fM, 1 MoStb, 3 fM, 5 MoStb, * 5 fM, 5 MoStb; ab * bis zu den letzten 5 M wdh, 3 fM, 1 MoStb, 1 fM, wenden.

Reihe 34: Wie Reihe 2 arbeiten.

Reihe 35: 1 Lm, 1 fM, 2 Lm, 1 M überspr, 4 fM, 6 Lm, 5 M überspr, 3 fM, 6 Lm, 5 M überspr, * 7 fM, 6 Lm, 5 M überspr, 3 fM, 6 Lm, 5 M überspr; ab * bis zu den letzten 6 M wdh, 4 fM, 2 Lm, 1 M überspr, 1 fM, wenden.

Reihe 36: 1 Lm, 1 fM, 2 Lm, 2 Lm überspr, 4 fM, 6 Lm, 6 Lm überspr, 3 fM, 6 Lm, 6 Lm überspr, * 7 fM, 6 Lm, 6 Lm überspr, 3 fM, 6 Lm, 6 Lm überspr; ab * bis zu den letzten 6 M wdh, 4 fM, 2 Lm, 2 Lm überspr, 1 fM, Fbw, wenden.

Reihe 37: 1 Lm, 1 fM, 1 MoStb, 4 fM, 5 MoStb, 3 fM, 5 MoStb, * 7 fM, 5 MoStb, 3 fM, 5 MoStb; ab * bis zu den letzten 6 M wdh, 4 fM, 1 MoStb, 1 fM, wenden.

Reihe 38: Wie Reihe 2 arbeiten.

Reihe 39: 1 Lm, 1 fM, 2 Lm, 1 M überspr, 5 fM, 6 Lm, 5 M überspr, 1 fM, 6 Lm, 5 M überspr, * 9 fM, 6 Lm, 5 M überspr, 1 fM, 6 Lm, 5 M überspr; ab * bis zu den letzten 7 M wdh, 5 fM, 2 Lm, 1 M überspr, 1 fM, wenden.

Reihe 40: 1 Lm, 1 fM, 2 Lm, 2 Lm überspr, 5 fM, 6 Lm, 6 Lm überspr, 1 fM, 6 Lm, 6 Lm überspr, * 9 fM, 6 Lm, 6 Lm überspr, 1 fM, 6 Lm, 6 Lm überspr; ab * bis zu den letzten 7 M wdh, 5 fM, 2 Lm, 2 Lm überspr, 1 fM, Fbw, wenden.

Farboption

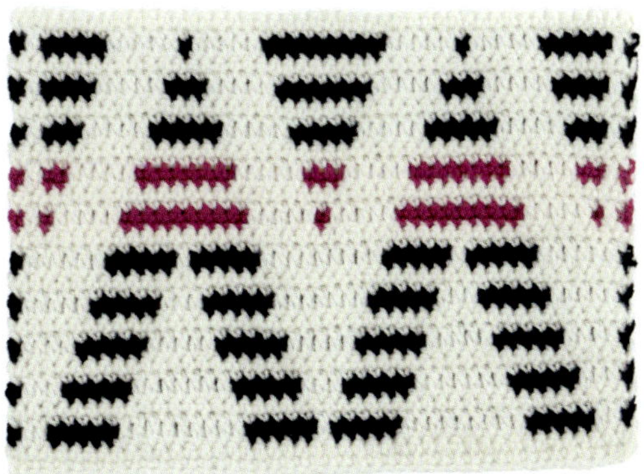

MONOCHROM MIT DEM GEWISSEN ETWAS

Alle geometrischen Designs scheinen in Schwarz-Weiß toll auszusehen. Es ist eine zeitlose Kombination, lässig cool. Um dem monochromen Look einen besonderen Touch zu geben, arbeite ein paar Reihen in leuchtendem Pink.

Reihe 41: 1 Lm, 1 fM, 1 MoStb, 5 fM, 5 MoStb, 1 fM, 5 MoStb, * 9 fM, 5 MoStb, 1 fM, 5 MoStb; ab * bis zu den letzten 7 M wdh, 5 fM, 1 MoStb, 1 fM, wenden.

Reihe 42: Wie Reihe 2 arbeiten.

Reihe 43: 1 Lm, 1 fM, 7 Lm, 6 M überspr, 5 fM, 2 Lm, 1 M überspr, 5 fM, * 10 Lm, 9 M überspr, 5 fM, 2 Lm, 1 M überspr, 5 fM; ab * bis zu den letzten 7 M wdh, 7 Lm, 6 M überspr, 1 fM, wenden.

Reihe 44: 1 Lm, 1 fM, 7 Lm, 7 Lm überspr, 5 fM, 2 Lm, 2 Lm überspr, 5 fM, * 10 Lm, 10 Lm überspr, 5 fM, 2 Lm, 2 Lm überspr, 5 fM; ab * bis zu den letzten 7 M wdh, 7 Lm, 7 Lm überspr, 1 fM, Fbw, wenden.

Reihe 45: 1 Lm, 1 fM, 6 MoStb, 5 fM, 1 MoStb, 5 fM, * 9 MoStb, 5 fM, 1 MoStb, 5 fM; ab * bis zu den letzten 7 M wdh, 6 MoStb, 1 fM, wenden.

Reihe 46: Wie Reihe 2 arbeiten.

Reihe 47: 1 Lm, 1 fM, 6 Lm, 5 M überspr, 5 fM, 4 Lm, 3 M überspr, 5 fM, * 8 Lm, 7 M überspr, 5 fM, 4 Lm, 3 M überspr, 5 fM; ab * bis zu den letzten 6 M wdh, 6 Lm, 5 M überspr, 1 fM, wenden.

Reihe 48: 1 Lm, 1 fM, 6 Lm, 6 Lm überspr, 5 fM, 4 Lm, 4 Lm überspr, 5 fM, * 8 Lm, 8 Lm überspr, 5 fM, 4 Lm, 4 Lm überspr, 5 fM; ab * bis zu den letzten 6 M wdh, 6 Lm, 6 Lm überspr, 1 fM, Fbw, wenden.

Reihe 49: 1 Lm, 1 fM, 5 MoStb, 5 fM, 3 MoStb, 5 fM, * 7 MoStb, 5 fM, 3 MoStb, 5 fM; ab * bis zu den letzten 6 M wdh, 5 MoStb, 1 fM, wenden.

Reihe 50: Wie Reihe 2 arbeiten.

Reihe 51: 1 Lm, 1 fM, 5 Lm, 4 M überspr, 5 fM, * 6 Lm, 5 M überspr, 5 fM; ab * bis zu den letzten 5 M wdh, 5 Lm, 4 M überspr, 1 fM, wenden.

Reihe 52: 1 Lm, 1 fM, 5 Lm, 5 Lm überspr, 5 fM, * 6 Lm, 6 Lm überspr, 5 fM; ab * bis zu den letzten 5 M wdh, 5 Lm, 5 Lm überspr, 1 fM, Fbw, wenden.

Reihe 53: 1 Lm, 1 fM, 4 MoStb, 5 fM, * 5 MoStb, 5 fM; ab * bis zu den letzten 5 M wdh, 4 MoStb, 1 fM, wenden.

Reihe 54: Wie Reihe 2 arbeiten.

Reihe 55: 1 Lm, 1 fM, * 4 Lm, 3 M überspr, 5 fM, 8 Lm, 7 M überspr, 5 fM; ab * bis zu den letzten 4 M wdh, 4 Lm, 3 M überspr, 1 fM, wenden.

Reihe 56: 1 Lm, 1 fM, * 4 Lm, 4 Lm überspr, 5 fM, 8 Lm, 8 Lm überspr, 5 fM; ab * bis zu den letzten 4 M wdh, 4 Lm, 4 Lm überspr, 1 fM, Fbw, wenden.

Reihe 57: 1 Lm, 1 fM, * 3 MoStb, 5 fM, 7 MoStb, 5 fM; ab * bis zu den letzten 4 M wdh, 3 MoStb, 1 fM, wenden.

Reihe 58: Wie Reihe 2 arbeiten.

Reihe 59: 1 Lm, 1 fM, 3 Lm, 2 M überspr, 5 fM, 10 Lm, 9 M überspr, 5 fM, * 2 Lm, 1 M überspr, 5 fM, 10 Lm, 9 M überspr, 5 fM; ab * bis zu den letzten 3 M wdh, 3 Lm, 2 M überspr, 1 fM, wenden.

Reihe 60: 1 Lm, 1 fM, 3 Lm, 3 Lm überspr, 5 fM, 10 Lm, 10 Lm überspr, 5 fM, * 2 Lm, 2 Lm überspr, 5 fM, 10 Lm, 10 Lm überspr, 5 fM; ab * bis zu den letzten 3 M wdh, 3 Lm, 3 Lm überspr, 1 fM, Fbw, wenden.

Reihe 61: 1 Lm, 1 fM, 2 MoStb, 5 fM, 9 MoStb, 5 fM, * 1 MoStb, 5 fM, 9 MoStb, 5 fM; ab * bis zu den letzten 3 M wdh, 2 MoStb, 1 fM, wenden.

Reihe 62: Wie Reihe 2 arbeiten.

Reihe 63: 1 Lm, 1 fM, 2 Lm, 1 M überspr, 5 fM, 6 Lm, 5 M überspr, 1 fM, 6 Lm, 5 M überspr, * 9 fM, 6 Lm, 5 M überspr, 1 fM, 6 Lm, 5 M überspr; ab * bis zu den letzten 7 M wdh, 5 fM, 2 Lm, 1 M überspr, 1 fM, wenden.

Reihe 64: 1 Lm, 1 fM, 2 Lm, 2 Lm überspr, 5 fM, 6 Lm, 6 Lm überspr, 1 fM, 6 Lm, 6 Lm überspr, * 9 fM, 6 Lm, 6 Lm überspr, 1 fM, 6 Lm, 6 Lm überspr; ab * bis zu den letzten 7 M wdh, 5 fM, 2 Lm, 2 Lm überspr, 1 fM, Fbw, wenden.

Reihe 65: 1 Lm, 1 fM, 1 MoStb, 5 fM, 5 MoStb, 1 fM, 5 MoStb, * 9 fM, 5 MoStb, 1 fM, 5 MoStb; ab * bis zu den letzten 7 M wdh, 5 fM, 1 MoStb, 1 fM, wenden.

Reihe 66: Wie Reihe 2 arbeiten.

Reihe 67: 1 Lm, 1 fM, 2 Lm, 1 M überspr, 4 fM, 6 Lm, 5 M überspr, 3 fM, 6 Lm, 5 M überspr, * 7 fM, 6 Lm, 5 M überspr, 3 fM, 6 Lm, 5 M überspr; ab * bis zu den letzten 6 M wdh, 4 fM, 2 Lm, 1 M überspr, 1 fM, wenden.

Reihe 68: 1 Lm, 1 fM, 2 Lm, 2 Lm überspr, 4 fM, 6 Lm, 6 Lm überspr, 3 fM, 6 Lm, 6 Lm überspr, * 7 fM, 6 Lm, 6 Lm überspr, 3 fM, 6 Lm, 6 Lm überspr; ab * bis zu den letzten 6 M wdh, 4 fM, 2 Lm, 2 Lm überspr, 1 fM, Fbw, wenden.

Reihe 69: 1 Lm, 1 fM, 1 MoStb, 4 fM, 5 MoStb, 3 fM, 5 MoStb, * 7 fM, 5 MoStb, 3 fM, 5 MoStb; ab * bis zu den letzten 6 M wdh, 4 fM, 1 MoStb, 1 fM, wenden.

Reihe 70: Wie Reihe 2 arbeiten.

Reihe 71: 1 Lm, 1 fM, 2 Lm, 1 M überspr, 3 fM, 6 Lm, 5 M überspr, * 5 fM, 6 Lm, 5 M überspr; ab * bis zu den letzten 5 M wdh, 3 fM, 2 Lm, 1 M überspr, 1 fM, wenden.

Reihe 72: 1 Lm, 1 fM, 2 Lm, 2 Lm überspr, 3 fM, 6 Lm, 6 Lm überspr, * 5 fM, 6 Lm, 6 Lm überspr; ab * bis zu den letzten 5 M wdh, 3 fM, 2 Lm, 2 Lm überspr, 1 fM, Fbw, wenden.

Reihe 73: 1 Lm, 1 fM, 1 MoStb, 3 fM, 5 MoStb, * 5 fM, 5 MoStb; ab * bis zu den letzten 5 M wdh, 3 fM, 1 MoStb, 1 fM, wenden.

Reihe 74: Wie Reihe 2 arbeiten.

Reihe 75: 1 Lm, 1 fM, 2 Lm, 1 M überspr, 2 fM, 6 Lm, 5 M überspr, 7 fM, 6 Lm, 5 M überspr, * 3 fM, 6 Lm, 5 M überspr, 7 fM, 6 Lm, 5 M überspr; ab * bis zu den letzten 4 M wdh, 2 fM, 2 Lm, 1 M überspr, 1 fM, wenden.

Reihe 76: 1 Lm, 1 fM, 2 Lm, 2 Lm überspr, 2 fM, 6 Lm, 6 Lm überspr, 7 fM, 6 Lm, 6 Lm überspr, * 3 fM, 6 Lm, 6 Lm überspr, 7 fM, 6 Lm, 6 Lm überspr; ab * bis zu den letzten 4 M wdh, 2 fM, 2 Lm, 2 Lm überspr, 1 fM, Fbw, wenden.

Reihe 77: 1 Lm, 1 fM, 1 MoStb, 2 fM, 5 MoStb, 7 fM, 5 MoStb, * 3 fM, 5 MoStb, 7 fM, 5 MoStb; ab * bis zu den letzten 4 M wdh, 2 fM, 1 MoStb, 1 fM, wenden.

Reihe 78: Wie Reihe 2 arbeiten.

Reihe 79: 1 Lm, 1 fM, 2 Lm, 1 M überspr, * 1 fM, 6 Lm, 5 M überspr, 9 fM, 6 Lm, 5 M überspr; ab * bis zu den letzten 3 M wdh, 1 fM, 2 Lm, 1 M überspr, 1 fM, wenden.

Reihe 80: 1 Lm, 1 fM, 2 Lm, 2 Lm überspr, * 1 fM, 6 Lm, 6 Lm überspr, 9 fM, 6 Lm, 6 Lm überspr; ab * bis zu den letzten 3 M wdh, 1 fM, 2 Lm, 2 Lm überspr, 1 fM, Fbw, wenden.

Reihe 81: 1 Lm, 1 fM, 1 MoStb, * 1 fM, 5 MoStb, 9 fM, 5 MoStb; ab * bis zu den letzten 3 M wdh, 1 fM, 1 MoStb, 1 fM, wenden.

Reihe 82: Wie Reihe 2 arbeiten.

Reihen 83–242: Die Reihen 3–82 noch 2x wdh.

Die Fäden abschneiden und vernähen.

BORTE

Runde 1 (RS): Farbe B mit 1 Km am oberen rechten Rand der Decke anschlingen, 1 LM (zählt nie als M), (1 fM, 2 Lm, 1 fM) in dieselbe M, 1 fM in jede M des oberen Rands, (1 fM, 2 Lm, 1 fM) in die letzte M, die Arbeit um 90 Grad drehen, fM in die nächsten 3 Randm, * 1 Randm überspr, fM in die nächsten 4 Randm; ab * bis zum Ende der langen Seite wdh, mit einer beliebigen M im Rapport enden, die Arbeit drehen, (1 fM, 2 Lm, 1 fM) in die 1. M des unteren Rands, 1 fM in jede M des unteren Rands, (1 fM, 2 Lm, 1 fM) in die letzte M, Arbeit drehen, fM in die nächsten 3 Randm, ** 1 Randm überspr, fM in die nächsten 4 Randm; ab ** bis zum Ende der langen Seite wdh, mit einer beliebigen M im Rapport enden, mit 1 Km in die 1. fM zur Runde schließen, wenden.

Runde 2 (LS): 1 Lm, * fM bis zur Lm-Kette der Vorrunde, (1 fM, 2 Lm, 1 fM) in die Lm-Kette; ab * wdh, Km in die 1. fM.

Die Fäden abschneiden und vernähen.

BOMMEL

(4 Stück)

Mit Farbe A und Pompon-Maker 4 Bommel anfertigen. In Form schneiden und je einen an jede Ecke der Decke nähen.

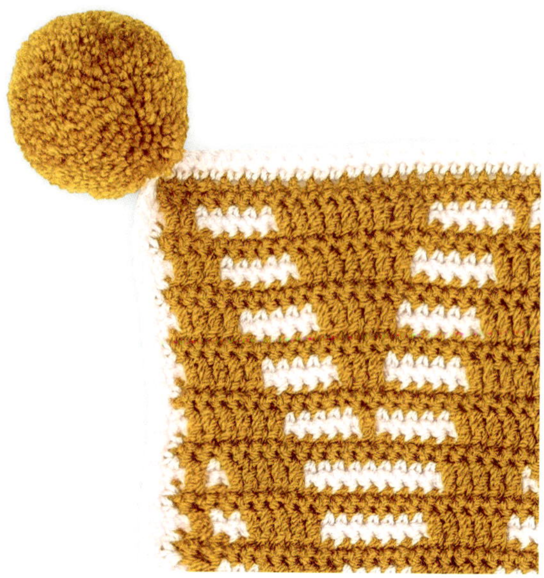

LEVEL

NEBENPROJEKT:

Praktisches, kleines Täschchen

So ein nützliches Täschchen – ich nehme meins überallhin mit. Geld, Schlüssel, Telefon, Lippenstift: Alles Notwendige passt perfekt hinein. Ich habe einen kurzen Gurt angefügt, damit es leichter zu tragen ist, und einen Bommel, einfach weil es hübsch aussieht. Dies ist ein tolles Design, das du nach deinem Geschmack gut variieren kannst. Du könntest die Tasche sogar mit wasserdichtem Stoff füttern und so die stilvollste Kulturtasche überhaupt machen.

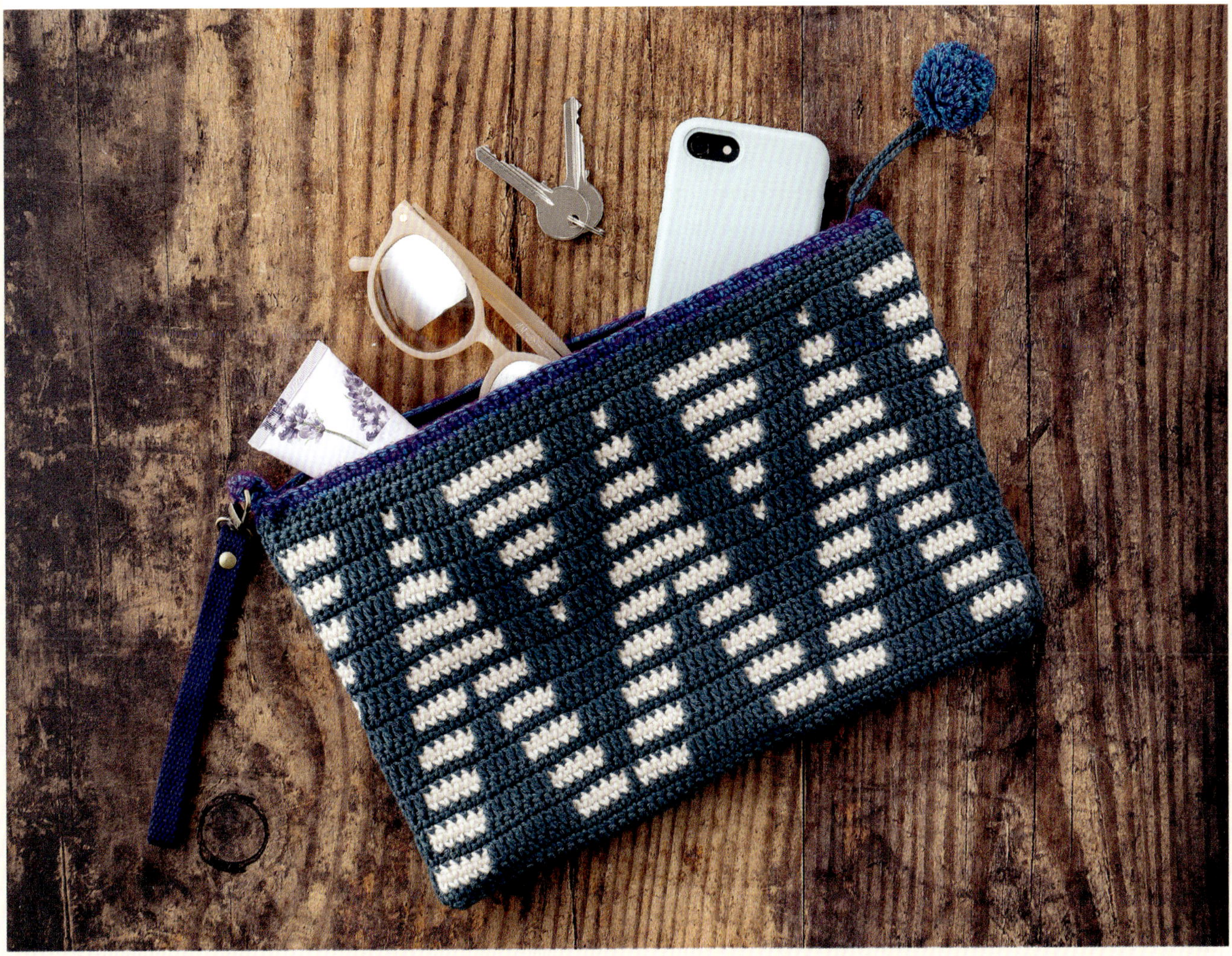

DU BENÖTIGST

GARN

Scheepjes Catona (100 % Baumwolle), 4-fädig/ Sport, 50 g (125 m), in dem folgenden Farbton:

Spruce (244); 2 Knäuel (A)

Scheepjes Stone Washed (78 % Baumwolle/ 22 % Acryl), 4-fädig/Sport, 50 g (130 m), in dem folgenden Farbton:

Moon Stone (801); 1 Knäuel (B)

Scheepjes River Washed (78 % Baumwolle /22 % Acryl), 4-fädig/Sport, 50 g (130 m), in dem folgenden Farbton:

Yarra (949); 1 Knäuel (C)

NADEL

3 mm Häkelnadel

WEITERE HILFSMITTEL UND MATERIALIEN

Futterstoff (oder wasserdichter Stoff), etwa 45 cm x 35 cm

Nähnadel, Faden und Stecknadeln

Nähmaschine (optional)

30 cm langer Reißverschluss in Dunkelblau

Violetter Gurt (optional)

Pompon-Maker, 35 mm

MASCHEN IM RAPPORT

Maschenzahl teilbar durch 20 + 6 M für die anfängliche Luftmaschenkette

MASCHENPROBE

19 M und 23 R = 10 cm x 10 cm im Muster mit einer 3 mm Häkelnadel

FERTIGE GRÖSSE

Die Teile messen im fertigen Zustand jeweils 21 cm x 32 cm vor dem Zusammennähen.

Das Täschchen misst etwa 19 cm x 30 cm.

Hinweis

Zunächst werden 2 gehäkelte Teile für die Vorder- und Rückseite des Täschchens gearbeitet, dann wird das Futter mit Reißverschluss eingenäht. Ein Gurt und ein dekorativer Bommel werden zum Abschluss angefügt.

Bei diesem Projekt muss recht viel genäht werden – aber du brauchst das Täschchen nicht unbedingt zu füttern oder einen Reißverschluss einzufügen. Du kannst auch einfach ein paar Knöpfe oder Magnetschließen anbringen. Um eine kleine Klappe anzufertigen, arbeite einige zusätzliche Reihen feste Maschen in Farbe C am oberen Rand. Du kannst das praktische kleine Täschchen ganz nach Geschmack gestalten!

ANLEITUNG

Seitenteil

(2 Stück)

Mit Farbe A 66 Lm anschlagen.

Reihe 1 (RS): 1 fM in die 2. Lm ab der Nadel und in jede Lm bis zum Ende, wenden. (65 M)

Reihen 2–5: 1 Lm (zählt nie als M), 1 fM in jede M, wenden.

Befolge jetzt das Muster für die Nebelberge-Decke. Beginne mit Farbe A in Reihe 2 und ende mit Reihe 42. Verwende dabei A und B wie angegeben.

Farbe B beenden, A noch nicht.

Nächste 2 Reihen: Mit Farbe A 1 Lm, 1 fM in jede M, wenden. Fbw zu C am Ende dieser 2 Reihen.

Farbe A beenden.

Nächste 2 Reihen: Mit Farbe C 1 Lm, 1 fM in jede M, wenden.

Die Fäden abschneiden und vernähen.

TOP-TIPP

Ein tolles Projekt für Wollreste! Für dieses Täschchen eignet sich wirklich jedes Baumwollgarn.

ZUSAMMENNÄHEN

Damit das Futter die richtige Größe hat, vermesse die Höhe und Breite eines gehäkelten Seitenteils. Schneide 2 Stücke Futterstoff mit derselben Breite, aber mit 1 cm mehr in der Höhe (zum Einsetzen des Reißverschlusses) zu.

Seitenteile

Lege die **gehäkelten Teile** rechts auf rechts aufeinander. Stecke oder hefte die Teile an den Seiten und unten aneinander. Nähe mit 1 cm Nahtzugabe von Hand oder mit der Maschine um diese 3 Seiten.

Wenn gewünscht, kannst du wie folgt Taschenecken am Boden nähen: Mit LS außen streiche jede untere Ecke flach zu einem Dreieck, sodass die Seitennaht direkt auf der unteren Naht liegt. Falte die Nahtzugaben auf und nähe in 1 cm Abstand von der Spitze eine kleine gerade Linie über das Dreieck. Nähe die Spitzen an den unteren Rand, um sie zu fixieren.

Wende die Tasche nach außen.

Futter

Lege 1 Stück Stoff mit RS zu dir und der langen Seite nach oben vor dich hin. Lege eine Kante des Reißverschlusses an die obere Seite des Stoffes, ebenfalls mit RS oben. Stecke oder hefte den Reißverschluss an den oberen Rand auf den Stoff und nähe ihn dann fest. Wiederhole dies mit dem anderen Stück Stoff und der anderen Seite des Reißverschlusses.

Halte die beiden Stoffstücke mit RS zusammen, sodass sie genau aufeinanderliegen. Stecke oder hefte alle 4 Seiten zusammen. Stecke das Futter in die Tasche, um abzuschätzen, welche Nahtzugabe erforderlich ist, damit das Futter genau passt. Nimm das Futter heraus und nähe von einem Punkt direkt unter dem Reißverschluss auf einer Seite nach unten, entlang dem unteren Rand und an der anderen Seite bis unter den Reißverschluss nach oben. Entferne die Heftstiche und bügele alle Nähte auseinander. Fertige gegebenenfalls Taschenecken an wie zuvor.

Stecke das Futter in die Tasche und nähe den Reißverschluss mit kleinen Heftstichen sicher an den oberen Rand des Täschchens. Lasse an einem Ende eine 7,5 cm große Lücke.

Aufhängung für Taschengurt

Mit Farbe C 3 Lm, 1 fM in die 2. M ab Nadel, 1 fM in die 3. M ab Nadel, wenden. (2 M)

Nächste 6 Reihen: 1 Lm (zählt nicht als M), 1 fM in jede fM, wenden.

Die Fäden abschneiden und vernähen.

Falte den Streifen zur Hälfte und führe die Enden so in die Lücke zwischen Tasche und Futter an einem Ende der Tasche, dass außen eine Schlaufe zu sehen ist. Schließe die Lücke und fixiere dabei die Aufhängung. Befestige den Taschengurt an der Aufhängung.

Bommel

Fertige mit Farbe C einen kleinen Bommel an.

Mit Farbe A 30 Lm anschlagen. Lasse lange Fadenenden zum Annähen hängen.

Den Faden abschneiden.

Führe einen der Fäden durch den Reißverschluss-Schieber, ziehe die Luftmaschenkette zur Hälfte hindurch. Fädele dann beide Fäden in eine Nadel und nähe durch die Mitte des Bommels, um diesen an der Luftmaschenkette zu befestigen. Verknote den Faden fest und schneide die Fäden ab.

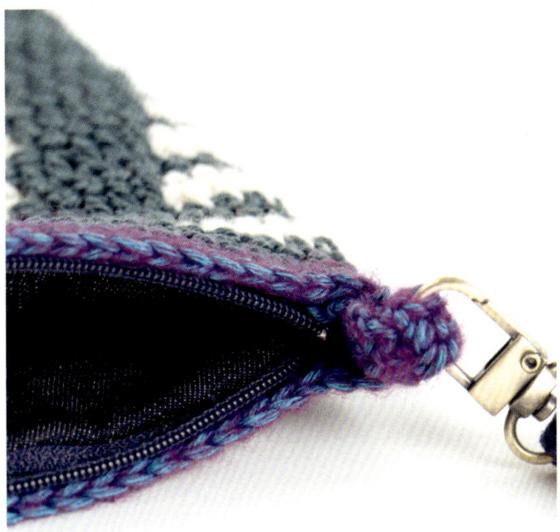

LEVEL

Floating-Points-Decke

Es ist ziemlich offensichtlich, dass ich es liebe, große Decken zu häkeln. Dennoch gibt es Zeiten, wo mir ein bisschen die Luft ausgeht: Nach 20 Stunden bei einem 30-Stunden-Projekt kann es – ich trau es mich kaum zu sagen – etwas eintönig werden. An diesem Punkt brauche ich dann Musik, vorzugsweise Dance. Vor langer, langer Zeit, also in den 1990ern, war ich Raverin, und jetzt, in »reiferem« Alter, drehe ich immer noch gerne die Lautstärke auf und tanze durch die Küche, sehr zum Kummer meiner besseren Hälfte. Wir haben es jedoch beide gelernt, den Musikgeschmack des anderen zu tolerieren (das sage ich, um ein harmonisches Zusammenleben zu ermöglichen). Diese Decke ist inspiriert von dem fantastischen Musiker Sam Shepherd alias Floating Points.

DU BENÖTIGST

GARN

Scheepjes Colour Crafter (100 % Acryl), DK/Light Worsted, 100 g (300 m), in den folgenden Farbtönen:

Pollare (2018); 4 Knäuel (A)

Sint Niklaas (2019); 3 Knäuel (B)

Eelde (1422); 2 Knäuel (C)

NADEL

5,5 mm Häkelnadel

ANDERE HILFSMITTEL

Pompon-Maker, 45 mm

MASCHEN IM RAPPORT

Maschenzahl teilbar durch 16 + 2 M für die anfängliche Luftmaschenkette

MASCHENPROBE

14 M und 18 R = 10 cm x 10 cm im Muster mit einer 5,5 mm Häkelnadel

FERTIGE GRÖSSE

Etwa 106 cm x 136 cm

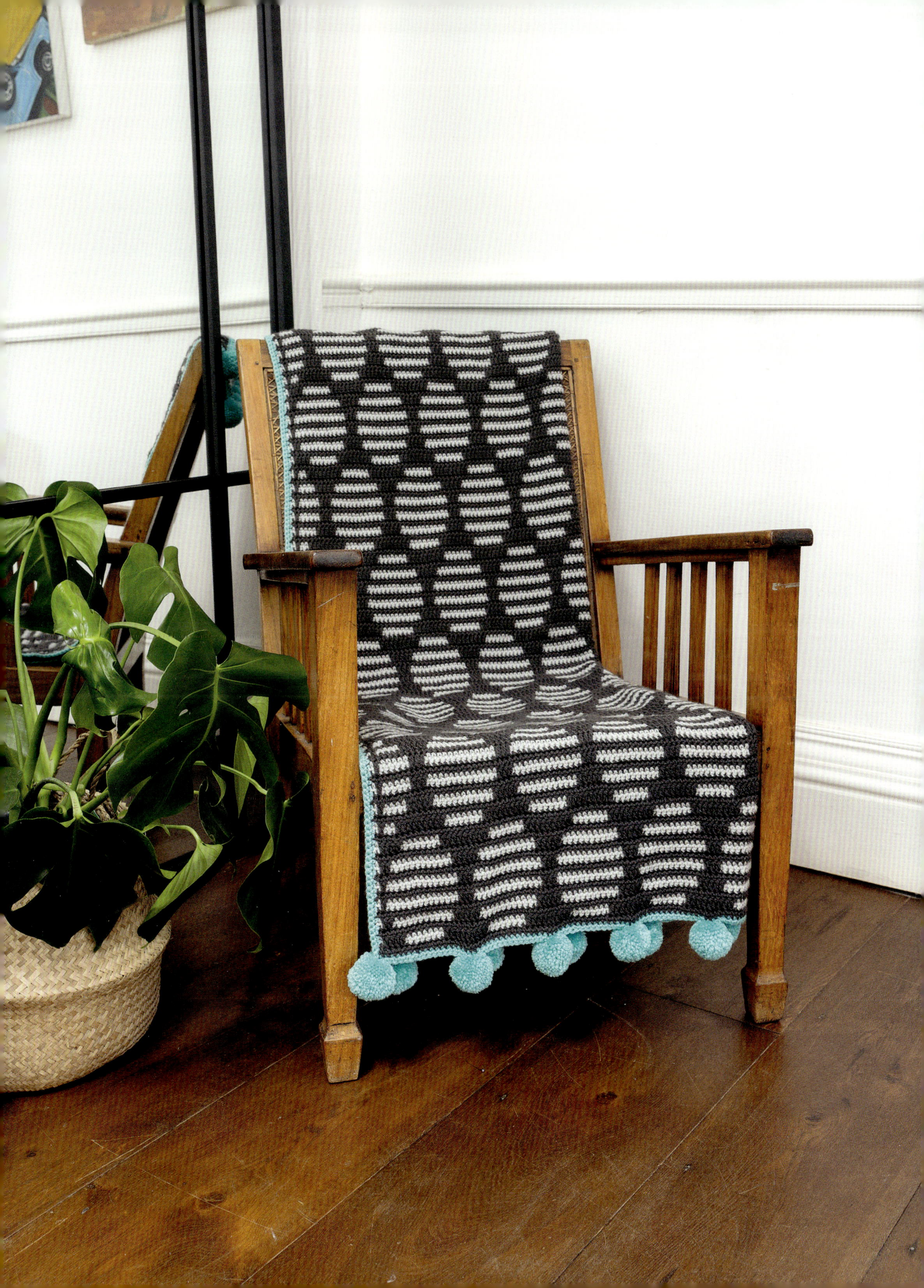

Hinweis

Der Hauptteil der Decke wird in den Farben A und B gearbeitet. Die 20 Bommel in Farbe C werden zum Schluss an den kurzen Enden der Decke befestigt.

ANLEITUNG

Mit Farbe A 146 Lm anschlagen.

Reihe 1 (RS): 1 fM in die 2. Lm ab der Nadel und in jede Lm bis zum Ende, wenden. (145 M)

Reihe 2 (LS): 1 Lm (zählt nie als M), 1 fM in jede M, Fbw zu B, wenden.

Reihe 3: 1 Lm, 1 fM, 2 Lm, 1 M überspr, 2 fM, 10 Lm, 9 M überspr, * 7 fM, 10 Lm, 9 M überspr; ab * bis zu den letzten 4 M wdh, 2 fM, 2 Lm, 1 M überspr, 1 fM, wenden.

Reihe 4: 1 Lm, 1 fM, 2 Lm, 2 Lm überspr, 2 fM, 10 Lm, 10 Lm überspr, * 7 fM, 10 Lm, 10 Lm überspr; ab * bis zu den letzten 4 M wdh, 2 fM, 2 Lm, 2 Lm überspr, 1 fM, Fbw zu A, wenden.

Reihe 5: 1 Lm, 1 fM, 1 MoStb, 2 fM, 9 MoStb, * 7 fM, 9 MoStb; ab * bis zu den letzten 4 M wdh, 2 fM, 1 MoStb, 1 fM, wenden.

Reihe 6: Wie Reihe 2 arbeiten.

Reihe 7: 1 Lm, 1 fM, 2 Lm, 1 M überspr, 4 fM, 6 Lm, 5 M überspr, * 11 fM, 6 Lm, 5 M überspr; ab * bis zu den letzten 6 M wdh, 4 fM, 2 Lm, 1 M überspr, 1 fM, wenden.

Reihe 8: 1 Lm, 1 fM, 2 Lm, 2 Lm überspr, 4 fM, 6 Lm, 6 Lm überspr, * 11 fM, 6 Lm, 6 Lm überspr; ab * bis zu den letzten 6 M wdh, 4 fM, 2 Lm, 2 Lm überspr, 1 fM, Fbw, wenden.

Reihe 9: 1 Lm, 1 fM, 1 MoStb, 4 fM, 5 MoStb, * 11 fM, 5 MoStb; ab * bis zu den letzten 6 M wdh, 4 fM, 1 MoStb, 1 fM, wenden.

Reihe 10: Wie Reihe 2 arbeiten.

Reihe 11: 1 Lm, 1 fM, 2 Lm, 1 M überspr, 5 fM, 4 Lm, 3 M überspr, * 13 fM, 4 Lm, 3 M überspr; ab * bis zu den letzten 7 M wdh, 5 fM, 2 Lm, 1 M überspr, 1 fM, wenden.

Reihe 12: 1 Lm, 1 fM, 2 Lm, 2 Lm überspr, 5 fM, 4 Lm, 4 Lm überspr, * 13 fM, 4 Lm, 4 Lm überspr; ab * bis zu den letzten 7 M wdh, 5 fM, 2 Lm, 2 Lm überspr, 1 fM, Fbw, wenden.

Reihe 13: 1 Lm, 1 fM, 1 MoStb, 5 fM, 3 MoStb, * 13 fM, 3 MoStb; ab * bis zu den letzten 7 M wdh, 5 fM, 1 MoStb, 1 fM, wenden.

Reihe 14: Wie Reihe 2 arbeiten.

Reihe 15: 1 Lm, 1 fM, 2 Lm, 1 M überspr, 5 fM, 4 Lm, 3 M überspr, * 13 fM, 4 Lm, 3 M überspr; ab * bis zu den letzten 7 M wdh, 5 fM, 2 Lm, 1 M überspr, 1 fM, wenden.

Reihe 16: 1 Lm, 1 fM, 2 Lm, 2 Lm überspr, 5 fM, 4 Lm, 4 Lm überspr, * 13 fM, 4 Lm, 4 Lm überspr; ab * bis zu den letzten 7 M wdh, 5 fM, 2 Lm, 2 Lm überspr, 1 fM, Fbw, wenden.

Reihe 17: 1 Lm, 1 fM, 1 MoStb, 5 fM, 3 MoStb, * 13 fM, 3 MoStb; ab * bis zu den letzten 7 M wdh, 5 fM, 1 MoStb, 1 fM, wenden.

Reihe 18: Wie Reihe 2 arbeiten.

Reihe 19: 1 Lm, 1 fM, 2 Lm, 1 M überspr, 4 fM, 6 Lm, 5 M überspr, * 11 fM, 6 Lm, 5 M überspr; ab * bis zu den letzten 6 M wdh, 4 fM, 2 Lm, 1 M überspr, 1 fM, wenden.

Reihe 20: 1 Lm, 1 fM, 2 Lm, 2 Lm überspr, 4 fM, 6 Lm, 5 Lm überspr, * 11 fM, 6 Lm, 5 Lm überspr; ab * bis zu den letzten 6 M wdh, 4 fM, 2 Lm, 2 Lm überspr, 1 fM, Fbw, wenden.

Reihe 21: 1 Lm, 1 fM, 1 MoStb, 4 fM, 5 MoStb, * 11 fM, 5 MoStb; ab * bis zu den letzten 6 M wdh, 4 fM, 1 MoStb, 1 fM, wenden.

Reihe 22: Wie Reihe 2 arbeiten.

Reihe 23: 1 Lm, 1 fM, 2 Lm, 1 M überspr, 2 fM, 10 Lm, 9 M überspr, * 7 fM, 10 Lm, 9 M überspr; ab * bis zu den letzten 4 M wdh, 2 fM, 2 Lm, 1 M überspr, 1 fM, wenden.

Reihe 24: 1 Lm, 1 fM, 2 Lm, 2 Lm überspr, 2 fM, 10 Lm, 10 Lm überspr, * 7 fM, 10 Lm, 10 Lm überspr; ab * bis zu den letzten 4 M wdh, 2 fM, 2 Lm, 2 Lm überspr, 1 fM, Fbw, wenden.

Reihe 25: 1 Lm, 1 fM, 1 MoStb, 2 fM, 9 MoStb, * 7 fM, 9 MoStb; ab * bis zu den letzten 4 M wdh, 2 fM, 1 MoStb, 1 fM, wenden.

Reihe 26: Wie Reihe 2 arbeiten.

Reihe 27: 1 Lm, 1 fM, 5 Lm, 4 M überspr, 7 fM, * 10 Lm, 9 M überspr, 7 fM; ab * bis zu den letzten 5 M wdh, 5 Lm, 4 M überspr, 1 fM, wenden.

Reihe 28: 1 Lm, 1 fM, 5 Lm, 5 Lm überspr, 7 fM, * 10 Lm, 10 Lm überspr, 7 fM; ab * bis zu den letzten 5 M wdh, 5 Lm, 5 Lm überspr, 1 fM, Fbw, wenden.

Reihe 29: 1 Lm, 1 fM, 4 MoStb, 7 fM, * 9 MoStb, 7 fM; ab * bis zu den letzten 5 M wdh, 4 MoStb, 1 fM, wenden.

Reihe 30: Wie Reihe 2 arbeiten.

Reihe 31: 1 Lm, 1 fM, 3 Lm, 2 M überspr, 11 fM, * 6 Lm, 5 M überspr, 11 fM; ab * bis zu den letzten 3 M wdh, 3 Lm, 2 M überspr, 1 fM, wenden.

Reihe 32: 1 Lm, 1 fM, 3 Lm, 3 Lm überspr, 11 fM, * 6 Lm, 6 Lm überspr, 11 fM; ab * bis zu den letzten 3 M wdh, 3 Lm, 3 Lm überspr, 1 fM, Fbw, wenden.

TOP-TIPP

Dies ist ein einfaches Muster, das dennoch sehr wirkungsvoll und ein toller Einstieg in das Mosaikhäkeln ist.

Reihe 33: 1 Lm, 1 fM, 2 MoStb, 11 fM, * 5 MoStb, 11 fM; ab * bis zu den letzten 3 M wdh, 2 MoStb, 1 fM, wenden.

Reihe 34: Wie Reihe 2 arbeiten.

Reihe 35: 1 Lm, 1 fM, 2 Lm, 1 M überspr, 13 fM, * 4 Lm, 3 M überspr, 13 fM; ab * bis zu den letzten 2 M wdh, 2 Lm, 1 M überspr, 1 fM, wenden.

Reihe 36: 1 Lm, 1 fM, 2 Lm, 2 Lm überspr, 13 fM, * 4 Lm, 4 Lm überspr, 13 fM; ab * bis zu den letzten 2 M wdh, 2 Lm, 2 Lm überspr, 1 fM, Fbw, wenden.

Reihe 37: 1 Lm, 1 fM, 1 MoStb, 13 fM, * 3 MoStb, 13 fM; ab * bis zu den letzten 2 M wdh, 1 MoStb, 1 fM, wenden.

Reihe 38: Wie Reihe 2 arbeiten.

Reihe 39: 1 Lm, 1 fM, 2 Lm, 1 M überspr, 13 fM, * 4 Lm, 3 M überspr, 13 fM; ab * bis zu den letzten 2 M wdh, 2 Lm, 1 M überspr, 1 fM, wenden.

Reihe 40: 1 Lm, 1 fM, 2 Lm, 2 Lm überspr, 13 fM, * 4 Lm, 4 Lm überspr, 13 fM; ab * bis zu den letzten 2 M wdh, 2 Lm, 2 Lm überspr, 1 fM, Fbw, wenden.

Reihe 41: 1 Lm, 1 fM, 1 MoStb, 13 fM, * 3 MoStb, 13 fM; ab * bis zu den letzten 2 M wdh, 1 MoStb, 1 fM, wenden.

Reihe 42: Wie Reihe 2 arbeiten.

Reihe 43: 1 Lm, 1 fM, 3 Lm, 2 M überspr, 11 fM, * 6 Lm, 5 M überspr, 11 fM; ab * bis zu den letzten 3 M wdh, 3 Lm, 2 M überspr, 1 fM, wenden.

Reihe 44: 1 Lm, 1 fM, 3 Lm, 3 Lm überspr, 11 fM, * 6 Lm, 5 Lm überspr, 11 fM; ab * bis zu den letzten 3 M wdh, 3 Lm, 3 Lm überspr, 1 fM, Fbw, wenden.

Reihe 45: 1 Lm, 1 fM, 2 MoStb, 11 fM, * 5 MoStb, 11 fM; ab * bis zu den letzten 3 M wdh, 2 MoStb, 1 fM, wenden.

Reihe 46: Wie Reihe 2 arbeiten.

Reihe 47: 1 Lm, 1 fM, 5 Lm, 4 M überspr, 7 fM, * 10 Lm, 9 M überspr, 7 fM; ab * bis zu den letzten 5 M wdh, 5 Lm, 4 M überspr, 1 fM, wenden.

Reihe 48: 1 Lm, 1 fM, 5 Lm, 5 Lm überspr, 7 fM, * 10 Lm, 10 Lm überspr, 7 fM; ab * bis zu den letzten 5 M wdh, 5 Lm, 5 Lm überspr, 1 fM, Fbw, wenden.

Reihe 49: 1 Lm, 1 fM, 4 MoStb, 7 fM, * 9 MoStb, 7 fM; ab * bis zu den letzten 5 M wdh, 4 MoStb, 1 fM, wenden.

Reihe 50: Wie Reihe 2 arbeiten.

Reihen 51–242: Die Reihen 3–50 noch 4x wdh.

Die Farben A und B beenden.

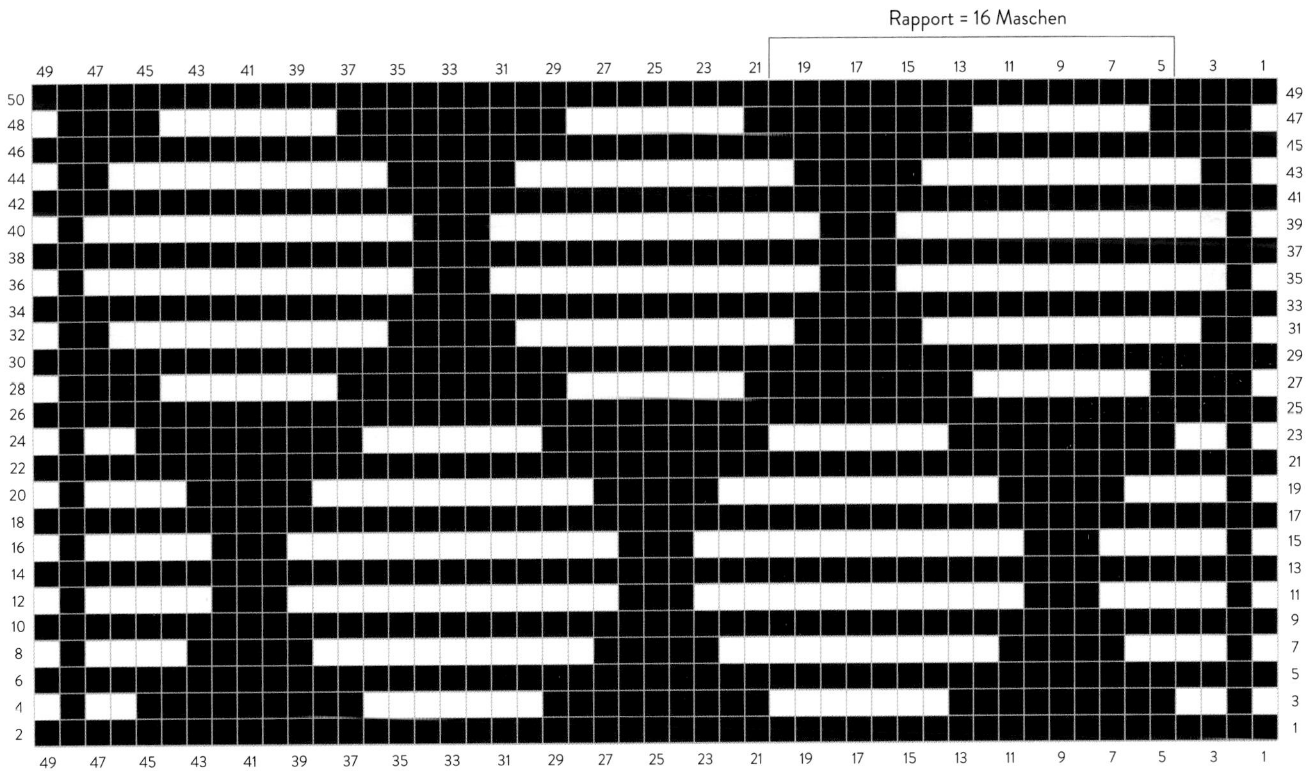

LEGENDE

A B

Jedes Quadrat stellt eine Masche dar.

Lies alle ungeraden Reihen (RS) von rechts nach links und alle geraden Reihen (LS) von links nach rechts.

Arbeite zunächst 1x die Reihen 1–50, dann wdh stets die Reihen 3–50.

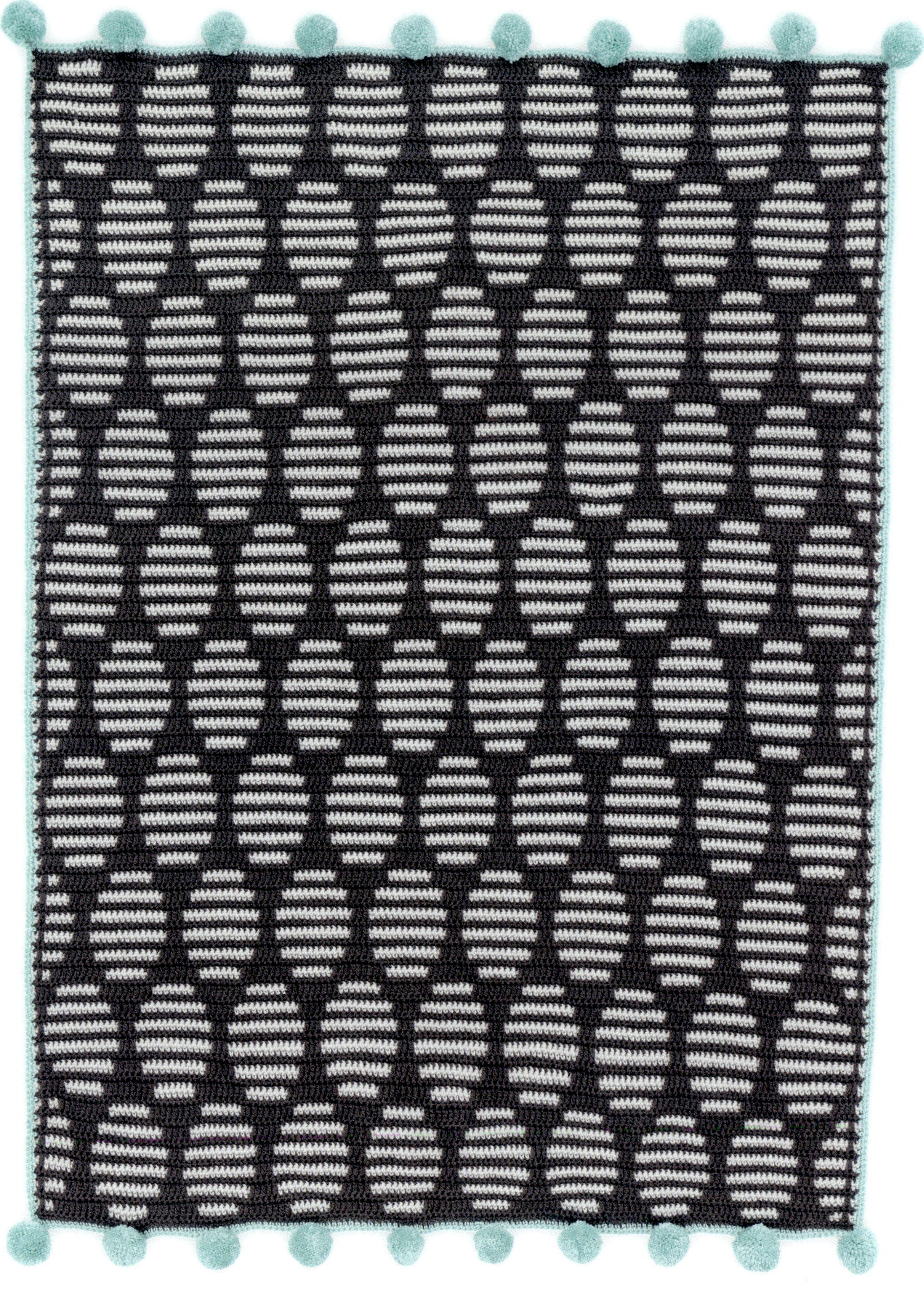

TOP-TIPP

Ein Garn mit Farbverlauf als Hintergrundfarbe könnte bei diesem Projekt einen tollen Weltalleffekt erzielen.

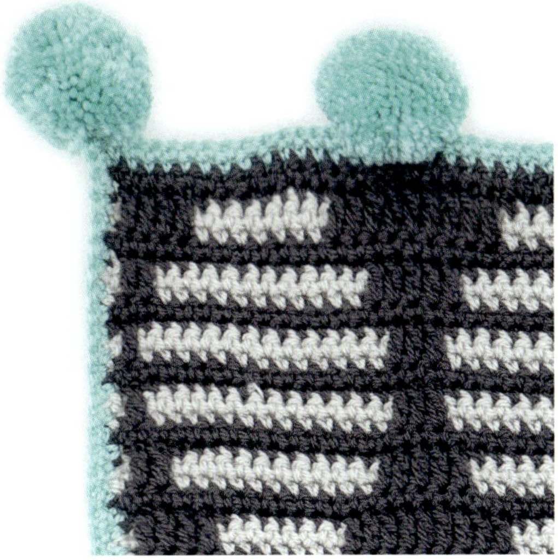

BORTE

Runde 1 (RS): Farbe C mit 1 Km am oberen rechten Rand der Decke anschlingen, 1 Lm (zählt nie als M), (1 fM, 2 Lm, 1 fM) in dieselbe M, 1 fM in jede M des oberen Rands, (1 fM, 2 Lm, 1 fM) in die letzte M, die Arbeit um 90 Grad drehen, fM in die nächsten 3 Randm, * 1 Randm überspr, fM in die nächsten 4 Randm; ab * bis zum Ende der langen Seite wdh, mit einer beliebigen M im Rapport enden, Arbeit drehen, (1 fM, 2 Lm, 1 fM) in die 1. M des unteren Rands, 1 fM in jede M des unteren Rands, (1 fM, 2 Lm, 1 fM) in die letzte M, Arbeit drehen, fM in die nächsten 3 Randm, ** 1 Randm überspr, fM in die nächsten 4 Randm; ab ** bis zum Ende der langen Seite wdh, mit einer beliebigen M im Rapport enden, mit 1 Km in die 1. fM zur Runde schließen, wenden.

Runde 2 (LS): 1 Lm, * 1 fM in jede M bis zur Lm-Kette der Vorrunde, (1 fM, 2 Lm, 1 fM) in die Lm-Kette; ab * wdh, Km in die 1. fM.

Die Fäden abschneiden und vernähen.

BOMMEL

(20 Stück)

Mit C und dem Pompon-Maker 20 Bommel anfertigen. In Form schneiden und dann jeweils 10 Bommel in gleichmäßigen Abständen an die kurzen Seiten der Decke nähen.

Die Fäden abschneiden und vernähen.

Farboption

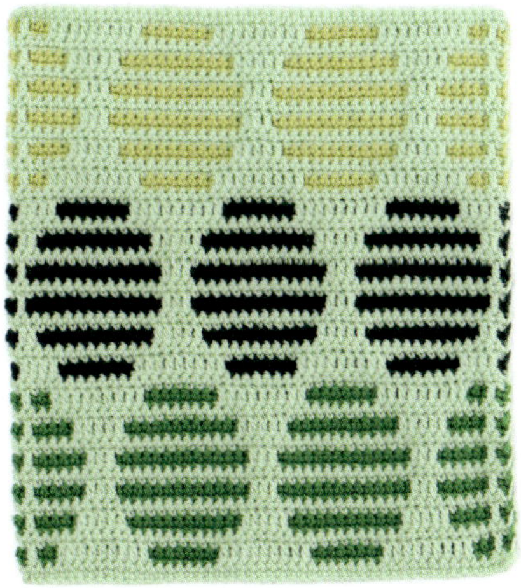

VARIATIONEN EINER FARBE

Eine bestimmte Farbe in verschiedenen Variationen einzusetzen, kann wunderbare Effekte erzielen. Hier bilden Grüntöne, von weichem Minzgrün bis hin zu tiefem Waldgrün, eine ruhige und dennoch faszinierende Farbpalette.

LEVEL

NEBENPROJEKT:

Yayoi-Schal

Dieser süße kleine Schal ist von der modernen japanischen Künstlerin Yayoi Kusama inspiriert, die manchmal als »Queen of Polka Dots« bezeichnet wird. Vor ein paar Jahren sah ich eine fantastische Ausstellung ihrer Arbeiten in der Tate Modern in London. Von Räumen voller Spiegeln zu bemalten Kürbissen, Unendlichkeitsnetzen und weichen Skulpturen: Ihre Arbeiten zeichnen sich durch wunderbare Kreativität und Frische aus. Und durch VIELE Punkte.

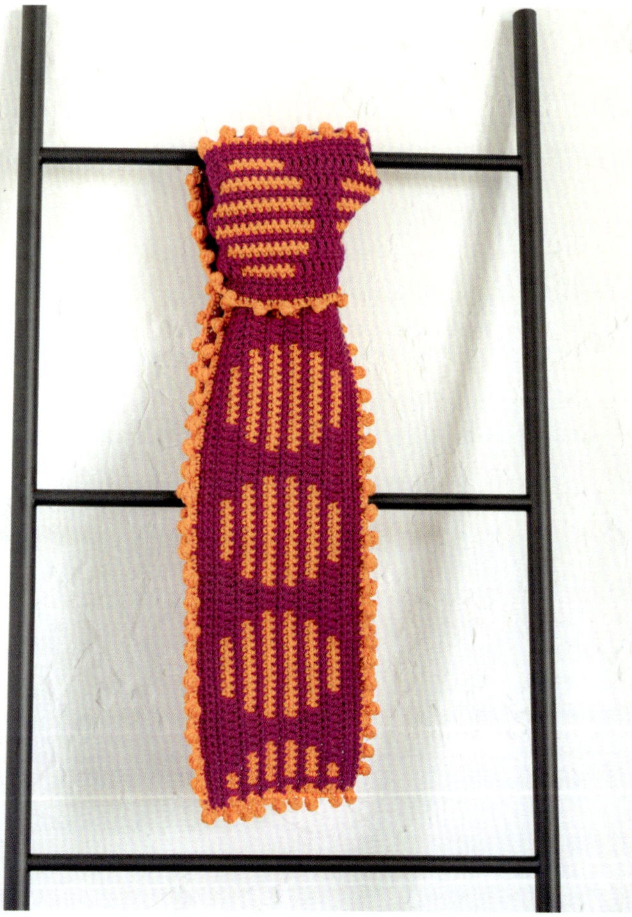

DU BENÖTIGST

Garn

Scheepjes Merino Soft (50 % Superwash-Merinowolle/25 % Mikrofaser/25 % Acryl), DK/Light Worsted, 50 g (105 m), in den folgenden Farbtönen:

Carney (636); 2 Knäuel (A)

van Eyck (645); 2 Knäuel (B)

NADEL

4 mm Häkelnadel

5 mm Häkelnadel

ANDERE HILFSMITTEL

Maschenmarkierer

MASCHEN IM RAPPORT

Maschenzahl teilbar durch 16 + 2 M für die anfängliche Luftmaschenkette

MASCHENPROBE

14 M und 24 R = 10 cm x 10 cm im Muster mit einer 5 mm Häkelnadel

FERTIGE GRÖSSE

Etwa 14 cm x 150 cm nach dem Spannen

Besondere Abkürzung

Np, Noppe: 3 Lm, 3x [1 Umschl, in die 3. Lm ab der Nadel einstechen, 1 Umschl, 1 Schlaufe durchziehen], 1 Umschl, durch alle Schlaufen der Nadel ziehen, 1 Lm, 1 Km in die 3. Lm ab der Nadel, um die Noppe zu schließen.

ANLEITUNG

Mit Farbe A und der 5 mm Häkelnadel 210 Lm anschlagen.

Reihe 1 (RS): 1 fM in die 2. Lm ab der Nadel und in jede Lm bis zum Ende, wenden. (209 M)

Reihen 2 und 3: 1 Lm (zählt nie als M), 1 fM in jede M, wenden.

Arbeite im Muster der Floating-Points-Decke. Beginne mit Farbe A in Reihe 2 und ende mit Reihe 26. Verwende dabei A und B wie angegeben. Am Ende von Reihe 26 keinen Fbw zu B, halte A auf der Nadel.

Nächste 2 Reihen: Mit Farbe A 1 Lm, 1 fM in jede M, wenden.

Die Fäden abschneiden und vernähen.

BORTE

Mit der 4 mm Häkelnadel und mit LS oben Farbe B in beliebige M am Rand anschlingen.

1 Lm, * 3 fM, 1 Np; ab * um den gesamten Rand herum wdh, 1 Km in die 1. fM.

Die Arbeit beenden und die Fäden vernähen. Bei Bedarf auf die richtigen Maße spannen.

Hinweise

Wenn du einen längeren Schal häkeln möchtest, berechne deinen Maschenanschlag mit der Anzahl der Maschen im Rapport oben links. Du brauchst dann von beiden Garnen (A und B) mehr – bei dieser Version wird fast das ganze Garn A aufgebraucht. Da du mit einer sehr langen Lm-Kette beginnst, ist es hilfreich, nach jeweils 50 Lm einen Maschenmarkierer zu setzen, damit du den Überblick behältst.

Wenn der Schal fertig ist, wird er mit einer Noppenborte eingefasst und dann bei Bedarf auf die richtige Größe gespannt.

TOP-TIPP

Diese Anleitung lässt sich leicht anpassen. Verlängere oder verkürze also den Schal ganz nach deinem Stil.

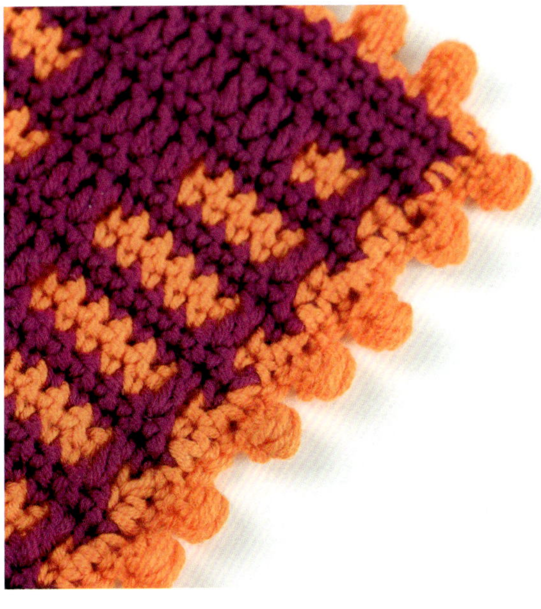

LEVEL

Sonnenflecken-Decke

Farben, die sich beißen! Tiefrot neben kräftigem Neonpink! Ich liebe diese Farbkombination – bei diesem Design geht es genauso um den entstehenden dunklen Negativraum wie um die leuchtenden funkelnden Sonnenflecken. Natürlich würde es auch in zurückhaltenderen, edleren Farben gut wirken, aber – wie der Name schon sagt – dies ist ein heller Stern, der leuchten will. Es ist eine der schwierigeren Decken in diesem Buch, da das Muster vertikal verläuft. Ich finde aber dennoch, dass sich die zusätzliche Konzentration lohnt, da das Endergebnis einfach toll ist – blendend sozusagen.

DU BENÖTIGST

GARN

Scheepjes Colour Crafter (100 % Acryl), DK/Light Worsted, 100 g (300 m), in den folgenden Farbtönen:

Kampen (1035); 3 Knäuel (A)

Hilversum (1257); 4 Knäuel (B)

Nadel

5,5 mm Nadel

ANDERE HILFSMITTEL

Pompon-Maker, 65 mm

MASCHEN IM RAPPORT

Maschenzahl teilbar durch 20 + 2 M für die anfängliche Luftmaschenkette

MASCHENPROBE

14 M und 18 R = 10 cm x 10 cm im Muster mit einer 5,5 mm Häkelnadel

FERTIGE GRÖSSE

Etwa 102 cm x 134 cm

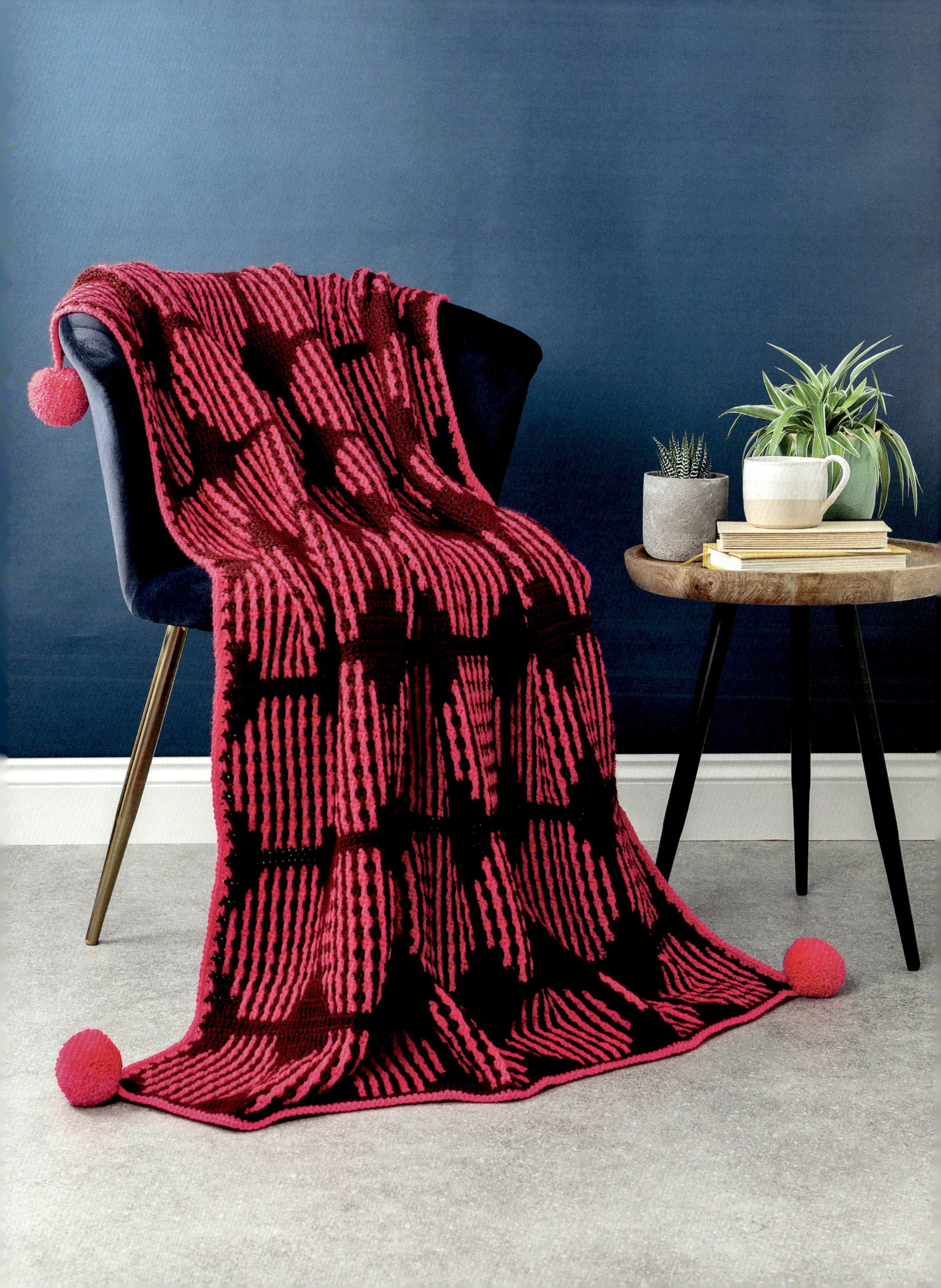

Hinweis

Die Farben A und B arbeiten bei diesem komplexen Muster zusammen. Behalte deine Maschenzahlen in den ersten Reihen im Auge, da es viele einzelne Maschen und kurze Luftmaschenketten gibt. Wenn der Hauptteil fertig ist, werden eine einfache Borte in B und ein Bommel an jeder Ecke angefügt.

ANLEITUNG

Mit Farbe A 142 Lm anschlagen.

Reihe 1 (RS): 1 fM in die 2. Lm ab der Nadel und in jede Lm bis zum Ende, wenden. (141 M)

Reihe 2 (LS): 1 Lm (zählt nie als M), 1 fM in jede M, Fbw zu B, wenden.

Reihe 3: 1 Lm, 1 fM, 6 Lm, 5 M überspr, 1 fM, 4x [2 Lm, 1 M überspr, 1 fM], * 12 Lm, 11 M überspr, 1 fM, 4x [2 Lm, 1 M überspr, 1 fM]; ab * bis zu den letzten 6 M wdh, 6 Lm, 5 M überspr, 1 fM, wenden.

Reihe 4: 1 Lm, 1 fM, 6 Lm, 6 Lm überspr, 1 fM, 4x [2 Lm, 2 Lm überspr, 1 fM], * 12 Lm, 12 Lm überspr, 1 fM, 4x [2 Lm, 2 Lm überspr, 1 fM]; ab * bis zu den letzten 6 M wdh, 6 Lm, 6 Lm überspr, 1 fM, Fbw zu A, wenden.

Reihe 5: 1 Lm, 1 fM, 5 MoStb, 2 Lm, 1 M überspr, 4x [1 MoStb, 2 Lm, 1 M überspr], * 11 MoStb, 2 Lm, 1 M überspr, 4x [1 MoStb, 2 Lm, 1 M überspr]; ab * bis zu den letzten 6 M wdh, 5 MoStb, 1 fM, wenden.

Reihe 6: 1 Lm, 6 fM, 2 Lm, 2 Lm überspr, 4x [1 fM, 2 Lm, 2 Lm überspr], * 11 fM, 2 Lm, 2 Lm überspr, 4x [1 fM, 2 Lm, 2 Lm überspr]; ab * bis zu den letzten 6 M wdh, 6 fM, Fbw, wenden.

Reihe 7: 1 Lm, 1 fM, 4 Lm, 3 M überspr, 1 fM, 5x [2 Lm, 1 M überspr, 1 MoStb], 2 Lm, 1 M überspr, 1 fM, * 8 Lm, 7 M überspr, 1 fM, 5x [2 Lm, 1 M überspr, 1 MoStb], 2 Lm, 1 M überspr, 1 fM; ab * bis zu den letzten 4 M wdh, 4 Lm, 3 M überspr, 1 fM, wenden.

Reihe 8: 1 Lm, 1 fM, 4 Lm, 4 Lm überspr, 1 fM, 6x [2 Lm, 2 Lm überspr, 1 fM], * 8 Lm, 8 Lm überspr, 1 fM, 6x [2 Lm, 2 Lm überspr, 1 fM]; ab * bis zu den letzten 4 M wdh, 4 Lm, 4 Lm überspr, 1 fM, Fbw, wenden.

Reihe 9: 1 Lm, 1 fM, 3 MoStb, 2 Lm, 1 M überspr, 6x [1 MoStb, 2 Lm, 1 M überspr], * 7 MoStb, 2 Lm, 1 M überspr, 6x [1 MoStb, 2 Lm, 1 M überspr]; ab * bis zu den letzten 4 M wdh, 3 MoStb, 1 fM, wenden.

Reihe 10: 1 Lm, 4 fM, 2 Lm, 2 Lm überspr, 6x [1 fM, 2 Lm, 2 Lm überspr], * 7 fM, 2 Lm, 2 Lm überspr, 6x [1 fM, 2 Lm, 2 Lm überspr]; ab * bis zu den letzten 4 M wdh, 4 fM, Fbw, wenden.

Reihe 11: 1 Lm, 1 fM, 2 Lm, 1 M überspr, 1 fM, 7x [2 Lm, 1 M überspr, 1 MoStb], 2 Lm, 1 M überspr, 1 fM, * 4 Lm, 3 M überspr, 1 fM, 7x [2 Lm, 1 M überspr, 1 MoStb], 2 Lm, 1 M überspr, 1 fM; ab * bis zu den letzten 2 M wdh, 2 Lm, 1 M überspr, 1 fM, wenden.

Reihe 12: 1 Lm, 1 fM, 9x [2 Lm, 2 Lm überspr, 1 fM], * 4 Lm, 4 Lm überspr, 1 fM, 8x [2 Lm, 2 Lm überspr, 1 fM]; ab * bis zu den letzten 2 M wdh, 2 Lm, 2 Lm überspr, 1 fM, Fbw, wenden.

Reihe 13: 1 Lm, 1 fM, 9x [1 MoStb, 2 Lm, 1 M überspr], * 3 MoStb, 2 Lm, 1 M überspr, 8x [1 MoStb, 2 Lm, 1 M überspr]; ab * bis zu den letzten 2 M wdh, 1 MoStb, 1 fM, wenden.

Reihe 14: 1 Lm, 2 fM, 2 Lm, 2 Lm überspr, 8x [1 fM, 2 Lm, 2 Lm überspr], * 3 fM, 2 Lm, 2 Lm überspr, 8x [1 fM, 2 Lm, 2 Lm überspr]; ab * bis zu den letzten 2 M wdh, 2 fM, Fbw, wenden.

Reihe 15: 1 Lm, 1 fM, 9x [2 Lm, 1 M überspr, 1 MoStb], * 4 Lm, 3 M überspr, 1 MoStb, 8x [2 Lm, 1 M überspr, 1 MoStb]; ab * bis zu den letzten 2 M wdh, 2 Lm, 1 M überspr, 1 fM, wenden.

Reihe 16: 1 Lm, 1 fM, 9x [2 Lm, 2 Lm überspr, 1 fM], * 4 Lm, 4 Lm überspr, 1 fM, 8x [2 Lm, 2 Lm überspr, 1 fM]; ab * bis zu den letzten 2 M wdh, 2 Lm, 2 Lm überspr, 1 fM, Fbw, wenden.

Reihen 17–24: Die Reihen 13–16 noch 2x wdh.

Reihe 25: 1 Lm, 2x [1 fM, 1 MoStb], 7x [2 Lm, 1 M überspr, 1 MoStb], 1 fM, * 3 MoStb, 1 fM, 1 MoStb, 7x [2 Lm, 1 M überspr, 1 MoStb], 1 fM; ab * bis zu den letzten 2 M wdh, 1 MoStb, 1 fM, wenden.

Reihe 26: 1 Lm, 4 fM, 2 Lm, 2 Lm überspr, 6x [1 fM, 2 Lm, 2 Lm überspr], * 7 fM, 2 Lm, 2 Lm überspr, 6x [1 fM, 2 Lm, 2 Lm überspr]; ab * bis zu den letzten 4 M wdh, 4 fM, Fbw, wenden.

Reihe 27: 1 Lm, 1 fM, 4 Lm, 3 M überspr, 1 MoStb, 6x [2 Lm, 1 M überspr, 1 MoStb], * 8 Lm, 7 M überspr, 1 MoStb, 6x [2 Lm, 1 M überspr, 1 MoStb]; ab * bis zu den letzten 4 M wdh, 4 Lm, 3 M überspr, 1 fM, wenden.

Reihe 28: 1 Lm, 1 fM, 4 Lm, 4 Lm überspr, 1 fM, 6x [2 Lm, 2 Lm überspr, 1 fM], * 8 Lm, 8 Lm überspr, 1 fM, 6x [2 Lm, 2 Lm überspr, 1 fM]; ab * bis zu den letzten 4 M wdh, 4 Lm, 4 Lm überspr, 1 fM, Fbw, wenden.

TOP-TIPP

Ein etwas schwierigeres Muster – nimm dir bei dieser Decke etwas Zeit zum Zählen.

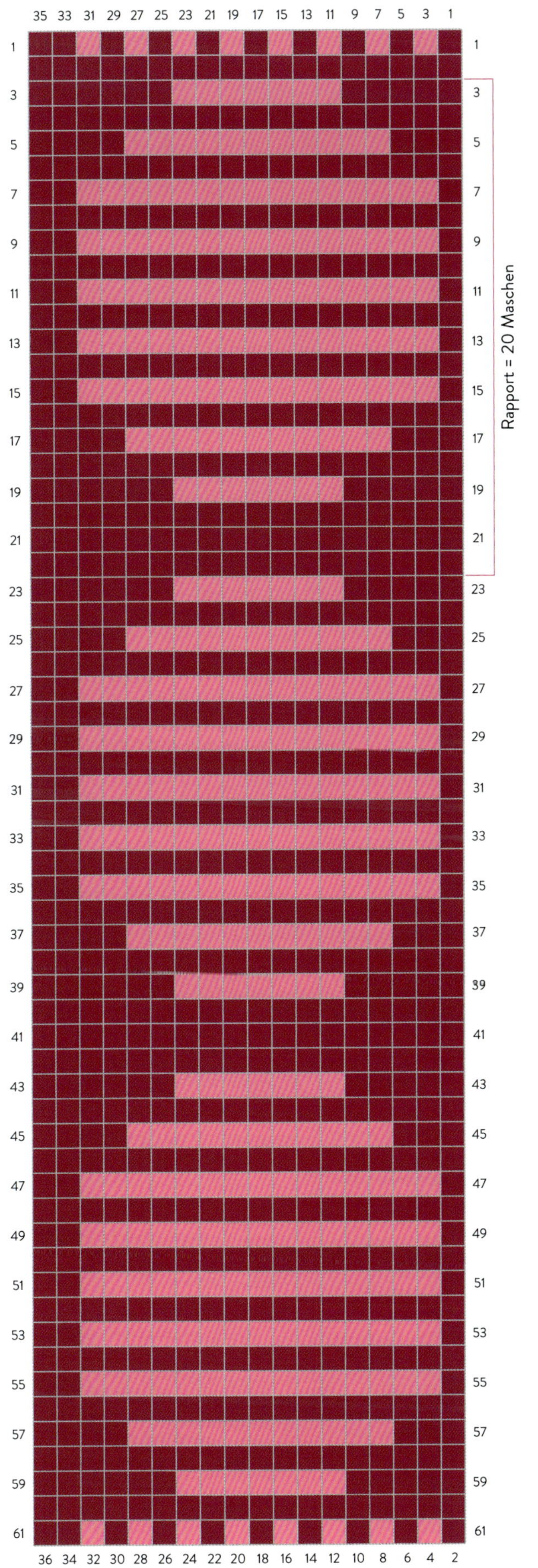

Reihe 29: 1 Lm, 1 fM, 3 MoStb, 1 fM, 1 MoStb, 5x [2 Lm, 1 M überspr, 1 MoStb], 1 fM, * 7 MoStb, 1 fM, 1 MoStb, 5x [2 Lm, 1 M überspr, 1 MoStb], 1 fM; ab * bis zu den letzten 4 M wdh, 3 MoStb, 1 fM, wenden.

Reihe 30: 1 Lm, 6 fM, 2 Lm, 2 Lm überspr, 4x [1 fM, 2 Lm, 2 Lm überspr], * 11 fM, 2 Lm, 2 Lm überspr, 4x [1 fM, 2 Lm, 2 Lm überspr]; ab * bis zu den letzten 6 M wdh, 6 fM, Fbw, wenden.

Reihe 31: 1 Lm, 1 fM, 6 Lm, 5 M überspr, 1 MoStb, 4x [2 Lm, 1 M überspr, 1 MoStb], * 12 Lm, 11 M überspr, 1 MoStb, 4x [2 Lm, 1 M überspr, 1 MoStb]; ab * bis zu den letzten 6 M wdh, 6 Lm, 5 M überspr, 1 fM, wenden.

Reihe 32: 1 Lm, 1 fM, 6 Lm, 6 Lm überspr, 1 fM, 4x [2 Lm, 2 Lm überspr, 1 fM], * 12 Lm, 12 Lm überspr, 1 fM, 4x [2 Lm, 2 Lm überspr, 1 fM]; ab * bis zu den letzten 6 M wdh, 6 Lm, 6 Lm überspr, 1 fM, Fbw, wenden. Farbe B beenden.

Reihe 33: 1 Lm, 1 fM, 5 MoStb, 1 fM, 4x [1 MoStb, 1 fM], * 11 MoStb, 1 fM, 4x [1 MoStb, 1 fM]; ab * bis zu den letzten 6 M wdh, 5 MoStb, 1 fM, wenden.

Reihen 34–36: Mit Farbe A 1 Lm, 1 fM in jede M, wenden. Fbw zu B am Ende von Reihe 36.

Reihen 37–238: Die Reihen 3–36 noch 5x wdh, dann die Reihen 3–34 noch 1x wdh.

Alle Fäden abschneiden und vernähen.

LEGENDE

A B

Jedes Quadrat stellt eine Masche dar.

Um nach diesem Diagramm zu arbeiten, drehe es um 90 Grad im Uhrzeigersinn. Lies alle ungeraden Reihen (RS) von rechts nach links und alle geraden Reihen (LS) von links nach rechts.

Arbeite zunächst 1x die Reihen 1–36, dann wdh stets die Reihen 3–36.

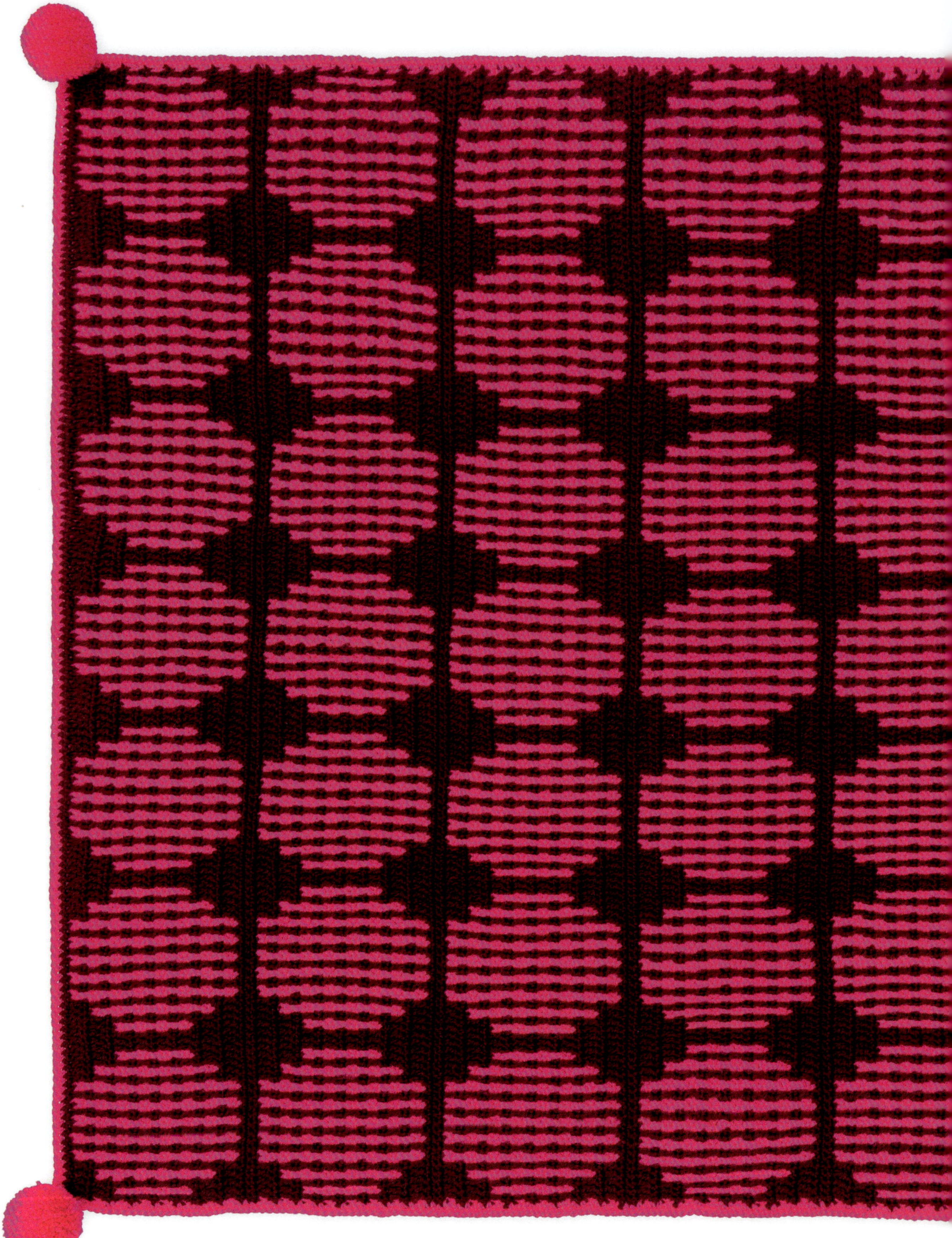

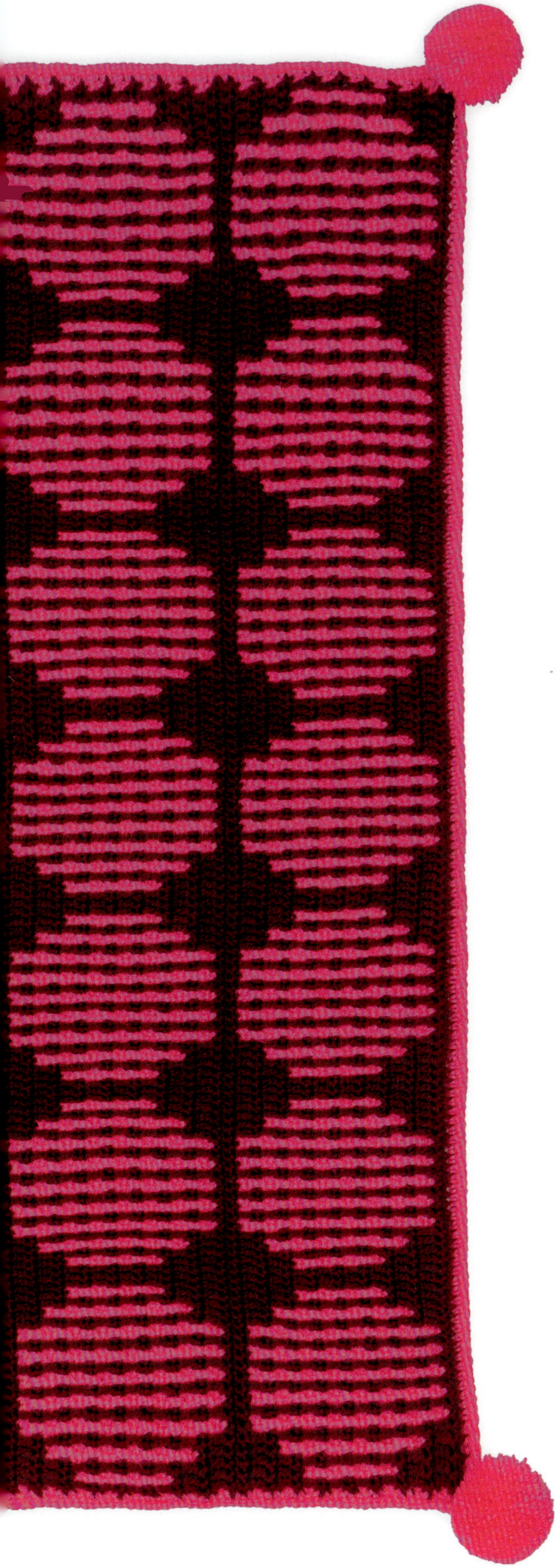

BORTE

Runde 1 (RS): Farbe B mit 1 Km am oberen rechten Rand der Decke anschlingen, 1 LM (zählt nie als M), (1 fM, 2 Lm, 1 fM) in dieselbe M, 1 fM in jede M des oberen Rands, (1 fM, 2 Lm, 1 fM) in die letzte M, die Arbeit um 90 Grad drehen, fM in die nächsten 3 Randm, * 1 Randm überspr, fM in die nächsten 4 Randm; ab * bis zum Ende der langen Seite wdh, mit einer beliebigen M im Rapport enden, Arbeit drehen, (1 fM, 2 Lm, 1 fM) in die 1. M des unteren Rands, 1 fM in jede M des unteren Rands, (1 fM, 2 Lm, 1 fM) in die letzte M, Arbeit drehen, fM in die nächsten 3 Randm, ** 1 Randm überspr, fM in die nächsten 4 Randm; ab ** bis zum Ende der langen Seite wdh, mit einer beliebigen M im Rapport enden, mit 1 Km in die 1. fM zur Runde schließen, wenden.

Runde 2 (LS): 1 Lm, * fM bis zur Lm-Kette der Vorrunde, (1 fM, 2 Lm, 1 fM) in die Lm-Kette; ab * wdh, 1 Km in die 1. fM.

Die Fäden abschneiden und vernähen.

BOMMEL

(4 Stück)

Mit Farbe B und Pompon-Maker 4 Bommel anfertigen.

In Form schneiden und je einen an jede Ecke der Decke nähen.

Farboption

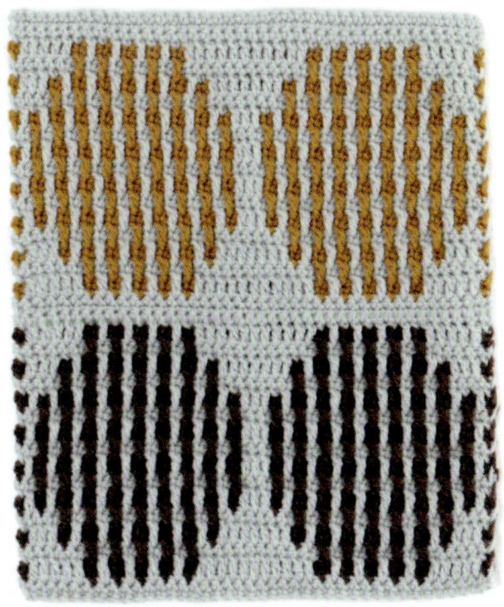

RETRO-CHARME

Farben auszuprobieren, die vielleicht nicht so deins sind, kann sich lohnen und zu wunderbaren neuen Kombinationen führen. Braun gehört eigentlich nicht zu meinen Lieblingsfarben, aber in dieser Retro-Kombination mit Zartblau und Gold im 1970-er-Stil sieht es wirklich toll aus.

LEVEL

NEBENPROJEKT:

Schicker Ottoman

Ich konnte dieses Buch nicht schreiben, ohne meinen faulen, leicht übellaunigen Kater Hank Deluxe zu erwähnen. Für alle, die nicht das Vergnügen hatten, ihn persönlich kennenzulernen: Wie die meisten Katzen ist er ein Profi des Faulenzens, der es sich gerne auf der Arbeit gemütlich macht, die gerade am wichtigsten ist. Vielleicht ein bisschen nervig. Definitiv hinreißend. Dieser Ottoman ist für dich, Hank Deluxe. Damit du es immer gemütlich und kuschelig hast.

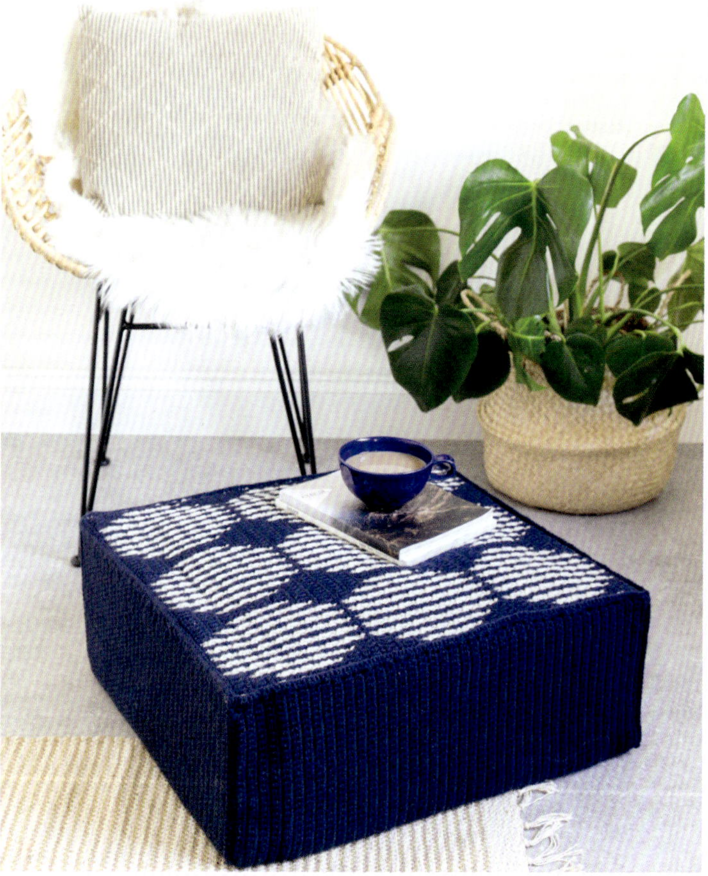

DU BENÖTIGST

Garn

Scheepjes Colour Crafter (100 % Acryl), DK/Light Worsted, 100 g (300 m), in den folgenden Farbtönen:

Tynaarlo (1011); 6 Knäuel (A)

Verviers (2017); 2 Knäuel (B)

NADELN

3,5 mm Häkelnadel

4,5 mm Häkelnadel

WEITERE HILFSMITTEL UND MATERIALIEN

Stoff für Unterseite, etwa 60 cm x 60 cm (erst direkt vor dem Zusammennähen zuschneiden)

Füllmaterial (alte Kissen/Decken/Stoff usw.) oder Schaumstoffstücke

Nähnadel, Faden und Stecknadeln

MASCHEN IM RAPPORT

Maschenzahl teilbar durch 20 M + 2 M für die anfängliche Luftmaschenkette

MASCHENPROBE

13 M und 18 R = 10 cm x 10 cm im Muster mit einer 4,5 mm Häkelnadel

FERTIGE GRÖSSE

Das obere Teil misst nach dem Spannen etwa 52 cm x 52 cm.

Die Seitenteile messen etwa 52 cm x 22 cm.

Der Ottoman ist etwa 52 cm breit, 52 cm tief und 22 cm hoch.

ANLEITUNG

Oberes Teil

Mit 2 Fäden A zusammen und der 4,5 mm Häkelnadel 62 Lm anschlagen.

Reihe 1: 1 fM in die 2. Lm ab der Nadel und in jede Lm bis zum Ende, wenden. (61 M)

Reihen 2–33: Arbeite im Muster für die Sonnenflecken-Decke. Beginne mit 2 Fäden A in Reihe 2 und ende mit Reihe 33. Verwende dabei jeweils 2 Fäden von A oder B wie angegeben. B am Ende von Reihe 32 nicht beenden.

Reihen 34–98: Die Reihen 2–33 der Anleitung für die Sonnenflecken-Decke noch 2x wdh, dann arbeite die Reihe 2 noch 1x.

Die Arbeit beenden und die Fäden vernähen. Das obere Teil dann so gut wie möglich in eine quadratische Form spannen, ohne es zu stark zu dehnen.

Seitenteil

(4 Stück)

Jedes Seitenteil hat die Länge eines Rands des oberen Teils.

Für das **Seitenteil** (insgesamt 4 Stück) mit 2 Fäden A und der 4,5 mm Häkelnadel 31 Lm anschlagen.

Reihe 1: 1 fM in die 2. Lm ab der Nadel und in jede Lm bis zum Ende, wenden. (30 M)

Reihe 2: 1 Lm (zählt nie als M), 1 fM in jede M, wenden.

Reihe 2 wdh, bis das 1. Seitenteil die gleiche Länge hat wie der entsprechende Rand des oberen Teils.

Die Fäden abschneiden und vernähen.

Die anderen 3 Seitenteile entsprechend anfertigen.

Stoffunterteil

Schneide den Stoff für die **Unterseite** auf die gleiche Größe wie das Oberteil plus jeweils 8 cm extra für Breite und Länge.

ZUSAMMENNÄHEN

Mit RS nach außen stecke 1 Seitenteil am entsprechenden Rand des Oberteils fest. Achte dabei darauf, dass die Ecken genau aufeinanderliegen.

Mit der 3,5 mm Häkelnadel und 2 Fäden A an einer Ecke anschlingen (diese und alle folgenden M in etwa 1 cm Abstand vom Rand durch das Seitenteil und das Oberteil arbeiten). 1 Lm, fM in gleichmäßigen Abständen entlang dem Rand arbeiten und dabei die Teile verbinden.

Die anderen Seitenteile genauso mit dem Oberteil verbinden. Die Nähte zwischen den Seitenteilen schließen, um eine offene Kistenform zu bilden.

Die Fäden abschneiden und vernähen.

Den Ottoman großzügig mit Füllmaterial füllen. Stoffunterteil mit RS außen auf das Füllmaterial legen, die 4 Seiten umklappen und mit Nadel und Faden mit einem Überwendlingsstich annähen.

Hinweise

Dieser Ottoman besteht aus 6 Teilen: einem Oberteil in A und B, 4 Seitenteilen in A und einem Stoffunterteil. Wenn alle Teile fertig sind, werden sie zusammengehäkelt und mit Füllmaterial oder Schaumstoff gefüllt, bevor das Unterteil zum Abschluss angenäht wird.

Arbeite bei dem Projekt immer mit 2 zusammengehaltenen Fäden. Bei dem Oberteil arbeitest du mit 4 Fäden (2 Fäden A und 2 Fäden B). Achte daher darauf, dass sie sich nicht verwickeln.

TOP-TIPP

Mache dies zu einem Upcycling-Projekt, indem du alte Kissen, Decken oder Stoffreste als Füllmaterial verwendest.

LEVEL

Decke für junges Gemüse

In den 1970er-Jahren waren meine Eltern richtig im Selbstversorger-Modus. Sie bauten den größten Teil unseres Gemüses und Obstes an, und mein Vater ging am Wochenende jagen. Wir hatten sogar Jagdfrettchen, die im Garten lebten. Da ich noch klein war, wollte ich die Frettchen natürlich ins Haus bringen, mit ihnen schmusen und sie verkleiden – bis mein Vater mir erklärte, dass sie mir den Finger abbeißen würden. Vielleicht doch nicht die idealen Haustiere. Ich erinnere mich, dass ich viel Blattgemüse essen musste. Also wirklich VIEL. Daher die Decke für junges Gemüse: Meine Anerkennung für all das Blattgemüse, zu dessen Verzehr meine Schwester Emma und ich gezwungen wurden, damit wir groß und stark würden.

DU BENÖTIGST

GARN

Scheepjes Colour Crafter (100 % Acryl), DK/Light Worsted, 100 g (300 m), in den folgenden Farbtönen:

Utrecht (1009); 5 Knäuel (A)

Verviers (2017); 4 Knäuel (B)

NADEL

5,5 mm Häkelnadel

MASCHEN IM RAPPORT

Maschenzahl teilbar durch 20 + 6 M für die anfängliche Luftmaschenkette

MASCHENPROBE

15 M und 18 R = 10 cm x 10 cm im Muster mit einer 5,5 mm Häkelnadel

FERTIGE GRÖSSE

Etwa 99 cm x 150 cm ohne Fransen

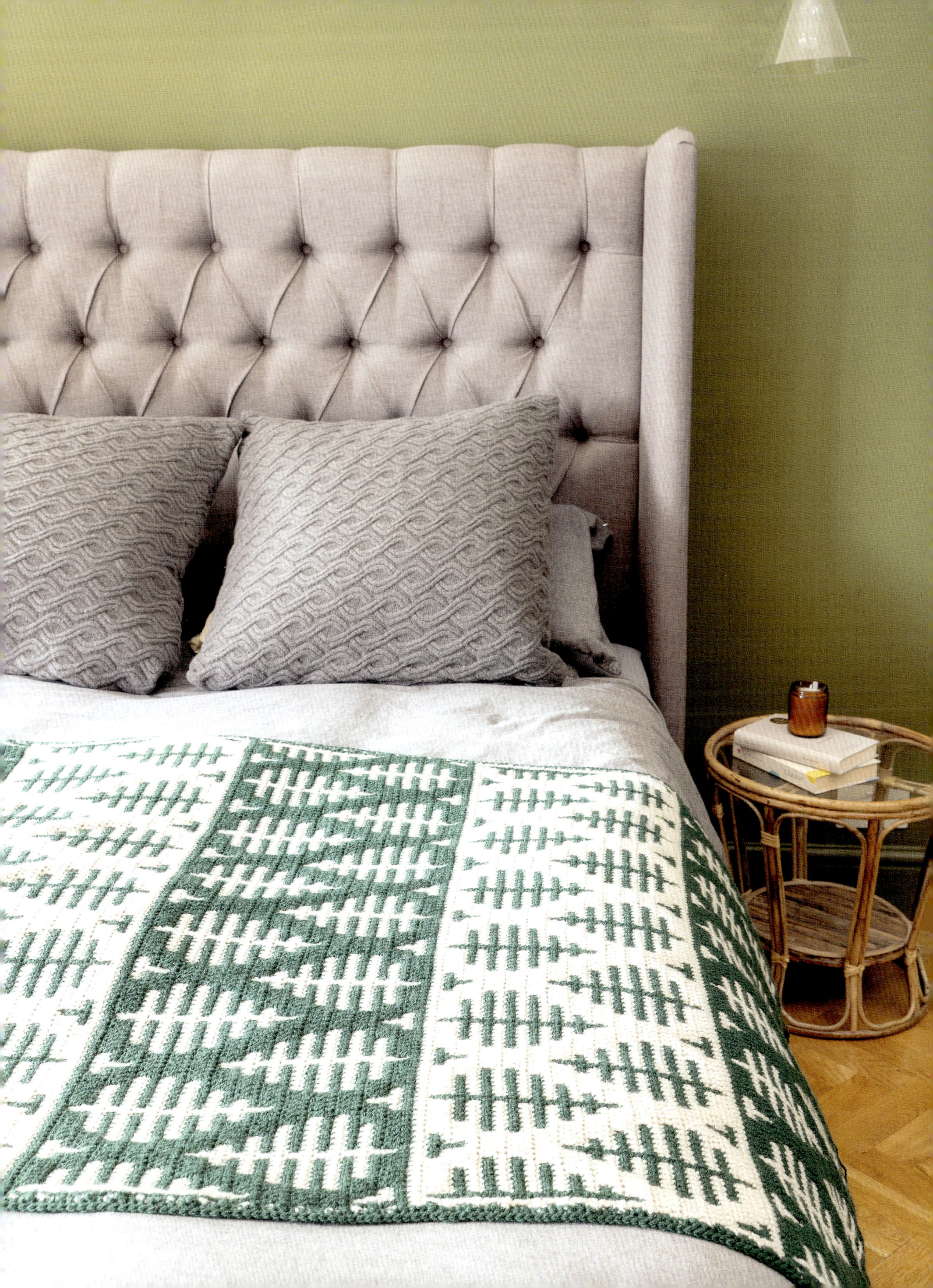

Hinweis

Diese Decke besteht aus 5 Abschnitten: Die Abschnitte 1, 3 und 5 verwenden Farbe A als Hintergrund und B für die Blätter. Die Abschnitte 2 und 4 sind farblich genau umgekehrt. Wenn der Hauptteil der Decke fertig ist, wird eine Borte in A auf beiden langen Seiten gearbeitet und Fransen in A werden an den kurzen Seiten als hübscher Abschluss angebracht

ANLEITUNG

Abschnitt 1

Mit Farbe A 146 Lm anschlagen.

Reihe 1 (RS): 1 fM in die 2. Lm ab der Nadel und in jede Lm bis zum Ende, wenden. (145 M)

Reihe 2 (LS): 1 Lm (zählt nie als M), 1 fM in jede M, Fbw zu B, wenden.

Reihe 3: 1 Lm, 1 fM, 2 Lm, 1 M überspr, 3 fM, 8 Lm, 7 M überspr, 1 fM, 8 Lm, 7 M überspr, * 5 fM, 8 Lm, 7 M überspr, 1 fM, 8 Lm, 7 M überspr; ab * bis zu den letzten 5 M wdh, 3 fM, 2 Lm, 1 M überspr, 1 fM, wenden.

Reihe 4: 1 Lm, 1 fM, 2 Lm, 2 Lm überspr, 3 fM, 8 Lm, 8 Lm überspr, 1 fM, 8 Lm, 8 Lm überspr, * 5 fM, 8 Lm, 8 Lm überspr, 1 fM, 8 Lm, 8 Lm überspr; ab * bis zu den letzten 5 M wdh, 3 fM, 2 Lm, 2 Lm überspr, 1 fM, Fbw zu A, wenden.

Reihe 5: 1 Lm, 1 fM, 1 MoStb, 2 Lm, 1 M überspr, * 2 fM, 7 MoStb, 2 Lm, 1 M überspr, 7 MoStb, 2 fM, 2 Lm, 1 M überspr; ab * bis zu den letzten 2 M wdh, 1 MoStb, 1 fM, wenden.

Reihe 6: 1 Lm, 2 fM, 2 Lm, 2 Lm überspr, * 9 fM, 2 Lm, 2 Lm überspr; ab * bis zu den letzten 2 M wdh, 2 fM, Fbw, wenden.

Reihe 7: 1 Lm, 1 fM, 2 Lm, 1 M überspr, 1 MoStb, * 5 Lm, 4 M überspr, 5 fM, 1 MoStb, 5 fM, 5 Lm, 4 M überspr, 1 MoStb; ab * bis zu den letzten 2 M wdh, 2 Lm, 1 M überspr, 1 fM, wenden.

Reihe 8: 1 Lm, 1 fM, 2 Lm, 2 Lm überspr, 1 fM, * 5 Lm, 5 Lm überspr, 11 fM, 5 Lm, 5 Lm überspr, 1 fM; ab * bis zu den letzten 2 M wdh, 2 Lm, 2 Lm überspr, 1 fM, Fbw, wenden.

Reihe 9: 1 Lm, 1 fM, 1 MoStb, 1 fM, * 4 MoStb, 5 fM, 2 Lm, 1 M überspr, 5 fM, 4 MoStb, 1 fM; ab * bis zu den letzten 2 M wdh, 1 MoStb, 1 fM, wenden.

Reihe 10: 1 Lm, 12 fM, 2 Lm, 2 Lm überspr, * 19 fM, 2 Lm, 2 Lm überspr; von * bis zu den letzten 12 M wdh, 12 fM, Fbw, wenden.

Reihe 11: 1 Lm, 1 fM, 5 Lm, 4 M überspr, 7 fM, 1 MoStb, 7 fM, * 6 Lm, 5 M überspr, 7 fM, 1 MoStb, 7 fM; ab * bis zu den letzten 5 M wdh, 5 Lm, 4 M überspr, 1 fM, wenden.

Reihe 12: 1 Lm, 1 fM, 5 Lm, 5 Lm überspr, 15 fM, * 6 Lm, 6 Lm überspr, 15 fM; ab * bis zu den letzten 5 M wdh, 5 Lm, 5 Lm überspr, 1 fM, Fbw, wenden.

Reihe 13: 1 Lm, 1 fM, 4 MoStb, 7 fM, 2 Lm, 1 M überspr, 7 fM, * 5 MoStb, 7 fM, 2 Lm, 1 M überspr, 7 fM; ab * bis zu den letzten 5 M wdh, 4 MoStb, 1 fM, wenden.

Reihe 14: Wie Reihe 10 arbeiten.

Reihe 15: 1 Lm, 1 fM, 5 Lm, 4 M überspr, 7 fM, 1 MoStb, 7 fM, * 6 Lm, 5 M überspr, 7 fM, 1 MoStb, 7 fM; ab * bis zu den letzten 5 M wdh, 5 Lm, 4 M überspr, 1 fM, wenden.

Reihe 16: 1 Lm, 1 fM, 5 Lm, 5 Lm überspr, 15 fM, * 6 Lm, 5 Lm überspr, 15 fM; ab * bis zu den letzten 5 M wdh, 5 Lm, 5 Lm überspr, 1 fM, Fbw, wenden.

Reihe 17: 1 Lm, 1 fM, 4 MoStb, 7 fM, 2 Lm, 1 M überspr, 7 fM, * 5 MoStb, 7 fM, 2 Lm, 1 M überspr, 7 fM; ab * bis zu den letzten 5 M wdh, 4 MoStb, 1 fM, wenden.

Reihe 18: Wie Reihe 10 arbeiten.

Reihe 19: 1 Lm, 1 fM, 6 Lm, 5 M überspr, 6 fM, 1 MoStb, 6 fM, * 8 Lm, 7 M überspr, 6 fM, 1 MoStb, 6 fM; ab * bis zu den letzten 6 M wdh, 6 Lm, 5 M überspr, 1 fM, wenden.

Reihe 20: 1 Lm, 1 fM, 6 Lm, 6 Lm überspr, 13 fM, * 8 Lm, 8 Lm überspr, 13 fM; ab * bis zu den letzten 6 M wdh, 6 Lm, 6 Lm überspr, 1 fM, Fbw, wenden.

Reihe 21: 1 Lm, 1 fM, 5 MoStb, 6 fM, 2 Lm, 1 M überspr, 6 fM, * 7 MoStb, 6 fM, 2 Lm, 1 M überspr, 6 fM; ab * bis zu den letzten 6 M wdh, 5 MoStb, 1 fM, wenden.

Reihe 22: Wie Reihe 10 arbeiten.

Reihe 23: 1 Lm, 1 fM, 2 Lm, 1 M überspr, 1 fM, * 6 Lm, 5 M überspr, 4 fM, 1 MoStb, 4 fM, 6 Lm, 5 M überspr, 1 fM; ab * bis zu den letzten 2 M wdh, 2 Lm, 1 M überspr, 1 fM, wenden.

Reihe 24: 1 Lm, 1 fM, 2 Lm, 2 Lm überspr, 1 fM, * 6 Lm, 6 Lm überspr, 9 fM, 6 Lm, 6 Lm überspr, 1 fM; ab * bis zu den letzten 2 M wdh, 2 Lm, 2 Lm überspr, 1 fM, Fbw, wenden.

Reihe 25: 1 Lm, 1 fM, 1 MoStb, 2 Lm, 1 M überspr, * 5 MoStb, 4 fM, 2 Lm, 1 M überspr, 4 fM, 5 MoStb, 2 Lm, 1 M überspr; ab * bis zu den letzten 2 M wdh, 1 MoStb, 1 fM, wenden.

Reihe 26: Wie Reihe 6 arbeiten.

Reihe 27: 1 Lm, 1 fM, 2 Lm, 1 M überspr, 1 MoStb, * 2 fM, 6 Lm, 5 M überspr, 2 fM, 1 MoStb; ab * bis zu den letzten 2 M wdh, 2 Lm, 1 M überspr, 1 fM, wenden.

Reihe 28: 1 Lm, 1 fM, 2 Lm, 2 Lm überspr, 3 fM, 6 Lm, 6 Lm überspr, * 5 fM, 6 Lm, 6 Lm überspr; ab * bis zu den letzten 5 M wdh, 3 fM, 2 Lm, 2 Lm überspr, 1 fM, Fbw, wenden.

Reihe 29: 1 Lm, 1 fM, 1 MoStb, 2 Lm, 1 M überspr, * 2 fM, 5 MoStb, 2 fM, 2 Lm, 1 M überspr; ab * bis zu den letzten 2 M wdh, 1 MoStb, 1 fM, wenden.

TOP-TIPP

Dieses Muster würde auch toll als gemütlicher Schal für den Herbst aussehen! Passe einfach die Anfangskette an und wähle ein feines Garn in gedämpften Waldfarben.

Reihe 30: Wie Reihe 6 arbeiten.

Reihe 31: 1 Lm, 1 fM, 2 Lm, 1 M überspr, 1 MoStb, * 4 fM, 6 Lm, 5 M überspr, 1 MoStb, 6 Lm, 5 M überspr, 4 fM, 1 MoStb; ab * bis zu den letzten 2 M wdh, 2 Lm, 1 M überspr, 1 fM, wenden.

Reihe 32: 1 Lm, 1 fM, 2 Lm, 2 Lm überspr, 5 fM, 6 Lm, 6 Lm überspr, 1 fM, 6 Lm, 6 Lm überspr, * 9 fM, 6 Lm, 6 Lm überspr, 1 fM, 6 Lm, 6 Lm überspr; ab * bis zu den letzten 7 M wdh, 5 fM, 2 Lm, 2 Lm überspr, 1 fM, Fbw, wenden.

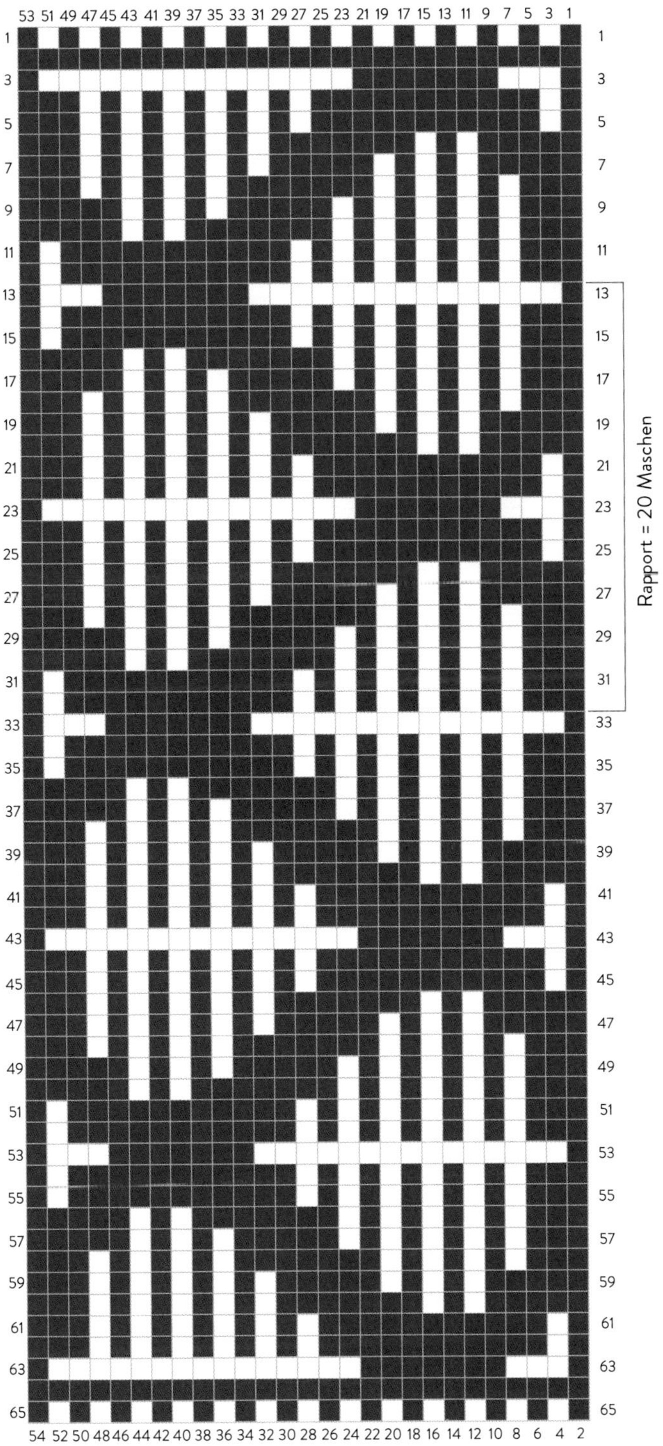

Reihe 33: 1 Lm, 1 fM, 1 MoStb, 2 Lm, 1 M überspr, * 4 fM, 5 MoStb, 1 fM, 5 MoStb, 4 fM, 2 Lm, 1 M überspr; ab * bis zu den letzten 2 M wdh, 1 MoStb, 1 fM, wenden.

Reihe 34: 1 Lm, 2 fM, 2 Lm, 2 Lm überspr, * 19 fM, 2 Lm, 2 Lm überspr; ab * bis zu den letzten 2 M wdh, 2 fM, Fbw, wenden.

Reihe 35: 1 Lm, 1 fM, 2 Lm, 1 M überspr, 1 MoStb, * 6 fM, 8 Lm, 7 M überspr, 6 fM, 1 MoStb; ab * bis zu den letzten 2 M wdh, 2 Lm, 1 M überspr, 1 fM, wenden.

Reihe 36: 1 Lm, 1 fM, 2 Lm, 2 Lm überspr, 7 fM, 8 Lm, 8 Lm überspr, * 13 fM, 8 Lm, 8 Lm überspr; ab * bis zu den letzten 9 M wdh, 7 fM, 2 Lm, 2 Lm überspr, 1 fM, Fbw, wenden.

Reihe 37: 1 Lm, 1 fM, 1 MoStb, 2 Lm, 1 M überspr, * 6 fM, 7 MoStb, 6 fM, 2 Lm, 1 M überspr; ab * bis zu den letzten 2 M wdh, 1 MoStb, 1 fM, wenden.

Reihe 38: Wie Reihe 34 arbeiten.

Reihe 39: 1 Lm, 1 fM, 2 Lm, 1 M überspr, 1 MoStb, * 7 fM, 6 Lm, 5 M überspr, 7 fM, 1 MoStb; ab * bis zu den letzten 2 M wdh, 2 Lm, 1 M überspr, 1 fM, wenden.

Reihe 40: 1 Lm, 1 fM, 2 Lm, 2 Lm überspr, 8 fM, 6 Lm, 6 Lm überspr, * 15 fM, 6 Lm, 6 Lm überspr; ab * bis zu den letzten 10 M wdh, 8 fM, 2 Lm, 2 Lm überspr, 1 fM, Fbw, wenden.

Reihe 41: 1 Lm, 1 fM, 1 MoStb, 2 Lm, 1 M überspr, * 7 fM, 5 MoStb, 7 fM, 2 Lm, 1 M überspr; ab * bis zu den letzten 2 M wdh, 1 MoStb, 1 fM, wenden.

Reihe 42: Wie Reihe 34 arbeiten.

Reihe 43: 1 Lm, 1 fM, 2 Lm, 1 M überspr, 1 MoStb, * 7 fM, 6 Lm, 5 M überspr, 7 fM, 1 MoStb; ab * bis zu den letzten 2 M wdh, 2 Lm, 1 M überspr, 1 fM, wenden.

Reihe 44: 1 Lm, 1 fM, 2 Lm, 2 Lm überspr, 8 fM, 6 Lm, 5 Lm überspr, * 15 fM, 6 Lm, 5 Lm überspr; ab * bis zu den letzten 10 M wdh, 8 fM, 2 Lm, 2 Lm überspr, 1 fM, Fbw, wenden.

Reihe 45: 1 Lm, 1 fM, 1 MoStb, 2 Lm, 1 M überspr, * 7 fM, 5 MoStb, 7 fM, 2 Lm, 1 M überspr; ab * bis zu den letzten 2 M wdh, 1 MoStb, 1 fM, wenden.

Reihe 46: Wie Reihe 34 arbeiten.

Reihe 47: 1 Lm, 1 fM, 2 Lm, 1 M überspr, 1 MoStb, * 5 fM, 5 Lm, 4 M überspr, 1 fM, 5 Lm, 4 M überspr, 5 fM, 1 MoStb; ab * bis zu den letzten 2 M wdh, 2 Lm, 1 M überspr, 1 fM, wenden.

LEGENDE

A B

Jedes Quadrat stellt eine Masche dar.

Um nach diesem Diagramm zu arbeiten, drehe es um 90 Grad im Uhrzeigersinn. Lies alle ungeraden Reihen (RS) von rechts nach links und alle geraden Reihen (LS) von links nach rechts.

Arbeite 5x die Reihen 1–54 und vertausche dabei A und B im 2. und 4. Abschnitt.

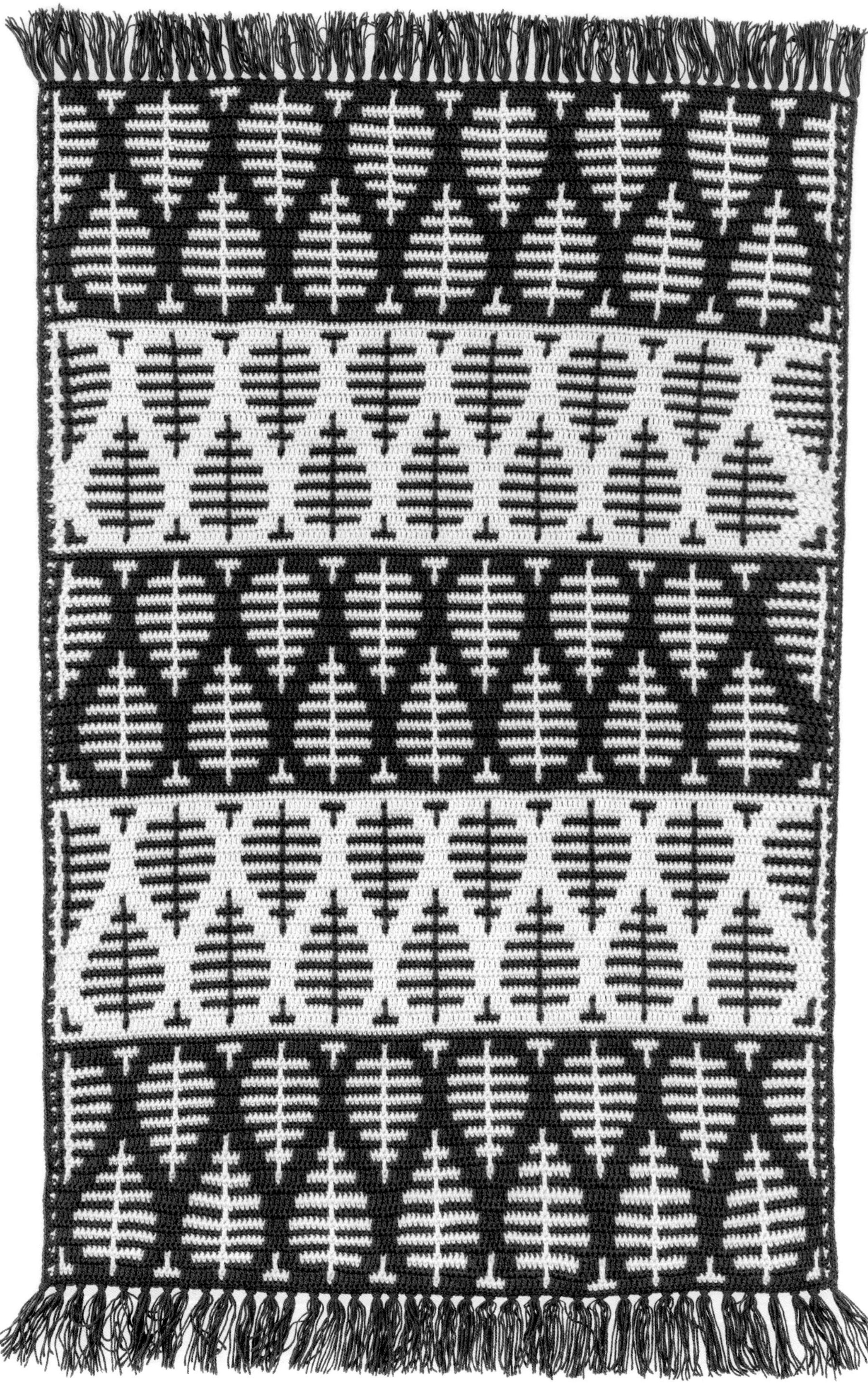

Reihe 48: 1 Lm, 1 fM, 2 Lm, 2 Lm überspr, 6 fM, 5 Lm, 5 Lm überspr, 1 fM, 5 Lm, 5 Lm überspr, * 11 fM, 5 Lm, 5 Lm überspr, 1 fM, 5 Lm, 5 Lm überspr; ab * bis zu den letzten 8 M wdh, 6 fM, 2 Lm, 2 Lm überspr, 1 fM, Fbw, wenden.

Reihe 49: 1 Lm, 1 fM, 1 MoStb, 2 Lm, 1 M überspr, * 5 fM, 4 MoStb, 2 Lm, 1 M überspr, 4 MoStb, 5 fM, 2 Lm, 1 M überspr; ab * bis zu den letzten 2 M wdh, 1 MoStb, 1 fM, wenden.

Reihe 50: 1 Lm, 2 fM, 2 Lm, 2 Lm überspr, * 9 fM, 2 Lm, 2 Lm überspr; ab * bis zu den letzten 2 M wdh, 2 fM, Fbw, wenden.

Reihe 51: 1 Lm, 1 fM, 2 Lm, 1 M überspr, 1 MoStb, * 8 Lm, 7 M überspr, 2 fM, 1 MoStb, 2 fM, 8 Lm, 7 M überspr, 1 MoStb; ab * bis zu den letzten 2 M wdh, 2 Lm, 1 M überspr, 1 fM, wenden.

Reihe 52: 1 Lm, 1 fM, 2 Lm, 2 Lm überspr, 1 fM, * 8 Lm, 8 Lm überspr, 5 fM, 8 Lm, 8 Lm überspr, 1 fM; ab * bis zu den letzten 2 M wdh, 2 Lm, 2 Lm überspr, 1 fM, Fbw, wenden.

Reihe 53: 1 Lm, 1 fM, 1 MoStb, 1 fM, * 7 MoStb, 5 fM, 7 MoStb, 1 fM; ab * bis zu den letzten 2 M wdh, 1 MoStb, 1 fM, wenden.

Farboption

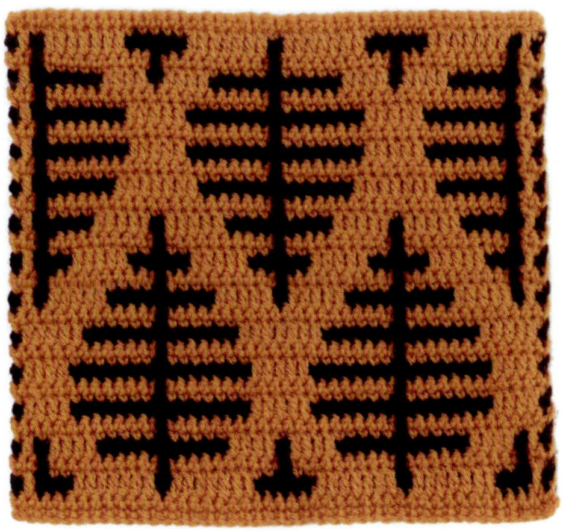

FARBEN DER NATUR

Lasse dich von Mutter Natur und den Farben der Jahreszeiten inspirieren. Herbst hat hier definitiv Einzug gehalten, mit den wunderbaren Farben von leuchtend orangefarbenem und tiefrotem Herbstlaub.

Reihe 54: 1 Lm, 1 fM in jede M, Fbw, wenden.

Die Fäden nicht abschneiden.

Abschnitt 2

Reihe 1 (RS): Mit Farbe B 1 Lm, 1 fM in jede M, wenden. (145 M)

Reihe 2 (LS): 1 Lm, 1 fM in jede M, Fbw zu A, wenden.

Reihen 3–54: Wie die Reihen 3–54 von Abschnitt 1 arbeiten, aber mit A, wo B angegeben ist, und mit B, wo A angegeben ist.

Abschnitt 3

Reihe 1 (RS): Mit Farbe A 1 Lm, 1 fM in jede M, wenden. (145 M)

Reihe 2 (LS): 1 Lm, 1 fM in jede M, Fbw zu B, wenden.

Reihen 3–54: Wie die Reihen 3–54 von Abschnitt 1 arbeiten.

Abschnitte 4 und 5: Wie Abschnitte 2 und 3 arbeiten, B am Ende von Abschnitt 5 beenden, A noch nicht beenden.

BORTE

Die Borte wird nur an den langen Seiten gearbeitet.

Rand der ersten langen Seite

Reihe 1 (LS): Mit A und mit LS oben 1 Lm. Die Arbeit um 90 Grad drehen und entlang der ersten langen Seite wie folgt arbeiten: * fM in die nächsten 4 Randm, 1 Randm überspr; ab * wdh, mit einer beliebigen M im Rapport enden. Wenn die letzte M übersprungen wurde, einfach 1 fM zum Abschluss der Reihe arbeiten. Wenden.

Reihe 2 (RS): 1 Lm, 1 fM in jede M.

Die Fäden abschneiden und vernähen.

Rand der zweiten langen Seite

Reihe 1 (LS): Mit LS zu dir zeigend Farbe A am Ende der 1. Reihe der anderen langen Seite anschlingen, 1 LM, 1 fM in dieselbe M, fM in die nächsten 3 Randm, * 1 Randm überspr, 1 fM in jede der nächsten 4 Randm; ab * wdh, mit einer beliebigen M im Rapport enden. Wenn die letzte M übersprungen wurde, einfach 1 fM zum Abschluss der Reihe arbeiten. Wenden.

Reihe 2 (RS): 1 Lm, 1 fM in jede M, wenden.

Die Fäden abschneiden und vernähen.

FRANSEN

(50 pro kurze Seite bzw. so viele, wie du möchtest)

5 Fäden mit 20 cm Länge von Farbe A zuschneiden, zusammenhalten und auf die Hälfte falten. Das Schlaufenende durch die 1. M einer kurzen Seite der Decke stecken. Die abgeschnittenen Enden durch die Schlaufe führen und dann vorsichtig festziehen, um die Quaste zu befestigen. Dies alle 3 M entlang der kurzen Seiten wdh. Die Enden gleichmäßig zuschneiden.

LEVEL

NEBENPROJEKT:

Blätter-Tischläufer

Ich liebe die Einfachheit dieses skandinavisch angehauchten Tischläufers. Wie die Blätter ineinandergreifen, ist irgendwie ansprechend und schön. Ich habe die Farben neutral gehalten, um das schöne Muster hervortreten zu lassen, aber ich glaube, es wird mich unruhig machen, wenn jemand ein Glas Rotwein in der Nähe des Läufers abstellt. Die Arbeit mit Jutegarn ist wunderbar, braucht aber etwas Geduld, da es nicht so nachgiebig ist wie andere Garne. Es lohnt aber trotzdem die Mühe (und die müden Finger).

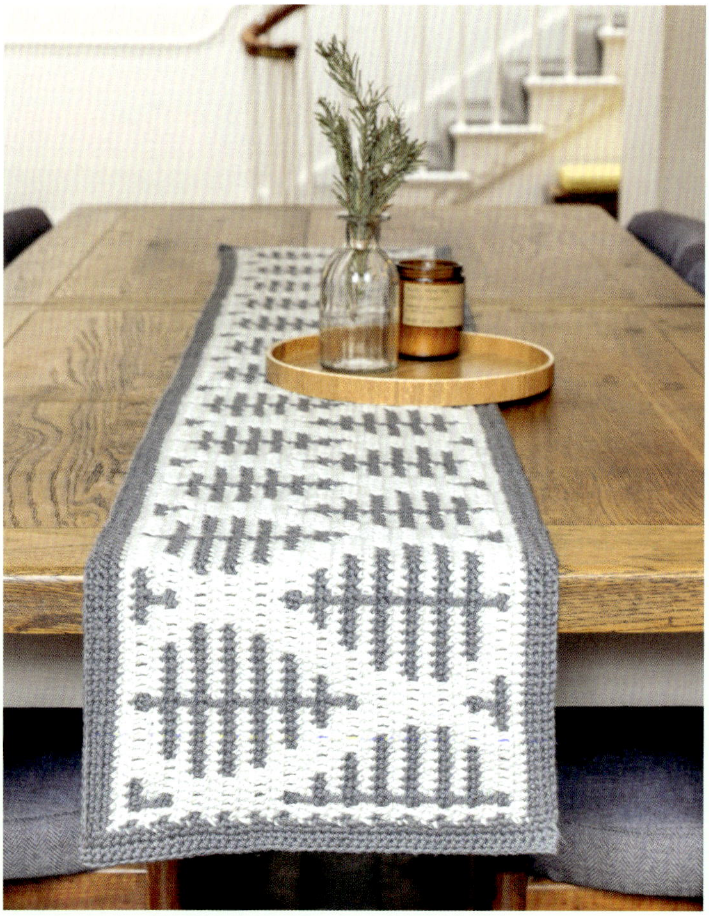

DU BENÖTIGST

GARN

Scheepjes Mighty (32 % Jute/68 % Baumwolle), 4-fädig/Sport, 50 g (80 m), in den folgenden Farbtönen:

Canyon (759); 6 Knäuel (A)

Mountain (755); 6 Knäuel (B)

NADEL

4 mm Häkelnadel

ANDERE HILFSMITTEL

Maschenmarkierer

MASCHEN IM RAPPORT

Maschenzahl teilbar durch 20 + 6 M für die anfängliche Luftmaschenkette

MASCHENPROBE

15 M und 20 R = 10 cm x 10 cm im Muster mit einer 4 mm Häkelnadel

FERTIGE GRÖSSE

Etwa 31 cm x 168 cm

ANLEITUNG

Mit Farbe B 246 Lm anschlagen.

Reihe 1 (RS): 1 fM in die 2. Lm ab der Nadel und in jede Lm bis zum Ende, wenden. (245 M)

Reihen 2–4: 1 Lm (zählt nie als M), 1 fM in jede M, wenden. Fbw zu A am Ende von Reihe 4.

Reihe 5: 1 Lm, 1 fM in jede M, wenden.

Arbeite Abschnitt 1 der Decke für junges Gemüse. Beginne mit Farbe A in Reihe 2 und ende mit Reihe 54. Verwende dabei A und B wie angegeben. Fbw zu B am Ende von Reihe 54.

Farbe A beenden.

Nächste 4 Reihen: Mit Farbe B 1 Lm, 1 fM in jede M, wenden.

Farbe B noch nicht beenden.

Vor dem Arbeiten der Borte alle Fäden vernähen.

BORTE

Die Borte wird nur an den beiden kurzen Seiten gearbeitet.

Rand der ersten kurzen Seite

Mit Farbe B und mit LS oben die Arbeit um 90 Grad drehen, um entlang der 1. kurzen Seite zu arbeiten:

Reihe 1 (LS): 1 Lm, * fM in die nächsten 4 Randm, 1 Randm überspr; ab * wdh, mit einer beliebigen M im Rapport enden. Wenn die letzte M übersprungen wurde, einfach 1 fM zum Abschluss der Reihe arbeiten. Wenden.

Reihen 2–4: 1 Lm, 1 fM in jede M, wenden.

Am Ende von Reihe 4 die Fäden abschneiden und vernähen.

Rand der zweiten kurzen Seite

Reihe 1 (LS): Farbe B am Ende der 1. Reihe der anderen kurzen Seite anschlingen, 1 LM, 1 fM in dieselbe M, fM in die nächsten 3 Randm, * 1 Randm überspr, fM in die nächsten 4 Randm; ab * wdh, mit einer beliebigen M im Rapport enden. Wenn die letzte M übersprungen wurde, einfach 1 fM zum Abschluss der Reihe arbeiten.

Reihen 2–4: 1 Lm, 1 fM in jede M, wenden.

Am Ende von Reihe 4 die Fäden abschneiden und vernähen.

Hinweis

Dieser Tischläufer hat eine sehr lange Anfangskette. Platziere einen Maschenmarkierer alle 50 Maschen in deiner Luftmaschenkette für den Fall, dass du dich einmal verzählst. Wenn der Hauptteil fertig ist, wird er an den kurzen Seiten in B eingefasst. Wenn du den offeneren, rustikalen Look dieses Designs nicht magst, nimm eine kleinere Nadelstärke für ein dichteres Maschenbild. Du kannst deine Anfangskette (siehe »Maschen im Rapport«) deinem Esstisch entsprechend anpassen.

TOP-TIPP

Waschbares Garn ist vielleicht eine gute Idee, falls sich doch mal Rotwein in die Nähe des Läufers wagt!

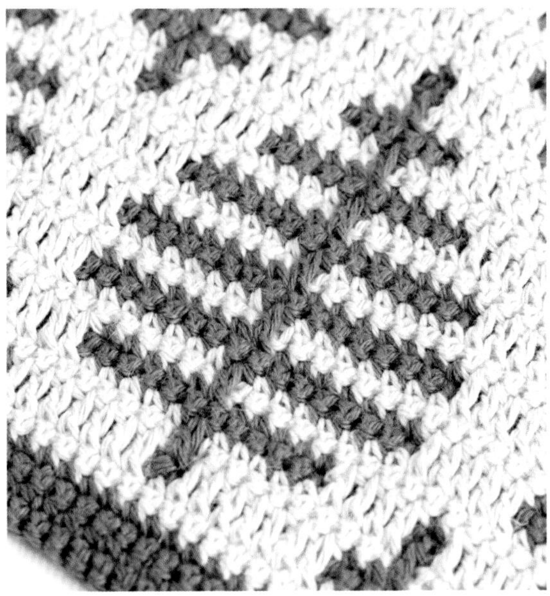

Tief-im-Walde-Decke

Diese Bäume scheinen sich endlos in die Ferne zu erstrecken, nicht wahr? Wälder sind wirklich magische, mysteriöse Orte, voll Flüstern, Schatten und Geistern ... Oder spielt mir da nur meine Fantasie einen Streich? Ich liebe die Vorstellung, in einem Wald in wunderbarem, dunstigem Blau und Rostorange vom Weg abzukommen und mich zu verlaufen. In der Realität, wenn es dann dunkel wird, wäre es sicher weniger ansprechend, aber die Vorstellung gefällt mir, sofern ich sicher zu Hause bin. Dies ist eine superedle Decke, schwer und kuschelig, dank dem wunderbaren Namaste-Garn.

DU BENÖTIGST

GARN

Scheepjes Namaste (50 % Neuwolle/50 % Acryl), Chunky/Bulky 100 g (85 m), in den folgenden Farbtönen:

Scale (625); 8 Knäuel (A)

Gate (618); 9 Knäuel (B)

NADEL

8 mm Häkelnadel

MASCHEN IM RAPPORT

Maschenzahl teilbar durch 10 + 6 M für die anfängliche Luftmaschenkette

MASCHENPROBE

10 M und 12 R = 10 cm x 10 cm im Muster mit einer 8 mm Häkelnadel

FERTIGE GRÖSSE

Etwa 97 cm x 123 cm

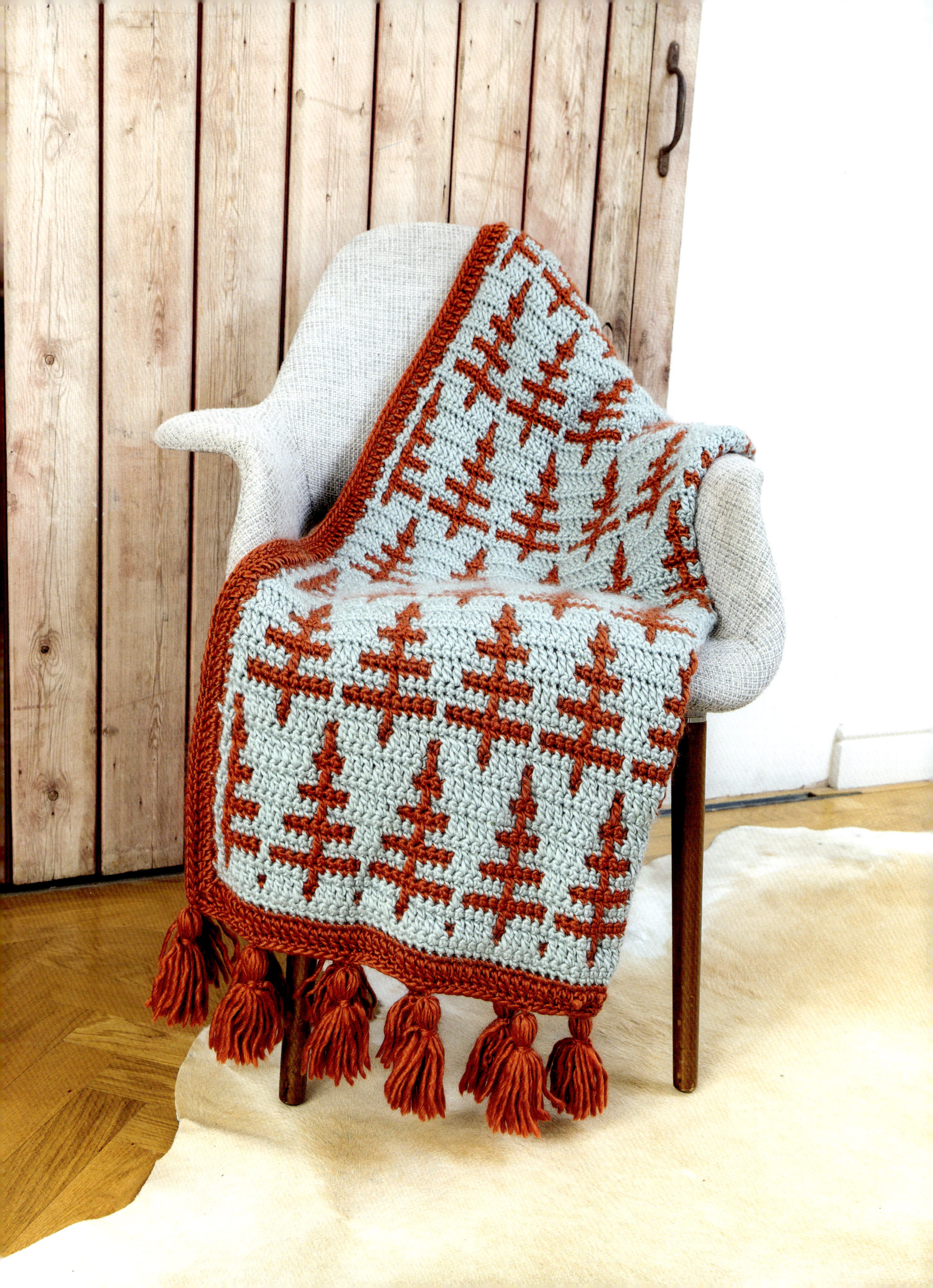

Hinweis

Hier werden nur 2 Garne verwendet – das pudrige Blau A bildet den Hintergrund, vor dem die rostorangefarbenen Bäume in B leuchten. Die Decke wird anschließend in B eingefasst, und zum Abschluss werden 11 Quasten in B an den kurzen Seiten angebracht.

ANLEITUNG

Mit Farbe A 96 Lm anschlagen.

Reihe 1 (RS): 1 fM in die 2. Lm ab der Nadel und in jede Lm bis zum Ende, wenden. (95 M)

Reihe 2 (LS): 1 Lm (zählt nie als M), 1 fM in jede M, Fbw zu B, wenden.

Reihe 3: 1 Lm, 1 fM, 2 Lm, 1 M überspr, 1 fM, * 5 Lm, 4 M überspr, 1 fM; ab * wdh, 2 Lm, 1 M überspr, 1 fM, wenden.

Reihe 4: 1 Lm, 1 fM, 2 Lm, 2 Lm überspr, 1 fM, * 5 Lm, 5 Lm überspr, 1 fM; ab * wdh, 2 Lm, 2 Lm überspr, 1 fM, Fbw zu A, wenden.

Reihe 5: 1 Lm, 1 fM, 1 MoStb, 2 Lm, 1 M überspr, * 4 MoStb, 1 fM, 4 MoStb, 2 Lm, 1 M überspr; ab * wdh, 1 MoStb, 1 fM, wenden.

Reihe 6: 1 Lm, 2 fM, 2 Lm, 2 Lm überspr, * 9 fM, 2 Lm, 2 Lm überspr; ab * wdh, 2 fM, Fbw, wenden.

Reihe 7: 1 Lm, 1 fM, 2 Lm, 1 M überspr, 1 MoStb, * 4 fM, 2 Lm, 1 M überspr, 4 fM, 1 MoStb; ab * wdh, 2 Lm, 1 M überspr, 1 fM, wenden.

Reihe 8: 1 Lm, 1 fM, 2 Lm, 2 Lm überspr, 5 fM, 2 Lm, 2 Lm überspr, * 9 fM, 2 Lm, 2 Lm überspr; ab * bis zu den letzten 7 M wdh, 5 fM, 2 Lm, 2 Lm überspr, 1 fM, Fbw, wenden.

Reihe 9: 1 Lm, 1 fM, 1 MoStb, 2 Lm, 1 M überspr, * 4 fM, 1 MoStb, 4 fM, 2 Lm, 1 M überspr; ab * wdh, 1 MoStb, 1 fM, wenden.

Reihe 10: 1 Lm, 2 fM, 2 Lm, 2 Lm überspr, * 9 fM, 2 Lm, 2 Lm überspr; ab * wdh, 2 fM, Fbw, wenden.

Reihe 11: 1 Lm, 1 fM, 2 Lm, 1 M überspr, 1 MoStb, * 3 fM, 4 Lm, 3 M überspr, 3 fM, 1 MoStb; ab * wdh, 2 Lm, 1 M überspr, 1 fM, wenden.

Reihe 12: 1 Lm, 1 fM, 2 Lm, 2 Lm überspr, 4 fM, 4 Lm, 4 Lm überspr, * 7 fM, 4 Lm, 4 Lm überspr; ab * bis zu den letzten 6 M wdh, 4 fM, 2 Lm, 2 Lm überspr, 1 fM, Fbw, wenden.

Reihe 13: 1 Lm, 1 fM, 1 MoStb, 2 Lm, 1 M überspr, * 3 fM, 3 MoStb, 3 fM, 2 Lm, 1 M überspr; ab * wdh, 1 MoStb, 1 fM, wenden.

Reihe 14: 1 Lm, 2 fM, 2 Lm, 2 Lm überspr, * 9 fM, 2 Lm, 2 Lm überspr; ab * wdh, 2 fM, Fbw, wenden.

Reihe 15: 1 Lm, 1 fM, 2 Lm, 1 M überspr, 1 MoStb, * 2 fM, 6 Lm, 5 M überspr, 2 fM, 1 MoStb; ab * wdh, 2 Lm, 1 M überspr, 1 fM, wenden.

Reihe 16: 1 Lm, 1 fM, 2 Lm, 2 Lm überspr, 3 fM, 6 Lm, 6 Lm überspr, * 5 fM, 6 Lm, 6 Lm überspr; ab * bis zu den letzten 5 M wdh, 3 fM, 2 Lm, 2 Lm überspr, 1 fM, Fbw, wenden.

Reihe 17: 1 Lm, 1 fM, 1 MoStb, 2 Lm, 1 M überspr, * 2 fM, 5 MoStb, 2 fM, 2 Lm, 1 M überspr; ab * wdh, 1 MoStb, 1 fM, wenden.

Reihe 18: 1 Lm, 2 fM, 2 Lm, 2 Lm überspr, * 9 fM, 2 Lm, 2 Lm überspr; ab * wdh, 2 fM, Fbw, wenden.

Reihe 19: 1 Lm, 1 fM, 2 Lm, 1 M überspr, 1 MoStb, * 1 fM, 8 Lm, 7 M überspr, 1 fM, 1 MoStb; ab * wdh, 2 Lm, 1 M überspr, 1 fM, wenden.

Reihe 20: 1 Lm, 1 fM, 2 Lm, 2 Lm überspr, 2 fM, 8 Lm, 8 Lm überspr, * 3 fM, 8 Lm, 8 Lm überspr; ab * bis zu den letzten 4 M wdh, 2 fM, 2 Lm, 2 Lm überspr, 1 fM, Fbw, wenden.

Reihe 21: 1 Lm, 1 fM, 1 MoStb, 2 Lm, 1 M überspr, * 1 fM, 7 MoStb, 1 fM, 2 Lm, 1 M überspr; ab * wdh, 1 MoStb, 1 fM, wenden.

Reihe 22: 1 Lm, 2 fM, 2 Lm, 2 Lm überspr, * 9 fM, 2 Lm, 2 Lm überspr; ab * wdh, 2 fM, Fbw, wenden.

Reihe 23: 1 Lm, 1 fM, 2 Lm, 1 M überspr, 1 MoStb, * 5 Lm, 4 M überspr, 1 fM, 5 Lm, 4 M überspr, 1 MoStb; ab * wdh, 2 Lm, 1 M überspr, 1 fM, wenden.

Reihe 24: 1 Lm, 1 fM, 2 Lm, 2 Lm überspr, 1 fM, * 5 Lm, 5 Lm überspr, 1 fM; ab * wdh, 2 Lm, 2 Lm überspr, 1 fM, Fbw, wenden.

Reihe 25: 1 Lm, 1 fM, 1 MoStb, 1 fM, * 4 MoStb, 2 Lm, 1 M überspr, 4 MoStb, 1 fM; ab * wdh, 1 MoStb, 1 fM, wenden.

Reihe 26: 1 Lm, 7 fM, 2 Lm, 2 Lm überspr, * 9 fM, 2 Lm, 2 Lm überspr; ab * bis zu den letzten 7 M wdh, 7 fM, Fbw, wenden.

Reihe 27: 1 Lm, 1 fM, 3 Lm, 2 M überspr, 4 fM, 1 MoStb, * 4 fM, 2 Lm, 1 M überspr, 4 fM, 1 MoStb; ab * bis zu den letzten 7 M wdh, 4 fM, 3 Lm, 2 M überspr, 1 fM, wenden.

Reihe 28: 1 Lm, 1 fM, 3 Lm, 3 Lm überspr, 9 fM, * 2 Lm, 2 Lm überspr, 9 fM; ab * bis zu den letzten 3 M wdh, 3 Lm, 3 Lm überspr, 1 fM, Fbw, wenden.

Reihe 29: 1 Lm, 1 fM, 2 MoStb, * 4 fM, 2 Lm, 1 M überspr, 4 fM, 1 MoStb; ab * wdh, 1 MoStb, 1 fM, wenden.

Reihe 30: 1 Lm, 7 fM, 2 Lm, 2 Lm überspr, * 9 fM, 2 Lm, 2 Lm überspr; ab * bis zu den letzten 7 M wdh, 7 fM, Fbw, wenden.

Reihe 31: 1 Lm, 1 fM, * 4 Lm, 3 M überspr, 3 fM, 1 MoStb, 3 fM; ab * bis zu den letzten 4 M wdh, 4 Lm, 3 M überspr, 1 fM, wenden.

Reihe 32: 1 Lm, 1 fM, * 4 Lm, 4 Lm überspr, 7 fM; ab * bis zu den letzten 4 M wdh, 4 Lm, 4 Lm überspr, 1 fM, Fbw, wenden.

Reihe 33: 1 Lm, 1 fM, * 3 MoStb, 3 fM, 2 Lm, 1 M überspr, 3 fM; ab * bis zu den letzten 4 M wdh, 3 MoStb, 1 fM, wenden.

Reihe 34: 1 Lm, 7 fM, 2 Lm, 2 Lm überspr, * 9 fM, 2 Lm, 2 Lm überspr; ab * bis zu den letzten 7 M wdh, 7 fM, Fbw, wenden.

TOP-TIPP

Ein wunderbares Projekt für den Winter, da du beim Häkeln gemütlich zugedeckt sein wirst.

Reihe 35: 1 Lm, 1 fM, 5 Lm, 4 M überspr, 2 fM, 1 MoStb, 2 fM, * 6 Lm, 5 M überspr, 2 fM, 1 MoStb, 2 fM; ab * bis zu den letzten 5 M wdh, 5 Lm, 4 M überspr, 1 fM, wenden.

Reihe 36: 1 Lm, 1 fM, 5 Lm, 5 Lm überspr, 5 fM, * 6 Lm, 6 Lm überspr, 5 fM; ab * bis zu den letzten 5 M wdh, 5 Lm, 5 Lm überspr, 1 fM, Fbw, wenden.

Reihe 37: 1 Lm, 1 fM, 4 MoStb, 2 fM, 2 Lm, 1 M überspr, 2 fM, * 5 MoStb, 2 fM, 2 Lm, 1 M überspr, 2 fM; ab * bis zu den letzten 5 M wdh, 4 MoStb, 1 fM, wenden.

Reihe 38: 1 Lm, 7 fM, 2 Lm, 2 Lm überspr, * 9 fM, 2 Lm, 2 Lm überspr; ab * bis zu den letzten 7 M wdh, 7 fM, Fbw, wenden.

Reihe 39: 1 Lm, 1 fM, 6 Lm, 5 M überspr, 1 fM, 1 MoStb, 1 fM, * 8 Lm, 7 M überspr, 1 fM, 1 MoStb, 1 fM; ab * bis zu den letzten 6 M wdh, 6 Lm, 5 M überspr, 1 fM, wenden.

Reihe 40: 1 Lm, 1 fM, 6 Lm, 6 Lm überspr, 3 fM, * 8 Lm, 8 Lm überspr, 3 fM; ab * bis zu den letzten 6 M wdh, 6 Lm, 6 Lm überspr, 1 fM, Fbw, wenden.

Reihe 41: 1 Lm, 1 fM, 5 MoStb, 1 fM, 2 Lm, 1 M überspr, 1 fM, * 7 MoStb, 1 fM, 2 Lm, 1 M überspr, 1 fM; ab * bis zu den letzten 6 M wdh, 5 MoStb, 1 fM, wenden.

Reihe 42: 1 Lm, 7 fM, 2 Lm, 2 Lm überspr, * 9 fM, 2 Lm, 2 Lm überspr; ab * bis zu den letzten 7 M wdh, 7 fM, Fbw, wenden.

Reihe 43: 1 Lm, 1 fM, 2 Lm, 1 M überspr, 1 fM, * 5 Lm, 4 M überspr, 1 MoStb, 5 Lm, 4 M überspr, 1 fM; ab * wdh, 2 Lm, 1 M überspr, 1 fM, wenden.

Reihe 44: 1 Lm, 1 fM, 2 Lm, 2 Lm überspr, 1 fM, * 5 Lm, 5 Lm überspr, 1 fM; ab * wdh, 2 Lm, 2 Lm überspr, 1 fM, Fbw, wenden.

Reihen 45–144: Die Reihen 5–44 noch 2x wdh, dann die Reihen 5–24 noch 1x wdh.

Reihe 145: 1 Lm, 1 fM, 1 MoStb, 1 fM, * 4 MoStb, 1 fM; ab * wdh, 1 MoStb, 1 fM, wenden.

Reihe 146: 1 Lm, 1 fM in jede M.

Die Fäden abschneiden und vernähen.

BORTE

Immer mit RS oben arbeiten.

Runde 1 (RS): Farbe B oben rechts anschlingen, 1 Lm, (1 fM, 2 Lm, 1 fM) in dieselbe M, 1 fM in jede M des oberen Rands, (1 fM, 2 Lm, 1 fM) in die letzte M, die Arbeit um 90 Grad drehen, fM in die nächsten 3 Randm, * 1 Randm überspr, fM in die nächsten 4 Randm; ab * bis zum Ende der langen Seite wdh, mit einer beliebigen M im Rapport enden, (1 fM, 2 Lm, 1 fM) in die 1. M des unteren Rands, 1 fM in jede M des unteren Rands, (1 fM, 2 Lm, 1 fM) in die letzte M, die Arbeit um 90 Grad drehen, fM in die nächsten 3 Randm, ** 1 Randm überspr, fM in die nächsten 4 Randm; ab ** bis zum Ende der langen Seite wdh, mit einer beliebigen M im Rapport enden, Km in die 1. fM.

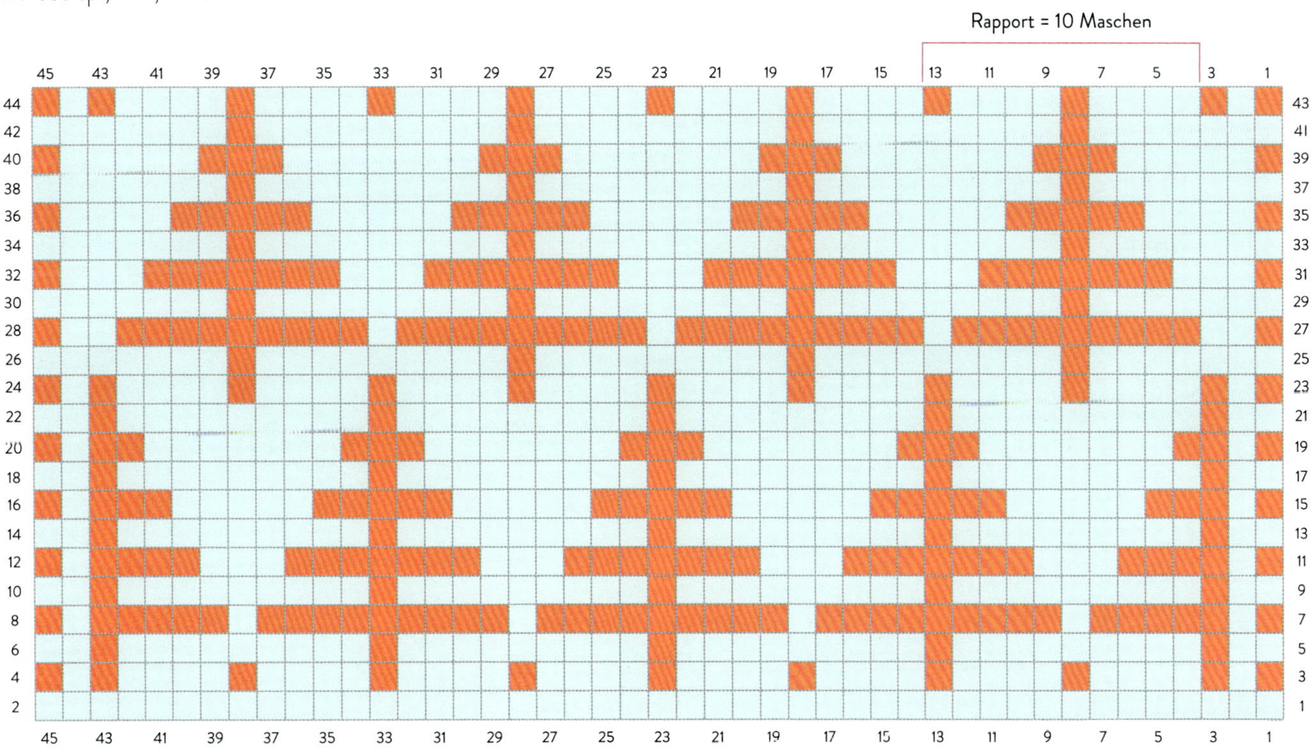

LEGENDE

A B

Jedes Quadrat stellt eine Masche dar.

Lies alle ungeraden Reihen (RS) von rechts nach links und alle geraden Reihen (LS) von links nach rechts.

Arbeite zunächst 1x die Reihen 1–44, dann wdh stets die Reihen 5–44.

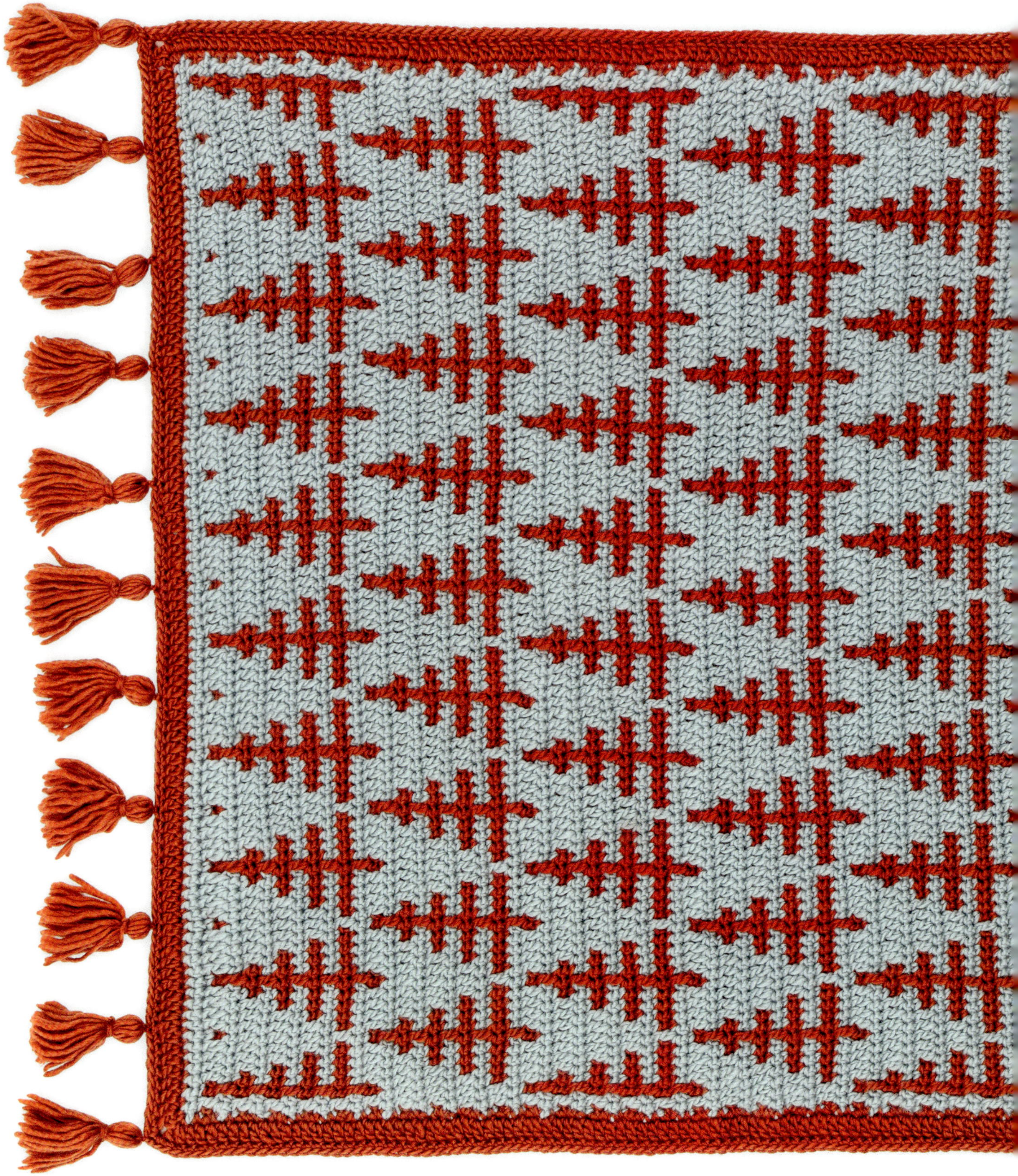

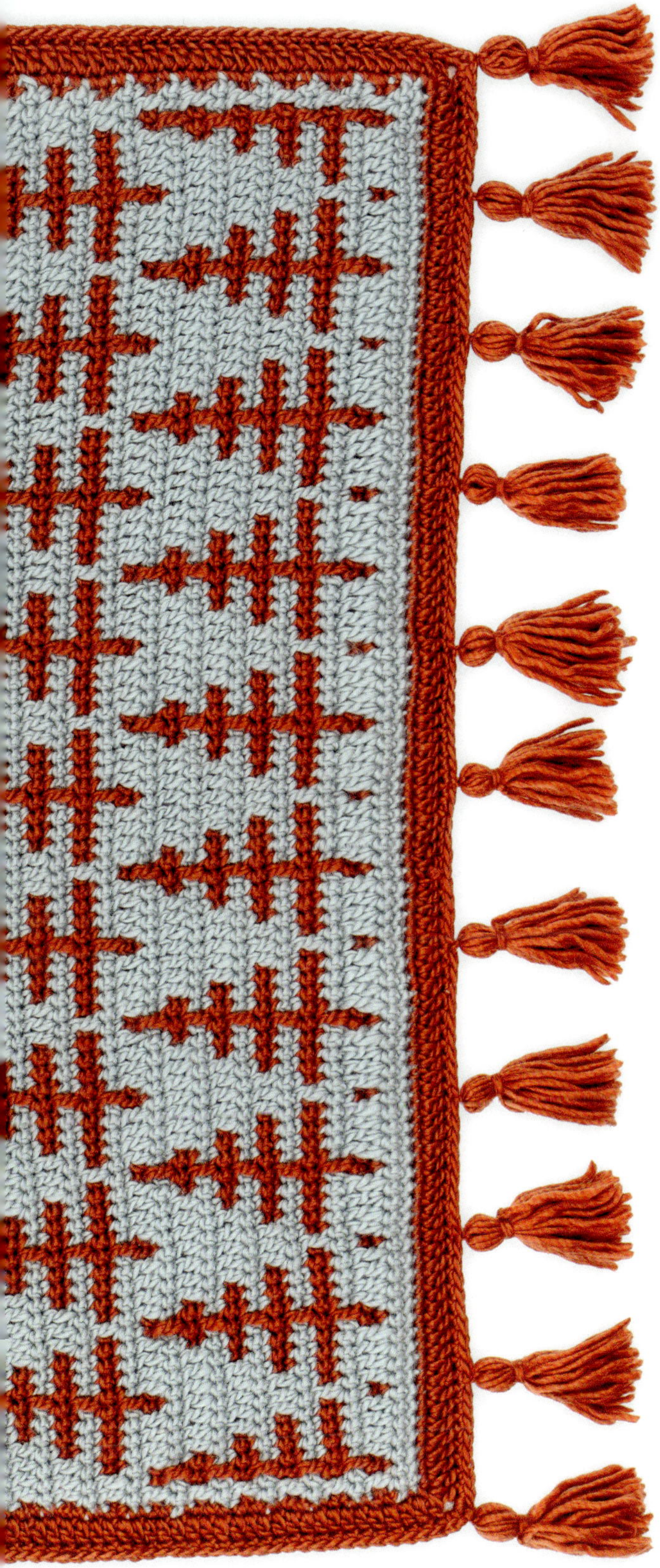

Runde 2: 3 Lm (zählt als 1 Stb), * Stb bis zur Lm-Kette der Vorrunde, (1 Stb, 2 Lm, 1 Stb) in die Lm-Kette; ab * wdh, mit 1 Km in die oberste Anfangs-Lm zur Runde schließen.

Runde 3: 1 Lm, 1 fM in dieselbe M, * fM bis zur Lm-Kette der Vorrunde, (1 fM, 2 Lm, 1 fM) in die Lm-Kette; ab * wdh, mit 1 Km in die oberste Anfangs-Lm zur Runde schließen.

Die Fäden abschneiden und vernähen.

QUASTEN

(22 STÜCK)

Garn B etwa 16x um ein etwa 10 cm breites Pappstück wickeln. Einen 30 cm langen Faden B am oberen Ende unter alle Schlaufen durchführen, festknoten und so die Schlaufen zusammenbinden. Die Schlaufen am unteren Ende aufschneiden. Einen weiteren 30 cm langen Faden B in etwa 3 cm Abstand vom oberen Ende um alle Fäden knoten (außer dem Faden, mit dem die Schlaufen zusammengeknotet wurden). Fest verknoten. Die Quaste gerade abschneiden.

An den kurzen Seiten je 1 Quaste an beiden Ecken und die übrigen 9 Quasten jeweils auf Höhe der Punkte zwischen den Bäumen anbringen. Den Faden vom Zusammenbinden oben an der Quaste zum Anbringen an der Decke verwenden. Alle Fäden vernähen.

Farboption

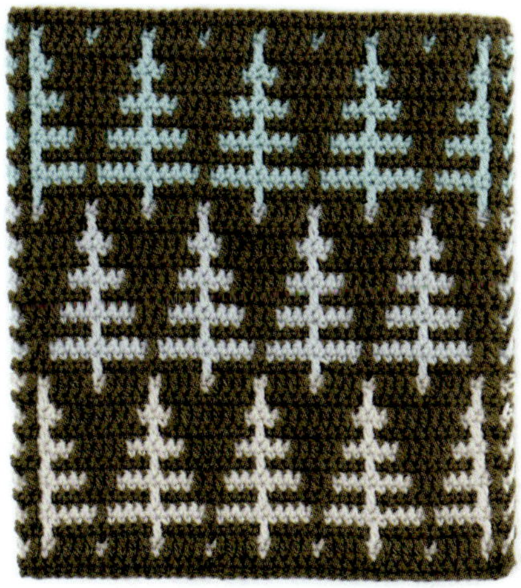

SPIEL MIT FARBVERLÄUFEN

Es gibt viele schöne Garne mit Farbverlauf, aber du kannst auch ganz einfach deinen eigenen Farbverlauf schaffen. Diese Graublautöne (fast wie ein kleiner monochromer Regenbogen) auf einem moosgrünen Hintergrund bilden eine kühle, frische Waldlandschaft.

LEVEL

NEBENPROJEKT:

Immergrün-Vasen

Ich liebe das Einkuscheln im Winter, wenn ich die Jahreszeit mit leuchtenden Kerzen und Immergrünzweigen im Haus zelebriere. Und natürlich mit einem kleinen Sherry am Kamin, um die Stimmung an dunklen Abenden zu heben. Mutter Natur ruht sich nur aus und bereitet sich auf den Frühling vor. Es gibt also viel, für das man dankbar sein und auf das man sich freuen kann. Diese vom Wald inspirierten Vasen sehen sehr hübsch aus, wenn sie mit schönen Zweigen und grünen Schönheiten aus dem Garten gefüllt sind.

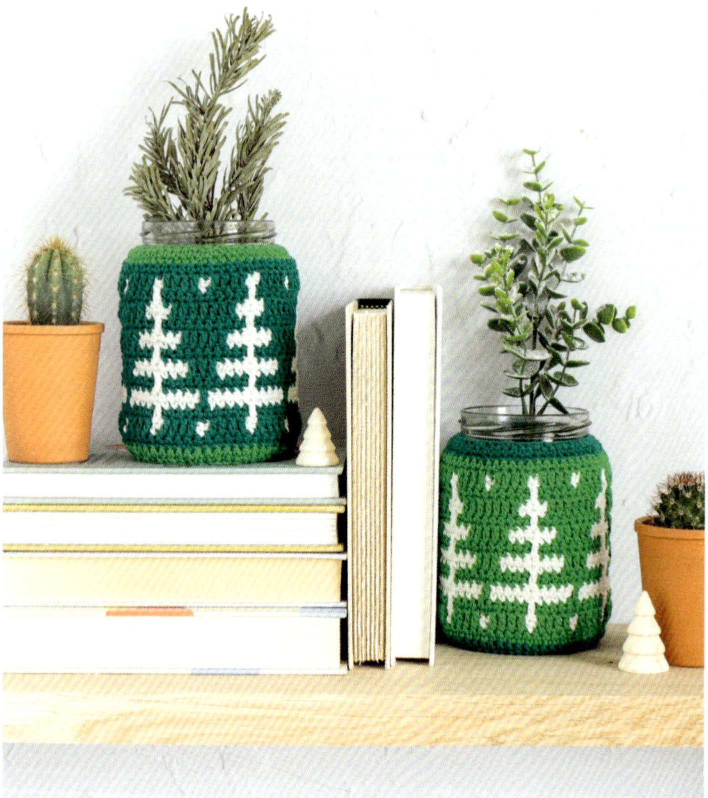

DU BENÖTIGST

GARN

Scheepjes Linen Soft (27 % Leinen/47 % Baumwolle/26 % Acryl), DK/Light Worsted, 50 g (135 m), in den folgenden Farbtönen:

Bright Green (606); 1 Knäuel (A)

Off-White (616); 1 Knäuel (B)

Dark Green (605); 1 Knäuel (C)

NADEL

3 mm Häkelnadel

WEITERE HILFSMITTEL UND MATERIALIEN

Zwei Einmachgläser oder andere geeignete Behälter, Umfang 32 cm, Höhe 14 cm

Nadel und Faden

MASCHEN IM RAPPORT

Maschenzahl teilbar durch 10 + 6 M für die anfängliche Luftmaschenkette

MASCHENPROBE

16 M und 23 R = 10 cm x 10 cm im Muster mit einer 3 mm Häkelnadel

FERTIGE GRÖSSE

In flachem Zustand etwa 13 cm x 35 cm

ANLEITUNG

Mit Farbe C 66 Lm anschlagen.

Basisreihe 1 (RS): 1 fM in die 2. Lm ab der Nadel und in jede Lm bis zum Ende, wenden. (65 M)

Basisreihe 2: 1 Lm (zählt nicht als M), 1 fM in jede M, wenden. Fbw zu A, Farbe C beenden.

Hauptmuster

Reihe 1 (RS): Mit Farbe A 1 Lm (zählt nicht als M), 1 fM in jede M, wenden. (65 M)

Reihen 2–24: Arbeite im Muster für die Tief-im-Walde-Decke. Beginne mit A in Reihe 2 und ende mit Reihe 24. Verwende dabei A und B wie angegeben.

Die Farbe B beenden, A noch nicht.

Reihe 25: 1 Lm, 1 fM, 1 MoStb, 1 fM, * 4 MoStb, 1 fM; ab * bis zu den letzten 2 M wdh, 1 MoStb, 1 fM, wenden.

Reihe 26: 1 Lm, fM, Fbw zu C, die Farben A und B beenden.

Reihen 27–28: 1 Lm, 1 fM in jede M, wenden.

Reihe 29: 1 Lm, 1 Km in jede M, um einen sauberen oberen Rand zu arbeiten.

Die Fäden abschneiden und vernähen.

Arbeite den zweiten Überzug auf die gleiche Weise. Verwende dabei C, wo in der anderen Farbversion A angegeben ist, und A, wo C angegeben ist.

ZUSAMMENNÄHEN

Wickele den fertigen Überzug um das Glas und lasse ihn leicht überlappen. Nähe ihn mit Nadel und Faden und winzigen Überwendlingsstichen auf der Rückseite zusammen. Die Fäden abschneiden.

Hinweise

Jeder Überzug ist ein einfaches Rechteck, das von unten nach oben gearbeitet und dann entlang einer Rückennaht zusammengenäht wird, um einen Schlauch zu bilden. Damit er gut passt, wähle deine Luftmaschenkette so, dass sie gerade um den Umfang des Glases passt (unter Verwendung der »Maschen im Rapport«). Der fertige Überzug sollte etwas breiter als der Umfang des Glases sein, da er vor dem Schließen etwas überlappen soll. Um die Höhe zu verändern, füge entweder unten und oben weitere Reihen in C hinzu oder, um einen wesentlich größeren Behälter zu beziehen, befolge die Anleitung, um 2 Baumreihen zu häkeln.

Verwende die Farben A, B und C für den ersten Überzug wie angegeben, tausche dann A und C für den zweiten Überzug – verwende Farbe A, wo C angegeben ist, und umgekehrt

TOP-TIPP

Mit dieser Methode kannst du alte Gläser oder Dosen toll upcyceln. Sie eignet sich auch perfekt, um kleine Garnreste zu verwerten.

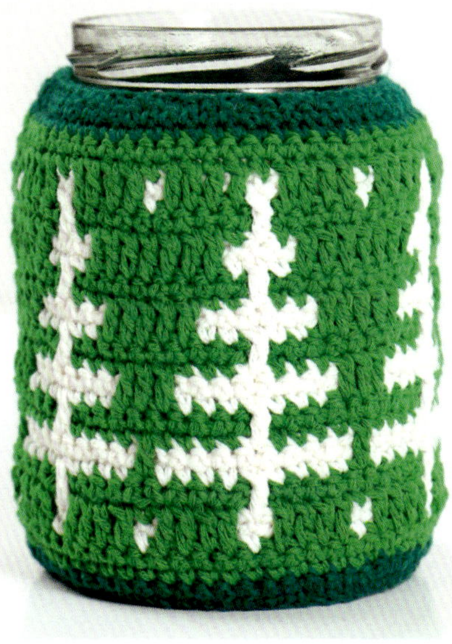

LEVEL

Häuserreigen-Decke

Ich habe es schon immer geliebt, mich in einer Stadt einfach treiben zu lassen und die Atmosphäre aufzusaugen. »Früher« war das so einfach, bevor Mobiltelefone mit ihren vernünftigen Stadtplänen daherkamen. Städte enthüllen oft ihre besten Geheimnisse, wenn du nach oben schaust, nicht wahr? Natürlich musst du auf den Verkehr achten und auf wütende Fußgänger, die »Tourist!« meckern, während du einen besonders schönen Stufengiebel bewunderst. Diese holländischen Häuser erinnern mich an wunderbare Reisen in die Niederlande. Ich war in letzter Zeit ein paar Mal dort, um mich mit dem fantastischen Team bei Scheepjes zu treffen und das eine oder andere Käsefondue in netter Gesellschaft zu genießen.

DU BENÖTIGST

GARN

Scheepjes Colour Crafter (100 % Acryl), DK/Light Worsted, 100 g (300 m), in den folgenden Farbtönen:

Sint Niklaas (2019); 5 Knäuel (A)

Leek (1132); 2 Knäuel (B)

Eelde (1422); 2 Knäuel (C)

Dordrecht (1062); 1 Knäuel (D)

Pollare (2018); 1 Knäuel (E)

NADEL

5,5 mm Häkelnadel

MASCHEN IM RAPPORT

Maschenzahl teilbar durch 28 + 22 M für die anfängliche Luftmaschenkette

MASCHENPROBE

15 M und 18 R = 10 cm x 10 cm im Muster mit einer 5,5 mm Häkelnadel

FERTIGE GRÖSSE

Etwa 90 cm x 160 cm

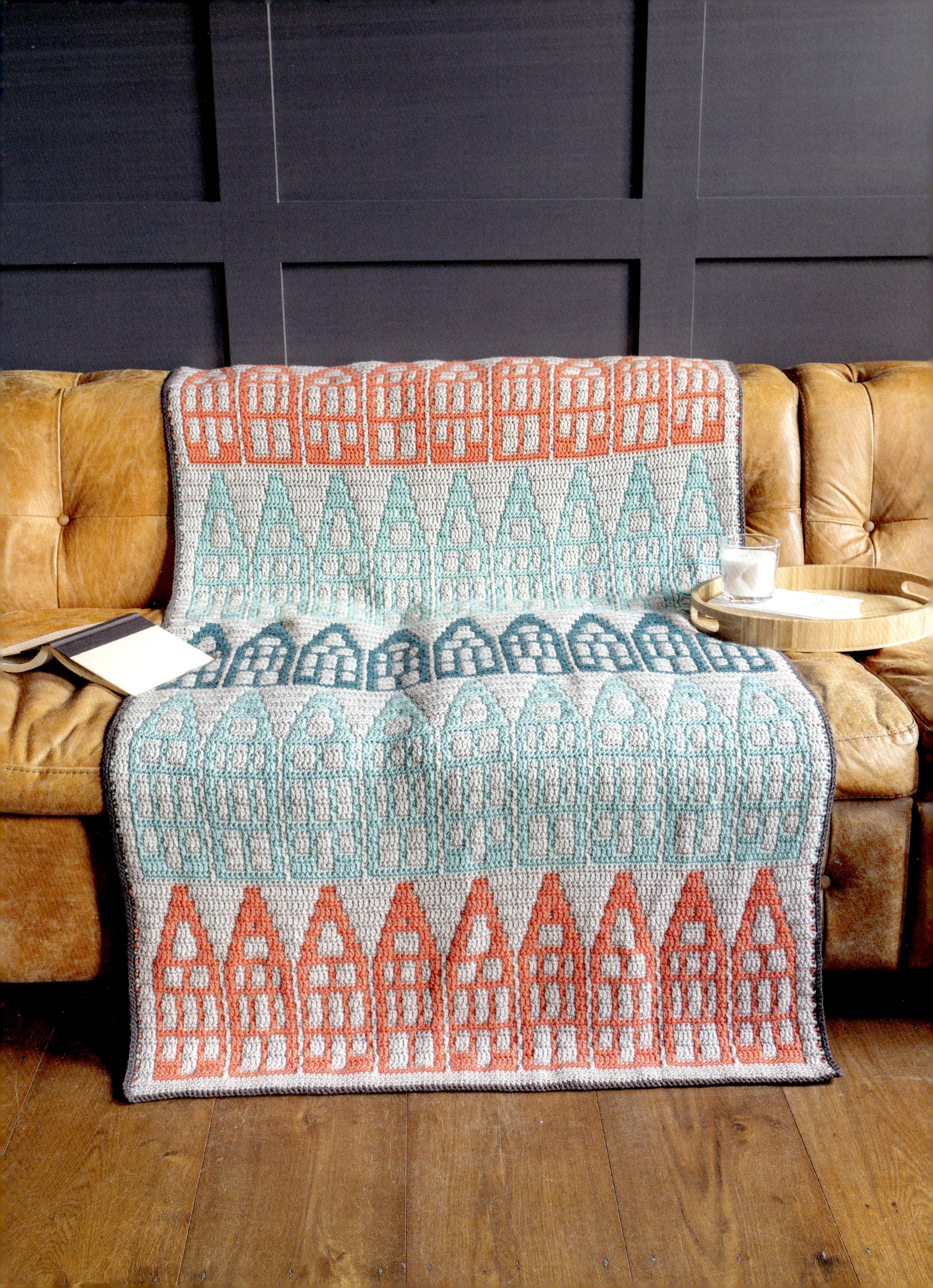

Hinweis

Farbe A bleibt als Hintergrundfarbe immer im Einsatz. 5 Straßen aus Häusern werden in der folgenden Garnabfolge gearbeitet: B, C, D, C, B. Verbinde das neue Garn jeweils zu Beginn der Reihe 5 des Rapports und beende sie am Ende des Rapports in Reihe 58. Zum Abschluss wird eine einfache Borte in E gearbeitet.

ANLEITUNG

Mit Farbe A 134 Lm anschlagen.

Reihe 1 (RS): 1 fM in die 2. Lm ab der Nadel und in jede Lm bis zum Ende, wenden. (133 M)

Reihen 2–4: 1 Lm (zählt nie als M), 1 fM in jede M, wenden. Fbw zu B am Ende von Reihe 4.

Reihe 5: 1 Lm, 1 fM, 4 Lm, 3 M überspr, 13 fM, * 2 Lm, 1 M überspr, 13 fM; ab * bis zu den letzten 4 M wdh, 4 Lm, 3 M überspr, 1 fM, wenden.

Reihe 6: 1 Lm, 1 fM, 4 Lm, 4 Lm überspr, 13 fM, * 2 Lm, 2 Lm überspr, 13 fM; ab * bis zu den letzten 4 M wdh, 4 Lm, 4 Lm überspr, 1 fM, Fbw zu A, wenden.

Reihe 7: 1 Lm, 1 fM, 3 MoStb, 6 Lm, 5 M überspr, 3 fM, 6 Lm, 5 M überspr, * 1 MoStb, 3 Lm, 2 M überspr, 4 fM, 2 Lm, 1 M überspr, 4 fM, 3 Lm, 2 M überspr, 1 MoStb, 6 Lm, 5 M überspr, 3 fM, 6 Lm, 5 M überspr; ab * bis zu den letzten 4 M wdh, 3 MoStb, 1 fM, wenden.

106

Reihe 8: 1 Lm, 4 fM, 6 Lm, 6 Lm überspr, 3 fM, 6 Lm, 6 Lm überspr, * 1 fM, 3 Lm, 3 Lm überspr, 4 fM, 2 Lm, 2 Lm überspr, 4 fM, 3 Lm, 3 Lm überspr, 1 fM, 6 Lm, 6 Lm überspr, 3 fM, 6 Lm, 6 Lm überspr; ab * bis zu den letzten 4 M wdh, 4 fM, Fbw, wenden.

Reihe 9: 1 Lm, 1 fM, 2x [4 Lm, 3 M überspr, 5 MoStb], * 2 Lm, 1 M überspr, 2 MoStb, 5 Lm, 4 M überspr, 1 MoStb, 5 Lm, 4 M überspr, 2 MoStb, 2 Lm, 1 M überspr, 5 MoStb, 4 Lm, 3 M überspr, 5 MoStb; ab * bis zu den letzten 4 M wdh, 4 Lm, 3 M überspr, 1 fM, wenden.

Reihe 10: 1 Lm, 1 fM, 2x [4 Lm, 4 Lm überspr, 5 fM], * 2 Lm, 2 Lm überspr, 2 fM, 5 Lm, 5 Lm überspr, 1 fM, 5 Lm, 5 Lm überspr, 2 fM, 2 Lm, 2 Lm überspr, 5 fM, 4 Lm, 4 Lm überspr, 5 fM; ab * bis zu den letzten 4 M wdh, 4 Lm, 4 Lm überspr, 1 fM, Fbw, wenden.

Reihe 11: 1 Lm, 1 fM, 2x [3 MoStb, 2 Lm, 1 M überspr, 3 fM, 2 Lm, 1 M überspr], * 1 MoStb, 3 Lm, 2 M überspr, 4 MoStb, 2 Lm, 1 M überspr, 4 MoStb, 3 Lm, 2 M überspr, 1 MoStb, 2 Lm, 1 M überspr, 3 fM, 2 Lm, 1 M überspr, 3 MoStb, 2 Lm, 1 M überspr, 3 fM, 2 Lm, 1 M überspr; ab * bis zu den letzten 4 M wdh, 3 MoStb, 1 fM, wenden.

Reihe 12: 1 Lm, 4 fM, 3x [2 Lm, 2 Lm überspr, 3 fM], 2 Lm, 2 Lm überspr, * 1 fM, 3 Lm, 3 Lm überspr, 4 fM, 2 Lm, 2 Lm überspr, 4 fM, 3 Lm, 3 Lm überspr, 1 fM, 3x [2 Lm, 2 Lm überspr, 3 fM], 2 Lm, 2 Lm überspr; ab * bis zu den letzten 4 M wdh, 4 fM, Fbw, wenden.

Reihe 13: 1 Lm, 1 fM, 4x [4 Lm, 3 M überspr, 1 MoStb], * 2 Lm, 1 M überspr, 2 MoStb, 5 Lm, 4 M überspr, 1 MoStb, 5 Lm, 4 M überspr, 2 MoStb, 2 Lm, 1 M überspr, 3x [1 MoStb, 4 Lm, 3 M überspr], 1 MoStb; ab * bis zu den letzten 4 M wdh, 4 Lm, 3 M überspr, 1 fM, wenden.

Reihe 14: 1 Lm, 1 fM, 4x [4 Lm, 4 Lm überspr, 1 fM], * 2 Lm, 2 Lm überspr, 2 fM, 5 Lm, 5 Lm überspr, 1 fM, 5 Lm, 5 Lm überspr, 2 fM, 2 Lm, 2 Lm überspr, 3x [1 fM, 4 Lm, 4 Lm überspr], 1 fM; ab * bis zu den letzten 4 M wdh, 4 Lm, 4 Lm überspr, 1 fM, Fbw, wenden.

Reihe 15: 1 Lm, 1 fM, 4x [3 MoStb, 2 Lm, 1 M überspr], * 1 MoStb, 3 Lm, 2 M überspr, 4 MoStb, 2 Lm, 1 M überspr, 4 MoStb, 3 Lm, 2 M überspr, 1 MoStb, 3x [2 Lm, 1 M überspr, 3 MoStb], 2 Lm, 1 M überspr; ab * bis zu den letzten 4 M wdh, 3 MoStb, 1 fM, wenden.

Reihe 16: 1 Lm, 4 fM, 3x [2 Lm, 2 Lm überspr, 3 fM], 2 Lm, 2 Lm überspr, * 1 fM, 3 Lm, 3 Lm überspr, 4 fM, 2 Lm, 2 Lm überspr, 4 fM, 3 Lm, 3 Lm überspr, 1 fM, 3x [2 Lm, 2 Lm überspr, 3 fM], 2 Lm, 2 Lm überspr; ab * bis zu den letzten 4 M wdh, 4 fM, Fbw, wenden.

Reihe 17: 1 Lm, 1 fM, 4 Lm, 3 M überspr, 3x [1 MoStb, 3 fM], 1 MoStb, * 2 Lm, 1 M überspr, 2 MoStb, 4 fM, 1 MoStb, 4 fM, 2 MoStb, 2 Lm, 1 M überspr, 3x [1 MoStb, 3 fM], 1 MoStb; ab * bis zu den letzten 4 M wdh, 4 Lm, 3 M überspr, 1 fM, wenden.

Reihe 18: 1 Lm, 1 fM, 4 Lm, 4 Lm überspr, 13 fM, * 2 Lm, 2 Lm überspr, 13 fM; ab * bis zu den letzten 4 M wdh, 4 Lm, 4 Lm überspr, 1 fM, Fbw, wenden.

Reihe 19: 1 Lm, 1 fM, 3 MoStb, 3x [2 Lm, 1 M überspr, 3 fM], 2 Lm, 1 M überspr, * 1 MoStb, 3 Lm, 2 M überspr, 2 fM, 2 Lm, 1 M überspr, 3 fM, 2 Lm, 1 M überspr, 2 fM, 3 Lm, 2 M überspr, 1 MoStb, 3x [2 Lm, 1 M überspr, 3 fM], 2 Lm, 1 M überspr; ab * bis zu den letzten 4 M wdh, 3 MoStb, 1 fM, wenden.

Reihe 20: 1 Lm, 4 fM, 3x [2 Lm, 2 Lm überspr, 3 fM], 2 Lm, 2 Lm überspr, * 1 fM, 3 Lm, 3 Lm überspr, 2 fM, 2 Lm, 2 Lm überspr, 3 fM, 2 Lm, 2 Lm überspr, 2 fM, 3 Lm, 3 Lm überspr, 1 fM, 3x [2 Lm, 2 Lm überspr, 3 fM], 2 Lm, 2 Lm überspr; ab * bis zu den letzten 4 M wdh, 4 fM, Fbw, wenden.

Reihe 21: 1 Lm, 1 fM, 4x [4 Lm, 3 M überspr, 1 MoStb], * 2 Lm, 1 M überspr, 2 MoStb, 3 Lm, 2 M überspr, 1 MoStb, 4 Lm, 3 M überspr, 1 MoStb, 3 Lm, 2 M überspr, 2 MoStb, 2 Lm, 1 M überspr, 3x [1 MoStb, 4 Lm, 3 M überspr], 1 MoStb; ab * bis zu den letzten 4 M wdh, 4 Lm, 3 M überspr, 1 fM, wenden.

Reihe 22: 1 Lm, 4x [1 fM, 4 Lm, 4 Lm überspr], 1 fM, * 2 Lm, 2 Lm überspr, 2 fM, 3 Lm, 3 Lm überspr, 1 fM, 4 Lm, 4 Lm überspr, 1 fM, 3 Lm, 3 Lm überspr, 2 fM,

TOP-TIPP

In einem dicken, weichen Garn wäre dies ein toller Teppich für ein Kinderzimmer – perfekt zum Spielen!

LEGENDE

A   B, C oder D

Jedes Quadrat stellt eine Masche dar.

Um nach diesem Diagramm zu arbeiten, drehe es um 90 Grad im Uhrzeigersinn. Lies alle ungeraden Reihen (RS) von rechts nach links und alle geraden Reihen (LS) von links nach rechts.

Arbeite zunächst 1x die Reihen 1–60, dann wdh stets die Reihen 5–60.

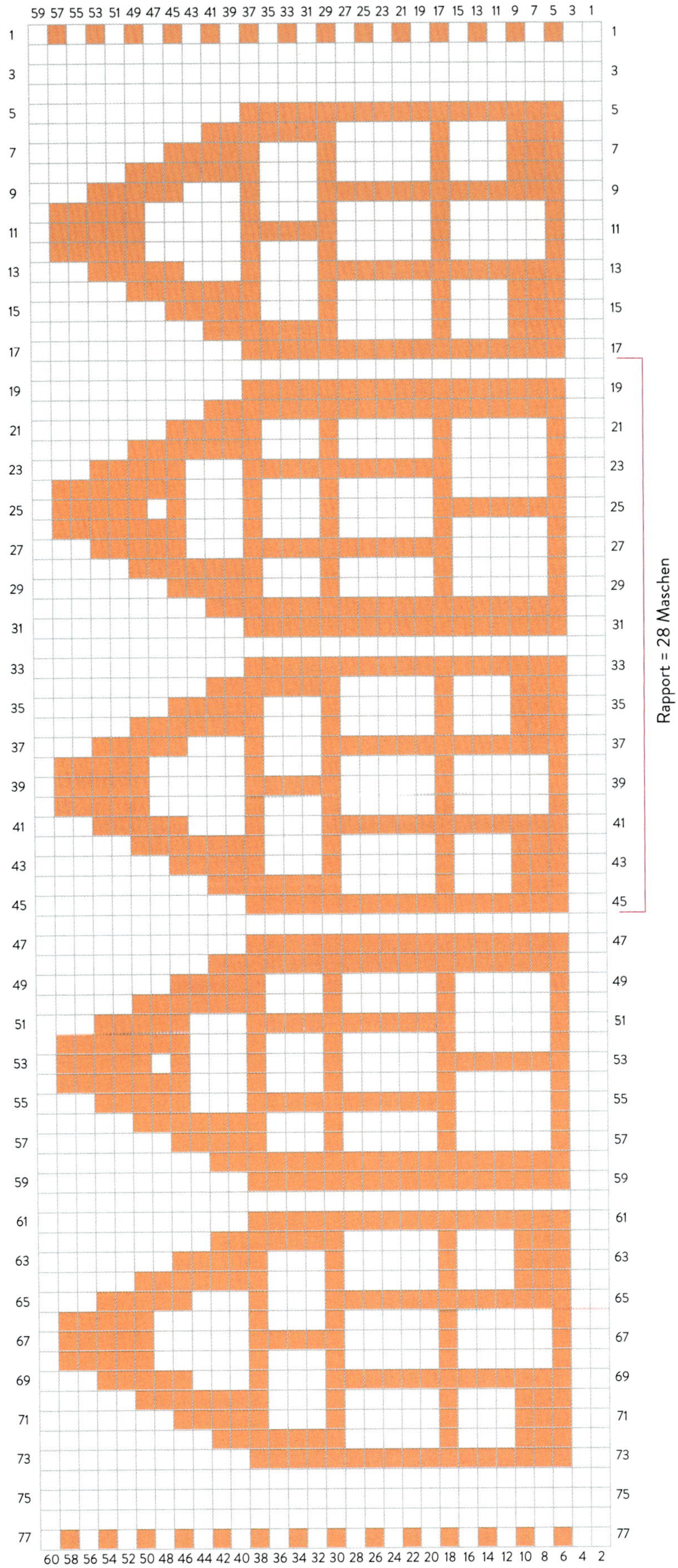

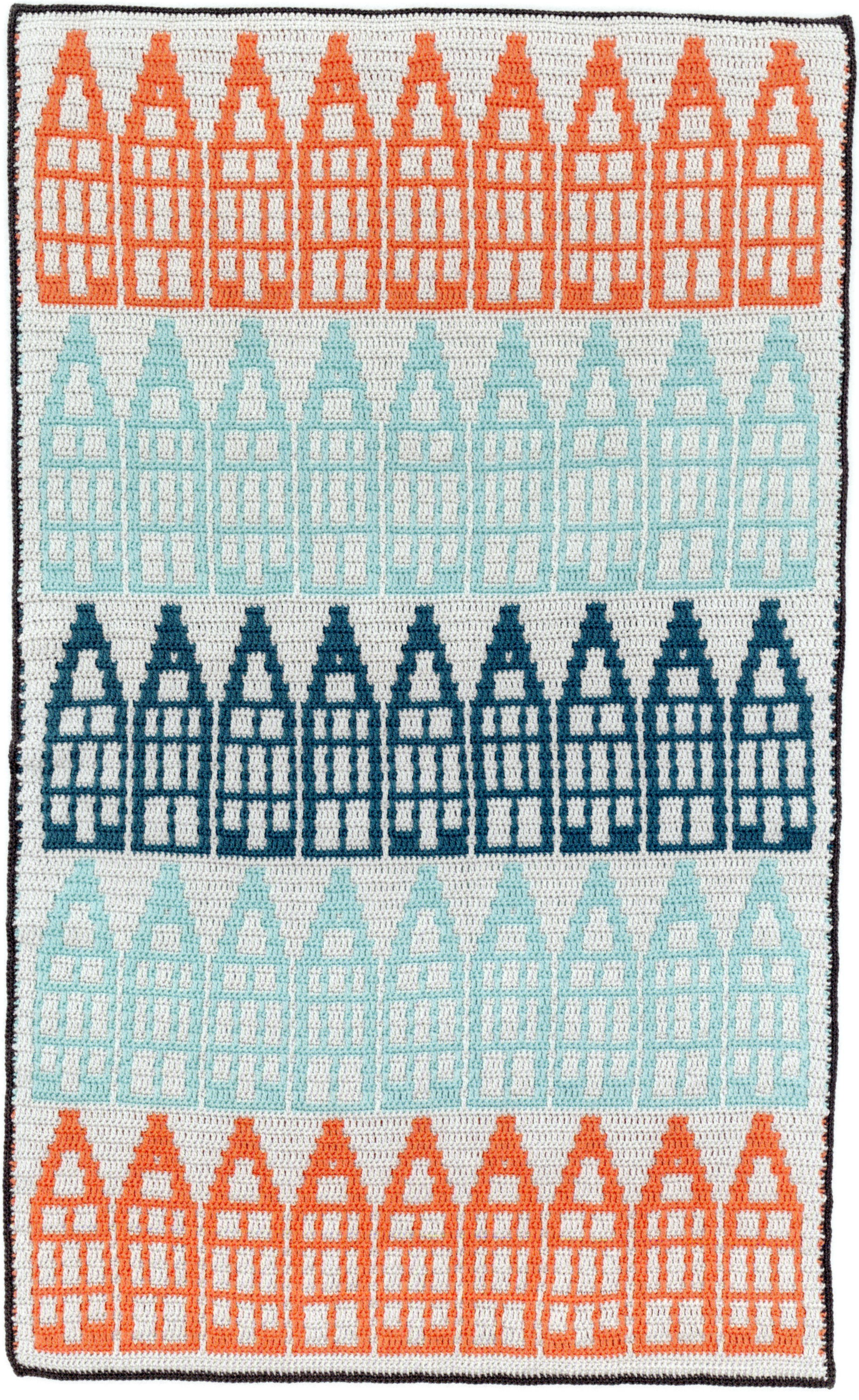

2 Lm, 2 Lm überspr, 3x [1 fM, 4 Lm, 4 Lm überspr], 1 fM; ab * bis zu den letzten 4 M wdh, 4 Lm, 4 Lm überspr, 1 fM, Fbw, wenden.

Reihe 23: 1 Lm, 1 fM, 4x [3 MoStb, 2 Lm, 1 M überspr], * 1 MoStb, 3 Lm, 2 M überspr, 2 MoStb, 2 Lm, 1 M überspr, 3 MoStb, 2 Lm, 1 M überspr, 2 MoStb, 3 Lm, 2 M überspr, 1 MoStb, 3x [2 Lm, 1 M überspr, 3 MoStb], 2 Lm, 1 M überspr; ab * bis zu den letzten 4 M wdh, 3 MoStb, 1 fM, wenden.

Reihe 24: 1 Lm, 4 fM, 3x [2 Lm, 2 Lm überspr, 3 fM], 2 Lm, 2 Lm überspr, * 1 fM, 3 Lm, 3 Lm überspr, 2 fM, 2 Lm, 2 Lm überspr, 3 fM, 2 Lm, 2 Lm überspr, 2 fM, 3 Lm, 3 Lm überspr, 1 fM, 3x [2 Lm, 2 Lm überspr, 3 fM], 2 Lm, 2 Lm überspr; ab * bis zu den letzten 4 M wdh, 4 fM, Fbw, wenden.

Reihe 25: 1 Lm, 1 fM, 4x [4 Lm, 3 M überspr, 1 MoStb], * 2 Lm, 1 M überspr, 2 MoStb, 3 Lm, 2 M überspr, 1 MoStb, 4 Lm, 3 M überspr, 1 MoStb, 3 Lm, 2 M überspr, 2 MoStb, 2 Lm, 1 M überspr, 3x [1 MoStb, 4 Lm, 3 M überspr], 1 MoStb; ab * bis zu den letzten 4 M wdh, 4 Lm, 3 M überspr, 1 fM, wenden.

Reihe 26: 1 Lm, 4x [1 fM, 4 Lm, 4 Lm überspr], 1 fM, * 2 Lm, 2 Lm überspr, 2 fM, 3 Lm, 3 Lm überspr, 1 fM, 4 Lm, 4 Lm überspr, 1 fM, 3 Lm, 3 Lm überspr, 2 fM, 2 Lm, 2 Lm überspr, 3x [1 fM, 4 Lm, 4 Lm überspr] , 1 fM; ab * bis zu den letzten 4 M wdh, 4 Lm, 4 Lm überspr, 1 fM, Fbw, wenden.

Farboption

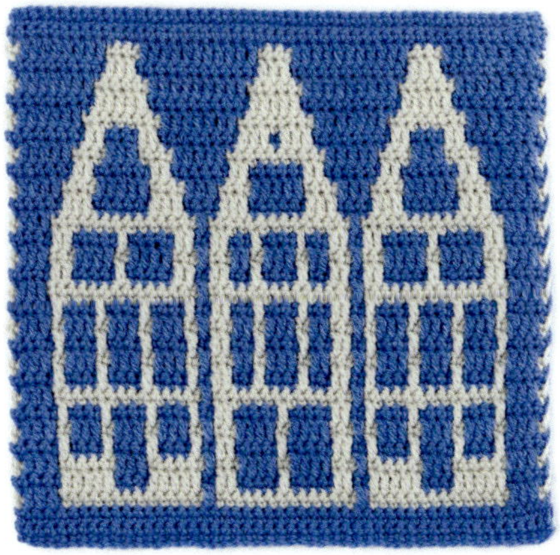

SCHÖNHEIT IM HINTERGRUND

Wähle eine deiner Lieblingsfarben und lasse den Hintergrund groß herauskommen. Eine große Fläche in einer Farbe kann wunderschön sein – dieses tolle Vergissmeinnicht-Blau stiehlt bei diesem Projekt allem die Show.

Reihe 27: 1 Lm, 1 fM, 4x [3 MoStb, 2 Lm, 1 M überspr], * 1 MoStb, 3 Lm, 2 M überspr, 2 MoStb, 2 Lm, 1 M überspr, 3 MoStb, 2 Lm, 1 M überspr, 2 MoStb, 3 Lm, 2 M überspr, 1 MoStb, 3x [2 Lm, 1 M überspr, 3 MoStb], 2 Lm, 1 M überspr; ab * bis zu den letzten 4 M wdh, 3 MoStb, 1 fM, wenden.

Reihe 28: 1 Lm, 4 fM, 3x [2 Lm, 2 Lm überspr, 3 fM], 2 Lm, 2 Lm überspr, * 1 fM, 3 Lm, 3 Lm überspr, 2 fM, 2 Lm, 2 Lm überspr, 3 fM, 2 Lm, 2 Lm überspr, 2 fM, 3 Lm, 3 Lm überspr, 1 fM, 3x [2 Lm, 2 Lm überspr, 3 fM], 2 Lm, 2 Lm überspr; ab * bis zu den letzten 4 M wdh, 4 fM, Fbw, wenden.

Reihe 29: 1 Lm, 1 fM, 4 Lm, 3 M überspr, 3x [1 MoStb, 3 fM], 1 MoStb, * 2 Lm, 1 M überspr, 2 MoStb, 2 fM, 1 MoStb, 3 fM, 1 MoStb, 2 fM, 2 MoStb, 2 Lm, 1 M überspr, 3x [1 MoStb, 3 fM], 1 MoStb; ab * bis zu den letzten 4 M wdh, 4 Lm, 3 M überspr, 1 fM, wenden.

Reihe 30: 1 Lm, 1 fM, 4 Lm, 4 Lm überspr, 13 fM, * 2 Lm, 2 Lm überspr, 13 fM; ab * bis zu den letzten 4 M wdh, 4 Lm, 4 Lm überspr, 1 fM, Fbw, wenden.

Reihe 31: 1 Lm, 1 fM, 3 MoStb, 3 Lm, 2 M überspr, 4 fM, 2 Lm, 1 M überspr, 4 fM, 3 Lm, 2 M überspr, * 1 MoStb, 3 Lm, 2 M überspr, 2 fM, 2 Lm, 1 M überspr, 3 fM, 2 Lm, 1 M überspr, 2 fM, 3 Lm, 2 M überspr, 1 MoStb, 3 Lm, 2 M überspr, 4 fM, 2 Lm, 1 M überspr, 4 fM, 3 Lm, 2 M überspr; ab * bis zu den letzten 4 M wdh, 3 MoStb, 1 fM, wenden.

Reihe 32: 1 Lm, 4 fM, 3 Lm, 3 Lm überspr, 4 fM, 2 Lm, 2 Lm überspr, 4 fM, 3 Lm, 3 Lm überspr, * 1 fM, 3 Lm, 3 Lm überspr, 2 fM, 2 Lm, 2 Lm überspr, 3 fM, 2 Lm, 2 Lm überspr, 2 fM, 3 Lm, 3 Lm überspr, 1 fM, 3 Lm, 3 Lm überspr, 4 fM, 2 Lm, 2 Lm überspr, 4 fM, 3 Lm, 3 Lm überspr; ab * bis zu den letzten 4 M wdh, 4 fM, Fbw, wenden.

Reihe 33: 1 Lm, 1 fM, 4 Lm, 3 M überspr, 2 MoStb, 5 Lm, 4 M überspr, 1 MoStb, 5 Lm, 4 M überspr, 2 MoStb, * 2 Lm, 1 M überspr, 2 MoStb, 3 Lm, 2 M überspr, 1 MoStb, 4 Lm, 3 M überspr, 1 MoStb, 3 Lm, 2 M überspr, 2 MoStb, 2 Lm, 1 M überspr, 2 MoStb, 5 Lm, 4 M überspr, 1 MoStb, 5 Lm, 4 M überspr, 2 MoStb; ab * bis zu den letzten 4 M wdh, 4 Lm, 3 M überspr, 1 fM, wenden.

Reihe 34: 1 Lm, 1 fM, 4 Lm, 4 Lm überspr, 2 fM, 5 Lm, 5 Lm überspr, 1 fM, 5 Lm, 5 Lm überspr, 2 fM, * 2 Lm, 2 Lm überspr, 2 fM, 3 Lm, 3 Lm überspr, 1 fM, 4 Lm, 4 Lm überspr, 1 fM, 3 Lm, 3 Lm überspr, 2 fM, 2 Lm, 2 Lm überspr, 2 fM, 5 Lm, 5 Lm überspr, 1 fM, 5 Lm, 5 Lm überspr, 2 fM; ab * bis zu den letzten 4 M wdh, 4 Lm, 4 Lm überspr, 1 fM, Fbw, wenden.

Reihe 35: 1 Lm, 1 fM, 3 MoStb, 3 Lm, 2 M überspr, 4 MoStb, 2 Lm, 1 M überspr, 4 MoStb, 3 Lm, 2 M überspr, * 1 MoStb, 3 Lm, 2 M überspr, 2 MoStb, 2 Lm, 1 M überspr, 3 MoStb, 2 Lm, 1 M überspr, 2 MoStb, 3 Lm, 2 M überspr, 1 MoStb, 3 Lm, 2 M überspr, 4 MoStb, 2 Lm, 1 M überspr, 4 MoStb, 3 Lm, 2 M überspr; ab * bis zu den letzten 4 M wdh, 3 MoStb, 1 fM, wenden.

Reihe 36: 1 Lm, 4 fM, 3 Lm, 3 Lm überspr, 4 fM, 2 Lm, 2 Lm überspr, 4 fM, 3 Lm, 3 Lm überspr, * 1 fM, 3 Lm, 3 Lm überspr, 2 fM, 2 Lm, 2 Lm überspr, 3 fM, 2 Lm, 2 Lm überspr, 2 fM, 3 Lm, 3 Lm überspr, 1 fM, 3 Lm, 3 Lm überspr, 4 fM, 2 Lm, 2 Lm überspr, 4 fM, 3 Lm, 3 Lm überspr; ab * bis zu den letzten 4 M wdh, 4 fM, Fbw, wenden.

Reihe 37: 1 Lm, 1 fM, 4 Lm, 3 M überspr, 2 MoStb, 4 fM, 1 MoStb, 4 fM, 2 MoStb, * 2 Lm, 1 M überspr, 2 MoStb, 2 fM, 1 MoStb, 3 fM, 1 MoStb, 2 fM, 2 MoStb, 2 Lm, 1 M überspr,

2 MoStb, 4 fM, 1 MoStb, 4 fM, 2 MoStb; ab * bis zu den letzten 4 M wdh, 4 Lm, 3 M überspr, 1 fM, wenden.

Reihe 38: 1 Lm, 1 fM, 4 Lm, 4 Lm überspr, 13 fM, * 2 Lm, 2 Lm überspr, 13 fM; ab * bis zu den letzten 4 M wdh, 4 Lm, 4 Lm überspr, 1 fM, Fbw, wenden.

Reihe 39: 1 Lm, 1 fM, 3 MoStb, * 1 fM, 4 Lm, 3 M überspr, 5 fM, 4 Lm, 3 M überspr, 1 fM, 1 MoStb; ab * bis zu den letzten 3 M wdh, 2 MoStb, 1 fM, wenden.

Reihe 40: 1 Lm, 5 fM, * 4 Lm, 4 Lm überspr, 5 fM, 4 Lm, 4 Lm überspr, 3 fM; ab * bis zu den letzten 2 M wdh, 2 fM, Fbw, wenden.

Reihe 41: 1 Lm, 1 fM, 5 Lm, 4 M überspr, 3 MoStb, 6 Lm, 5 M überspr, 3 MoStb, * 4 Lm, 3 M überspr, 3 MoStb, 6 Lm, 5 M überspr, 3 MoStb; ab * bis zu den letzten 5 M wdh, 5 Lm, 4 M überspr, 1 fM, wenden.

Reihe 42: 1 Lm, 1 fM, 5 Lm, 5 Lm überspr, 3 fM, 6 Lm, 6 Lm überspr, 3 fM, * 4 Lm, 4 Lm überspr, 3 fM, 6 Lm, 6 Lm überspr, 3 fM; ab * bis zu den letzten 5 M wdh, 5 Lm, 5 Lm überspr, 1 fM, Fbw, wenden.

Reihe 43: 1 Lm, 1 fM, 4 MoStb, * 1 fM, 3 Lm, 2 M überspr, 5 MoStb, 3 Lm, 2 M überspr, 1 fM, 3 MoStb; ab * bis zu den letzten 2 M wdh, 1 MoStb, 1 fM, wenden.

Reihe 44: 1 Lm, 6 fM, * 3 Lm, 3 Lm überspr, 5 fM; ab * bis zur letzten M wdh, 1 fM, Fbw, wenden.

Reihe 45: 1 Lm, 1 fM, 6 Lm, 5 M überspr, 2 MoStb, 1 fM, 4 Lm, 3 M überspr, 1 fM, 2 MoStb, 6 Lm, 5 M überspr, * 2 MoStb, 5 fM, 2 MoStb, 6 Lm, 5 M überspr, 2 MoStb, 1 fM, 4 Lm, 3 M überspr, 1 fM, 2 MoStb, 6 Lm, 5 M überspr; ab * bis zur letzten M wdh, 1 fM, wenden.

Reihe 46: 1 Lm, 1 fM, 6 Lm, 6 Lm überspr, 3 fM, 4 Lm, 4 Lm überspr, 3 fM, 6 Lm, 6 Lm überspr, * 9 fM, 6 Lm, 6 Lm überspr, 3 fM, 4 Lm, 4 Lm überspr, 3 fM, 6 Lm, 6 Lm überspr; ab * bis zur letzten M wdh, 1 fM, Fbw, wenden.

Reihe 47: 1 Lm, 1 fM, 5 MoStb, 1 fM, 3 Lm, 2 M überspr, 3 MoStb, 3 Lm, 2 M überspr, 1 fM, * 5 MoStb, 2x [1 fM, 4 Lm, 3 M überspr], 1 fM, 5 MoStb, 1 fM, 3 Lm, 2 M überspr, 3 MoStb, 3 Lm, 2 M überspr, 1 fM; ab * bis zu den letzten 6 M wdh, 5 MoStb, 1 fM, wenden.

Reihe 48: 1 Lm, 7 fM, 3 Lm, 3 Lm überspr, 3 fM, 3 Lm, 3 Lm überspr, 7 fM, * 4 Lm, 4 Lm überspr, 1 fM, 4 Lm, 4 Lm überspr, 7 fM, 3 Lm, 3 Lm überspr, 3 fM, 3 Lm, 3 Lm überspr, 7 fM; ab * wdh, Fbw, wenden.

Reihe 49: 1 Lm, 1 fM, 7 Lm, 6 M überspr, 2 MoStb, 3 fM, 2 MoStb, * 8 Lm, 7 M überspr, 3 MoStb, 1 fM, 3 MoStb, 8 Lm, 7 M überspr, 2 MoStb, 3 fM, 2 MoStb; ab * bis zu den letzten 7 M wdh, 7 Lm, 6 M überspr, 1 fM, wenden.

Reihe 50: 1 Lm, 1 fM, 7 Lm, 7 Lm überspr, 7 fM, * 8 Lm, 8 Lm überspr, 7 fM; ab * bis zu den letzten 7 M wdh, 7 Lm, 7 Lm überspr, 1 fM, Fbw, wenden.

Reihe 51: 1 Lm, 1 fM, 6 MoStb, 1 fM, 6 Lm, 5 M überspr, 1 fM, * 7 MoStb, 1 fM, 6 Lm, 5 M überspr, 1 fM; ab * bis zu den letzten 7 M wdh, 6 MoStb, 1 fM, wenden.

Reihe 52: 1 Lm, 8 fM, 6 Lm, 6 Lm überspr, * 9 fM, 6 Lm, 6 Lm überspr; ab * bis zu den letzten 8 M wdh, 8 fM, Fbw, wenden.

Reihe 53: 1 Lm, 1 fM, 8 Lm, 7 M überspr, 5 MoStb, * 10 Lm, 9 M überspr, 5 MoStb; ab * bis zu den letzten 8 M wdh, 8 Lm, 7 M überspr, 1 fM, wenden.

Reihe 54: 1 Lm, 1 fM, 8 Lm, 8 Lm überspr, 5 fM, * 10 Lm, 10 Lm überspr, 5 fM; ab * bis zu den letzten 8 M wdh, 8 Lm, 8 Lm überspr, 1 fM, Fbw, wenden.

Reihe 55: 1 Lm, 1 fM, 7 MoStb, 1 fM, 4 Lm, 3 M überspr, 1 fM, * 9 MoStb, 1 fM, 4 Lm, 3 M überspr, 1 fM; ab * bis zu den letzten 8 M wdh, 7 MoStb, 1 fM, wenden.

Reihe 56: 1 Lm, 9 fM, 4 Lm, 4 Lm überspr, * 11 fM, 4 Lm, 4 Lm überspr; ab * bis zu den letzten 9 M wdh, 9 fM, Fbw, wenden.

Reihe 57: 1 Lm, 1 fM, 9 Lm, 8 M überspr, 3 MoStb, * 12 Lm, 11 M überspr, 3 MoStb; ab * bis zu den letzten 9 M wdh, 9 Lm, 8 M überspr, 1 fM, wenden.

Reihe 58: 1 Lm, 1 fM, 9 Lm, 9 Lm überspr, 3 fM, * 12 Lm, 12 Lm überspr, 3 fM; ab * bis zu den letzten 9 M wdh, 9 Lm, 9 Lm überspr, 1 fM, Fbw, Farbe B beenden, wenden.

Reihe 59: 1 Lm, 1 fM, 8 MoStb, 3 fM, * 11 MoStb, 3 fM; ab * bis zu den letzten 9 M wdh, 8 MoStb, 1 fM, wenden.

Reihe 60: 1 Lm, fM, Fbw zu C, wenden.

Reihen 61–284: Die Reihen 5–60 noch 4x wdh, dabei am Ende jeder Reihe 60 nacheinander von C zu D zu C zu B wechseln.

Reihen 285–286: Mit Farbe A die Reihe 60 noch 2x wdh.

Die Fäden abschneiden und vernähen.

BORTE

Runde 1 (RS): Farbe E oben rechts anschlingen, 1 LM (zählt nie als M), (1 fM, 2 Lm, 1 fM) in dieselbe M, 1 fM in jede M des oberen Rands, (1 fM, 2 Lm, 1 fM) in die letzte M, die Arbeit um 90 Grad drehen, fM in die nächsten 3 Randm, * 1 Randm überspr, fM in die nächsten 4 Randm; ab * bis zum Ende der langen Seite wdh, mit einer beliebigen M im Rapport enden, die Arbeit drehen, (1 fM, 2 Lm, 1 fM) in die 1. M des unteren Rands, 1 fM in jede M des unteren Rands, (1 fM, 2 Lm, 1 fM) in die letzte M, die Arbeit drehen, fM in die nächsten 3 Randm, ** 1 Randm überspr, fM in die nächsten 4 Randm; ab ** bis zum Ende der langen Seite wdh, mit einer beliebigen M im Rapport enden, mit 1 Km in die 1. fM zur Runde schließen, wenden.

Runde 2 (LS): 1 Lm, * 1 fM in jede M bis 2 Lm-Kette, (1 fM, 2 Lm, 1 fM) in die Lm-Kette; ab * wdh, Km in die 1. fM.

Die Fäden abschneiden und vernähen.

TOP-TIPP

Eine Reihe aus Fransen in Farbe E sähe toll aus, wenn du den Rand noch aufwendiger gestalten möchtest.

LEVEL

NEBENPROJEKT:

Häuser-Wandbehang in Neon

Dieses Projekt schreit schier danach, individuell gestaltet zu werden … vielleicht mit Fransen UND Bommeln? Wie wäre es mit einem gestreiften Hintergrund in Regenbogenfarben? Glitzernder Aufhängung? Ich hätte so viele dieser Wandbehänge machen können, aber es passte nur einer in das Buch. Also entschied ich mich für Neon – mit einem leuchtenden, fröhlichen Neonpink liegt man eigentlich nie falsch.

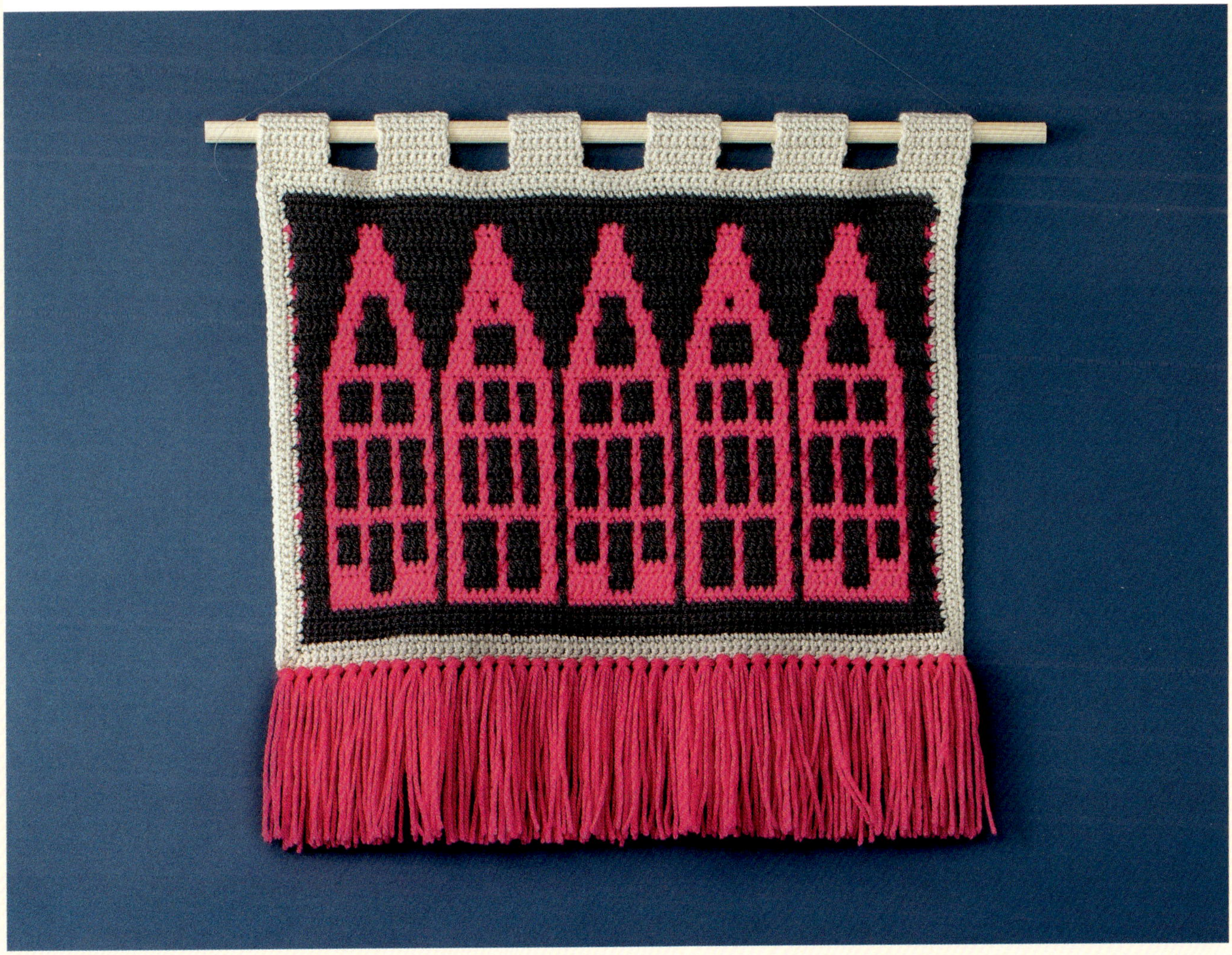

DU BENÖTIGST

GARN

Scheepjes Colour Crafter (100 % Acryl), DK/Light Worsted, 100 g (300 m), in den folgenden Farbtönen:

Pollare (2018); 1 Knäuel (A)

Hilversum (1257); 1 Knäuel (B)

Zandvoort (1218); 1 Knäuel (C)

NADEL

4 mm Häkelnadel

WEITERE HILFSMITTEL UND MATERIALIEN

50 cm langer Holzstab, 12 mm Durchmesser

70 cm unsichtbarer Faden

Wollnadel

MASCHEN IM RAPPORT

Maschenzahl teilbar durch 28 + 22 M für die anfängliche Luftmaschenkette

MASCHENPROBE

20 M und 24 R = 10 cm x 10 cm im Muster mit einer 4 mm Häkelnadel

FERTIGE GRÖSSE

Der Hauptteil misst 42 cm x 28 cm nach dem Spannen, ohne Aufhängungen und Fransen

Der Wandbehang misst 42 cm x 41 cm

Hinweis

Der Hauptteil wird in den Farben A und B gearbeitet und dann in C eingefasst. Nach leichtem Spannen werden Aufhängungen in C am oberen Rand angefügt und eine Reihe Fransen in B am unteren Rand. Schließlich wird der Holzstab durch die Aufhängungen geführt, und der unsichtbare Faden wird angebracht.

ANLEITUNG

Hauptteil

Mit Farbe A 78 Lm anschlagen.

Reihe 1 (RS): 1 fM in die 2. Lm ab der Nadel und in jede Lm bis zum Ende, wenden. (77 M)

Reihen 2–59: Arbeite im Muster für die Häuserreigen-Decke. Beginne mit Farbe A in Reihe 2 und ende mit Reihe 59. Verwende dabei A und B wie angegeben.

Reihen 60–62: Mit Farbe A 1 Lm, 1 fM in jede M, wenden.

Beide Fäden abschneiden und vernähen.

BORTE

Runde 1 (RS): Farbe C oben rechts anschlingen, 1 LM (zählt nie als M), (1 fM, 2 Lm, 1 fM) in dieselbe M, 1 fM in jede M des oberen Rands, (1 fM, 2 Lm, 1 fM) in die letzte M, die Arbeit um 90 Grad drehen, fM in die nächsten 3 Randm, * 1 Randm überspr, fM in die nächsten 4 Randm; ab * bis zum Ende der kurzen Seite wdh, mit einer beliebigen M im Rapport enden, die Arbeit drehen, (1 fM, 2 Lm, 1 fM) in die 1. M des unteren Rands, 1 fM in jede M des unteren Rands, (1 fM, 2 Lm, 1 fM) in die letzte M, die Arbeit drehen, fM in die nächsten 3 Randm, ** 1 Randm überspr, fM in die nächsten 4 Randm; ab ** bis zum Ende der kurzen Seite wdh, mit einer beliebigen M im Rapport enden, mit 1 Km in die 1. fM zur Runde schließen, wenden.

TOP-TIPP

Dieses Projekt wäre ein tolles Geschenk zum Einzug.

Runde 2 (LS): 1 Lm, * fM bis zur Lm-Kette der Vorrunde, (1 fM, 2 Lm, 1 fM) in die Lm-Kette; ab * ringsum wdh, mit 1 Km in die 1. fM zur Runde schließen, wenden.

Runde 3 (RS): 1 Lm, * fM bis zur Lm-Kette der Vorrunde, (1 fM, 2 Lm, 1 fM) in die Lm-Kette; ab * ringsum bis zur letzten Seite wdh, mit 1 Km in die 1. fM zur Runde schließen.

Die Fäden abschneiden und vernähen.

Den Hauptteil leicht spannen, um ihn in eine perfekte rechteckige Form zu bringen.

AUFHÄNGUNGEN

(6 Stück)

Am oberen Rand entlang arbeiten.

Mit RS vorne Farbe C in einer Lm-Kette in der rechten oberen Ecke anschlingen. Einen langen Faden zum Nähen hängen lassen.

* **Reihe 1 (RS):** 1 Lm (zählt nie als M), 1 fM in dieselbe Lm-Kette, 7 fM, wenden. (8 fM)

Reihen 2–14: 1 Lm, 8 fM, wenden. (8 fM)

Am Ende von Reihe 14 die Fäden abschneiden und vernähen.

Zur LS umklappen und mit dem langen Fadenende den oberen Rand von Reihe 14 mit Überwendlingsstich am unteren Rand von Reihe 1 festnähen, um eine Aufhängung zu bilden. **

Mit RS vorne die nächsten 7 M am oberen Rand des Hauptteils überspringen, Farbe C in der nächsten M anschlingen (ein langes Fadenende zum Nähen hängen lassen); von * bis ** wdh.

Auf diese Weise am oberen Rand des Hauptteils entlang arbeiten, 7 M zwischen den Aufhängungen überspr, die letzte Aufhängung in die letzten 8 M arbeiten (2 Lm in der oberen linken Ecke zählen als letzte M).

Die Fäden abschneiden und vernähen.

Einen Stab durch die Aufhängungen führen. Den unsichtbaren Faden an beiden Enden der Stange anbringen und den losen Faden zum Verstecken unter die Aufhängung schieben.

FRANSENABSCHLUSS

(41 Stück)

Vom Garn B 4 Fäden mit 25 cm Länge zuschneiden, zusammenhalten und auf die Hälfte falten. Das Schlaufenende durch die 1. M in der unteren linken Ecke des Hauptteils ziehen (in eine Wollnadel fädeln und durch die M führen, wenn das einfacher ist). Die abgeschnittenen Enden durch die Schlaufe führen, dann zum Abschluss vorsichtig hindurchziehen. Alle 2 M entlang dem unteren Rand wdh. Die Fransen sauber auf die gleiche Länge abschneiden.

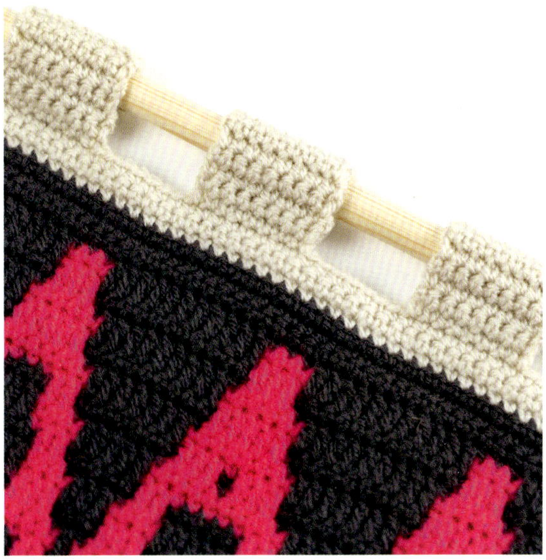

LEVEL

YES-Decke

Eine farbenfrohe Explosion der Zuversicht! Yes ist das perfekte Wort zum Häkeln – so ein klares, schönes Wort, das so viel aussagt. Ich bin sehr dankbar für unsere fantastische, weltweite Gemeinschaft der BastlerInnen und HandarbeitsliebhaberInnen: Sie ist offen, ermutigend, inspirierend und unglaublich positiv. Yes ist ein Design, das all dies feiert! Ich bin der Überzeugung, dass wir bessere Menschen sind, wenn wir Sachen schaffen und Beziehungen zueinander aufbauen. Und bei der Gelegenheit können wir auch gleich unsere wilde Farbenliebe ausleben.

DU BENÖTIGST

GARN

Scheepjes Colour Crafter (100 % Acryl), DK/Light Worsted, 100 g (300 m), in den folgenden Farbtönen:

Zandvoort (1218); 4 Knäuel (A)

Hilversum (1257); 1 Knäuel (B)

Drachten (1827); 1 Knäuel (C)

Pollare (2018); 2 Knäuel (D)

Nijmegen (1712); 1 Knäuel (E)

Leuven (2008); 1 Knäuel (F)

NADEL

5,5 mm Häkelnadel

ANDERE HILFSMITTEL

Pompon-Maker, 45 mm

MASCHEN IM RAPPORT

Maschenzahl teilbar durch 28 + 4 M für die anfängliche Luftmaschenkette

MASCHENPROBE

14 M und 18 R = 10 cm x 10 cm im Muster mit einer 5,5 mm Häkelnadel

FERTIGE GRÖSSE

Etwa 102 cm x 137 cm ohne Bommel

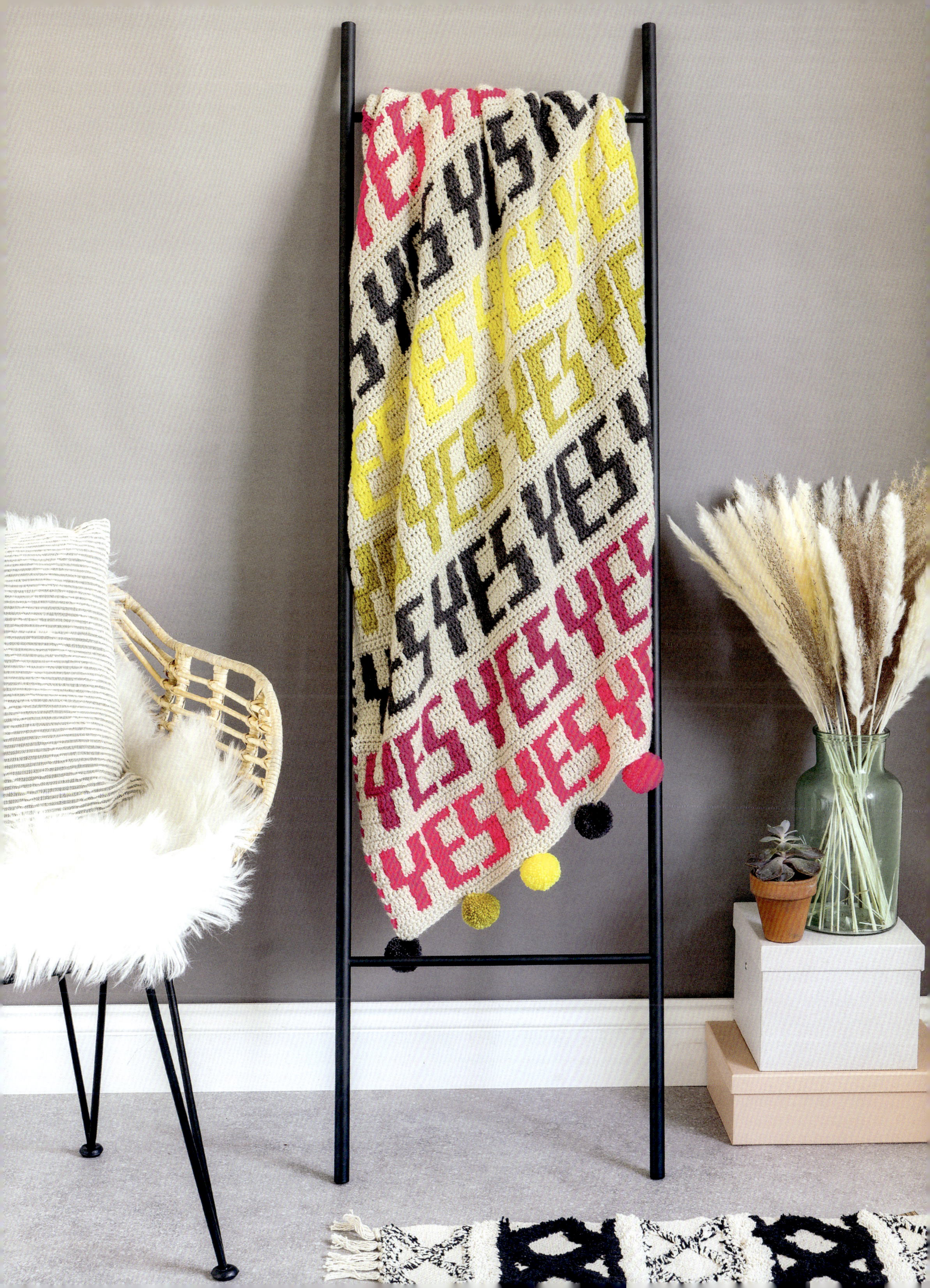

Hinweise

Farbe A bleibt als Hintergrundfarbe immer im Einsatz. Elf Yes-Abschnitte werden in der folgenden Garnabfolge gearbeitet: B, C, D, E, F, D, B, C, D, E, F. Den ersten Yes-Abschnitt wie angegeben in A und B arbeiten, dann die neuen Farben jeweils nacheinander zu Beginn von Reihe 5 verbinden und am Ende von Reihe 22 abschneiden. Die Decke wird nicht eingefasst, sodass kleine Farbtupfer an den beiden langen Seiten zu sehen sind.

Die 20 Bommel werden in den Farben B bis F gearbeitet, 10 für jede Seite. Am unteren Rand die Bommel in der folgenden Reihenfolge anbringen: D, E, F, D, B, C, D, E, F, D. Am oberen Rand die Bommel in der folgenden Reihenfolge anbringen: D, B, C, D, E, F, D, B, C, D.

ANLEITUNG

Mit Farbe A 144 Lm anschlagen.

Reihe 1 (RS): 1 fM in die 2. Lm ab der Nadel und in jede Lm bis zum Ende, wenden. (143 M)

Reihen 2–4: 1 Lm (zählt nie als M), 1 fM in jede M, wenden. Fbw zu B am Ende von Reihe 4.

Reihe 5: 1 Lm, 1 fM, 3 Lm, 2 M überspr, 7 fM, 2 Lm, 1 M überspr, 7 fM, 5 Lm, 4 M überspr, 3 fM, * 7 Lm, 6 M überspr, 7 fM, 2 Lm, 1 M überspr, 7 fM, 5 Lm, 4 M überspr, 3 fM; ab * bis zu den letzten 6 M wdh, 6 Lm, 5 M überspr, 1 fM, wenden.

Reihe 6: 1 Lm, 1 fM, 6 Lm, 6 Lm überspr, 3 fM, 5 Lm, 5 Lm überspr, 7 fM, 2 Lm, 2 Lm überspr, 7 fM, * 7 Lm, 7 Lm überspr, 3 fM, 5 Lm, 5 Lm überspr, 7 fM, 2 Lm, 2 Lm überspr, 7 fM; ab * bis zu den letzten 3 M wdh, 3 Lm, 3 Lm überspr, 1 fM, Fbw zu A, wenden.

Reihe 7: 1 Lm, 1 fM, 2 MoStb, 4 Lm, 3 M überspr, 4 fM, 1 MoStb, 4 fM, 4 Lm, 3 M überspr, 4 MoStb, 4 Lm, 3 M überspr, * 6 MoStb, 4 Lm, 3 M überspr, 4 fM, 1 MoStb, 4 fM, 4 Lm, 3 M überspr, 4 MoStb, 4 Lm, 3 M überspr; ab * bis zu den letzten 6 M wdh, 5 MoStb, 1 fM, wenden.

Reihe 8: 1 Lm, * 6 fM, 4 Lm, 4 Lm überspr, 4 fM, 4 Lm, 4 Lm überspr, 9 fM, 4 Lm, 4 Lm überspr; ab * bis zu den letzten 3 M wdh, 3 fM, Fbw, wenden.

Reihe 9: 1 Lm, 1 fM, 3 Lm, 2 M überspr, 3 MoStb, 10 Lm, 9 M überspr, 3 MoStb, 5 Lm, 4 M überspr, 3 MoStb, * 7 Lm, 6 M überspr, 3 MoStb, 10 Lm, 9 M überspr, 3 MoStb, 5 Lm, 4 M überspr, 3 MoStb; ab * bis zu den letzten 6 M wdh, 6 Lm, 5 M überspr, 1 fM, wenden.

Reihe 10: 1 Lm, 1 fM, 6 Lm, 6 Lm überspr, 3 fM, 5 Lm, 5 Lm überspr, 3 fM, 10 Lm, 10 Lm überspr, 3 fM, * 7 Lm, 7 Lm überspr, 3 fM, 5 Lm, 5 Lm überspr, 3 fM, 10 Lm, 10 Lm überspr, 3 fM; ab * bis zu den letzten 3 M wdh, 3 Lm, 3 Lm überspr, 1 fM, Fbw, wenden.

Reihe 11: 1 Lm, 1 fM, 2 MoStb, 4 Lm, 3 M überspr, 9 MoStb, 4 Lm, 3 M überspr, 4 MoStb, 4 Lm, 3 M überspr, * 6 MoStb, 4 Lm, 3 M überspr, 9 MoStb, 4 Lm, 3 M überspr, 4 MoStb, 4 Lm, 3 M überspr; ab * bis zu den letzten 6 M wdh, 5 MoStb, 1 fM, wenden.

Reihe 12: 1 Lm, * 6 fM, 4 Lm, 4 Lm überspr, 4 fM, 4 Lm, 4 Lm überspr, 9 fM, 4 Lm, 4 Lm überspr; ab * bis zu den letzten 3 M wdh, 3 fM, Fbw, wenden.

Reihe 13: 1 Lm, 1 fM, 3 Lm, 2 M überspr, 3 MoStb, 4 fM, 2 Lm, 1 M überspr, 4 fM, 3 MoStb, 2 Lm, 1 M überspr, 3 fM, 3 MoStb, 3 fM, * 4 Lm, 3 M überspr, 3 MoStb, 4 fM, 2 Lm, 1 M überspr, 4 fM, 3 MoStb, 2 Lm, 1 M überspr, 3 fM, 3 MoStb, 3 fM; ab * bis zu den letzten 3 M wdh, 3 Lm, 2 M überspr, 1 fM, wenden.

Reihe 14: 1 Lm, 1 fM, 3 Lm, 3 Lm überspr, 9 fM, 2x [2 Lm, 2 Lm überspr, 7 fM], * 4 Lm, 4 Lm überspr, 9 fM, 2x [2 Lm, 2 Lm überspr, 7 fM]; ab * bis zu den letzten 3 M wdh, 3 Lm, 3 Lm überspr, 1 fM, Fbw, wenden.

Reihe 15: 1 Lm, 1 fM, 2 MoStb, 4 fM, 4 Lm, 3 M überspr, 1 MoStb, 4 fM, 4 Lm, 3 M überspr, 1 MoStb, 4 Lm, 3 M überspr, 3 fM, 4 Lm, 3 M überspr, * 3 MoStb, 4 fM, 4 Lm, 3 M überspr, 1 MoStb, 4 fM, 4 Lm, 3 M überspr, 1 MoStb, 4 Lm, 3 M überspr, 3 fM, 4 Lm, 3 M überspr; ab * bis zu den letzten 3 M wdh, 2 MoStb, 1 fM, wenden.

Reihe 16: 1 Lm, * 2x [3 fM, 4 Lm, 4 Lm überspr], 1 fM, 4 Lm, 4 Lm überspr, 5 fM, 4 Lm, 4 Lm überspr, 4 fM; ab * bis zu den letzten 3 M wdh, 3 fM, Fbw, wenden.

Reihe 17: 1 Lm, 1 fM, 7 Lm, 6 M überspr, 3 MoStb, 6 Lm, 5 M überspr, 3 MoStb, 2 Lm, 1 M überspr, 3 MoStb, 4 Lm, 3 M überspr, 3 MoStb, * 8 Lm, 7 M überspr, 3 MoStb, 6 Lm, 5 M überspr, 3 MoStb, 2 Lm, 1 M überspr, 3 MoStb, 4 Lm, 3 M überspr, 3 MoStb; ab * bis zu den letzten 3 M wdh, 3 Lm, 2 M überspr, 1 fM, wenden.

Reihe 18: 1 Lm, 1 fM, 3 Lm, 3 Lm überspr, 3 fM, 4 Lm, 4 Lm überspr, 3 fM, 2 Lm, 2 Lm überspr, 3 fM, 6 Lm, 6 Lm überspr, 3 fM, * 8 Lm, 8 Lm überspr, 3 fM, 4 Lm, 4 Lm überspr, 3 fM, 2 Lm, 2 Lm überspr, 3 fM, 6 Lm, 6 Lm überspr, 3 fM; ab * bis zu den letzten 7 M wdh, 7 Lm, 7 Lm überspr, 1 fM, Fbw, wenden.

Reihe 19: 1 Lm, 1 fM, 6 MoStb, 4 Lm, 3 M überspr, 5 MoStb, 4 Lm, 3 M überspr, 1 MoStb, 4 Lm, 3 M überspr, 3 MoStb, 4 Lm, 3 M überspr, * 7 MoStb, 4 Lm, 3 M überspr, 5 MoStb, 4 Lm, 3 M überspr, 1 MoStb, 4 Lm, 3 M überspr, 3 MoStb, 4 Lm, 3 M überspr; ab * bis zu den letzten 3 M wdh, 2 MoStb, 1 fM, wenden.

Reihe 20: 1 Lm, * 2x [3 fM, 4 Lm, 4 Lm überspr], 1 fM, 4 Lm, 4 Lm überspr, 5 fM, 4 Lm, 4 Lm überspr, 4 fM; ab * bis zu den letzten 3 M wdh, 3 fM, Fbw, wenden.

Reihe 21: 1 Lm, 1 fM, 3 Lm, 2 M überspr, 2x [4 fM, 3 MoStb, 2 Lm, 1 M überspr], 3 MoStb, 4 Lm, 3 M überspr, 3 MoStb,

TOP-TIPP

Dies ist kein symmetrisches Design – konzentriere dich bei den Rückreihen, da sie umgekehrt zu den Hinreihen gearbeitet werden.

* 4 Lm, 3 M überspr, 2x [4 fM, 3 MoStb, 2 Lm, 1 M überspr], 3 MoStb, 4 Lm, 3 M überspr, 3 MoStb; ab * bis zu den letzten 3 M wdh, 3 Lm, 2 M überspr, 1 fM, wenden.

Reihe 22: 1 Lm, 1 fM, 3 Lm, 3 Lm überspr, 3 fM, 4 Lm, 4 Lm überspr, 3 fM, 2x [2 Lm, 2 Lm überspr, 7 fM], * 2x [4 Lm, 4 Lm überspr, 3 fM], 2x [2 Lm, 2 Lm überspr, 7 fM]; ab * bis zu den letzten 3 M wdh, 3 Lm, 3 Lm überspr, 1 fM, Fbw, Farbe B beenden, wenden.

Reihe 23: Mit A, 1 Lm, 1 fM, 2 MoStb, 2x [7 fM, 1 MoStb], 3 fM, 3 MoStb, 3 fM, * 3 MoStb, 2x [7 fM, 1 MoStb], 3 fM, 3 MoStb, 3 fM; ab * bis zu den letzten 3 M wdh, 2 MoStb, 1 fM, wenden.

Reihen 24–26: 1 Lm, 1 fM in jede M, wenden. Fbw zu C am Ende von Reihe 26, A nicht beenden.

Reihen 27–246: Die Reihen 5–26 noch 10x wdh. Dabei die Garnabfolge in den Hinweisen befolgen.

Die Fäden abschneiden und vernähen.

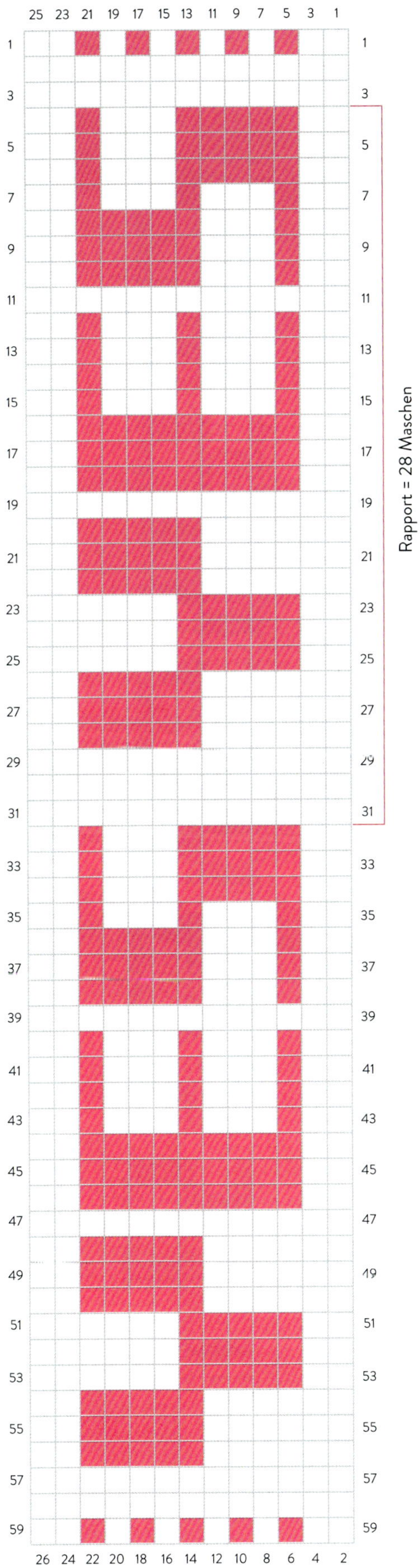

LEGENDE

A B, C, D, E oder F

Jedes Quadrat stellt eine Masche dar.

Um nach diesem Diagramm zu arbeiten, drehe es um 90 Grad im Uhrzeigersinn. Lies alle ungeraden Reihen (RS) von rechts nach links und alle geraden Reihen (LS) von links nach rechts.

Arbeite zunächst 1x die Reihen 1–26, dann wdh stets die Reihen 5–26.

TOP-TIPP

Dieses Muster ist nicht symmetrisch. LinkshänderInnen sollten nach dem Diagramm arbeiten (und die Reihen in der entgegengesetzten Richtung zur angegebenen häkeln, also beginnend mit Reihe 2, dann Reihe 1, Reihe 4, dann Reihe 3 usw.), statt nach der schriftlichen Anleitung.

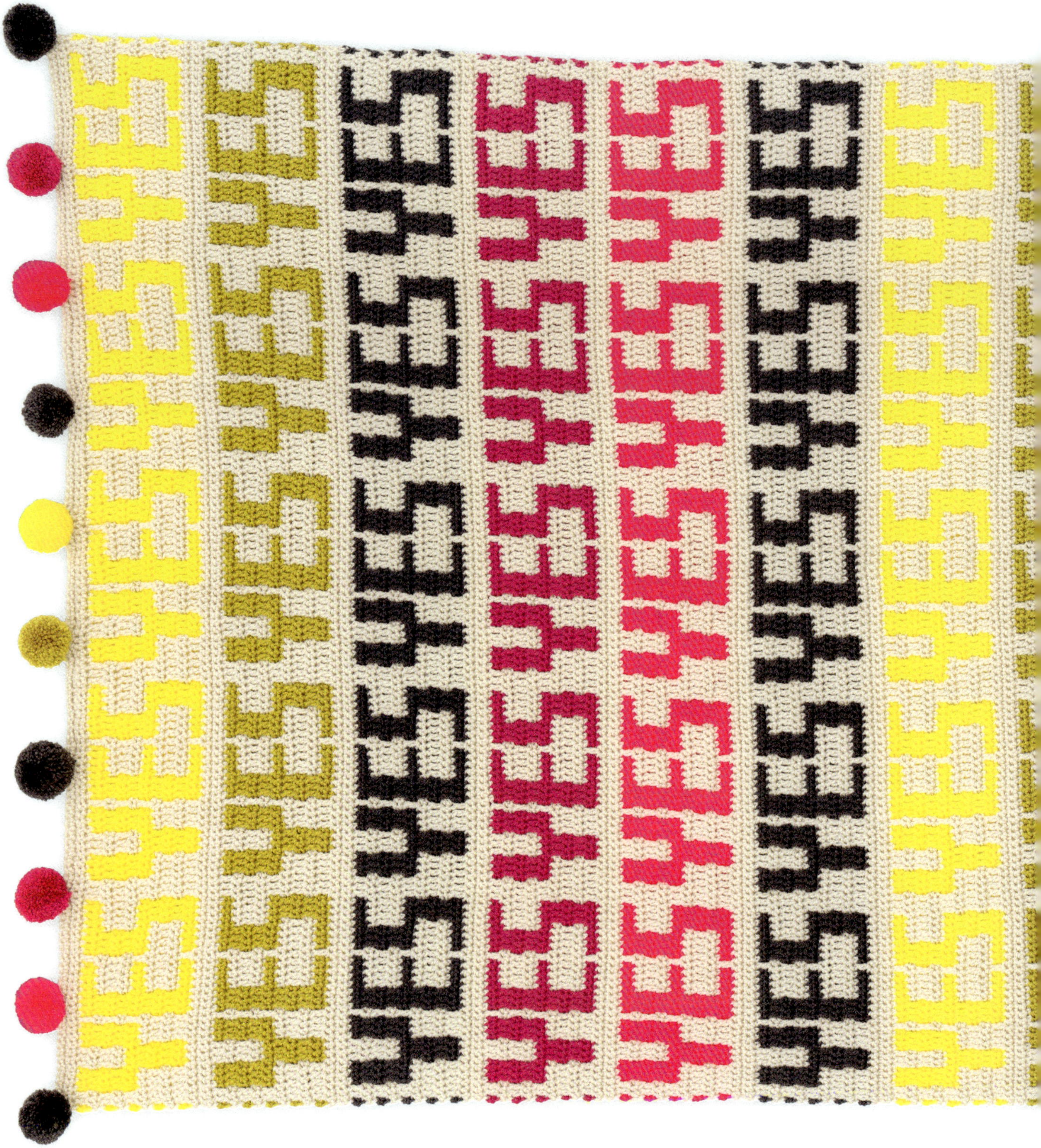

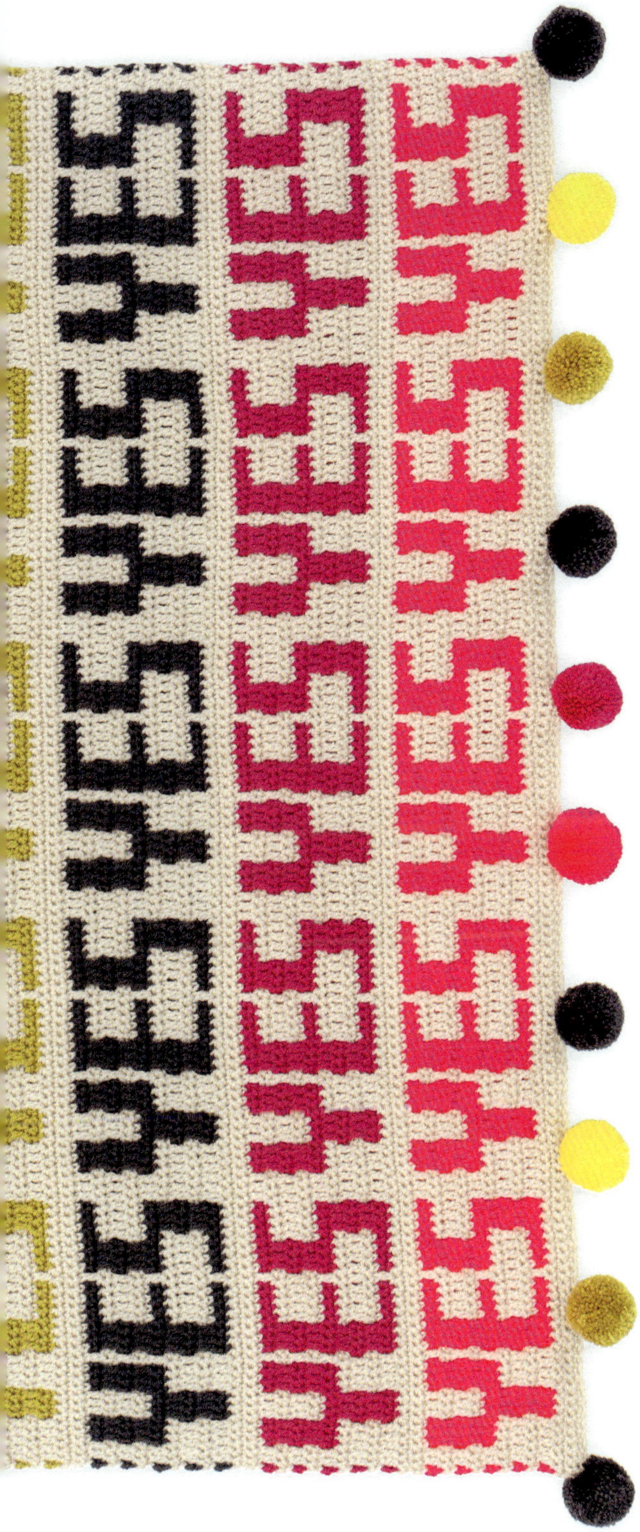

BOMMEL

(20 Stück)

Mit dem Pompon-Maker je 3 Bommel in B, C, E und F und 8 in D anfertigen. In Form schneiden. An jeder Ecke der Decke 1 Bommel annähen und jeweils 8 Bommel in regelmäßigen Abständen entlang den kurzen Seiten verteilen, siehe die Hinweise zur Farbabfolge. Zum Abschluss alle Fäden vernähen.

Farboption

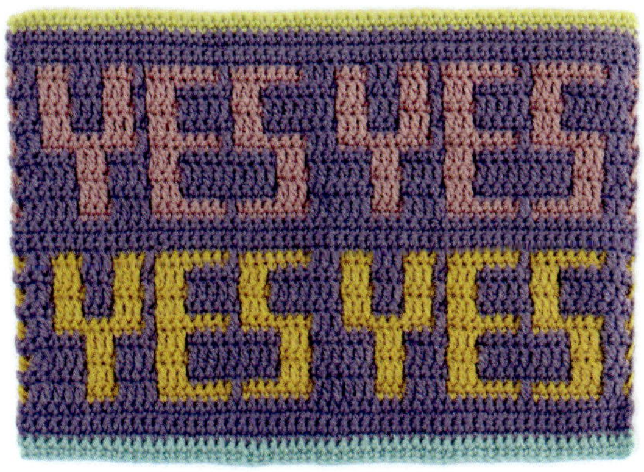

KAUGUMMIFARBEN

Nicht jeder mag Pastellfarben, aber mit etwas kräftigeren Kaugummifarben kann man diese traditionelle Palette definitiv moderner gestalten. Ein Farbtupfer in Türkis und kräftiges Lila machen das Ganze lebendig und interessant. Hübsch, aber dabei auch ausdrucksstark!

LEVEL

NEBENPROJEKT:

Rebellinnen-Regenbogen-Tasche

Kunterbunte Regenbogenstreifen und ein großer Yes-Slogan: Diese Tasche zieht die Blicke auf sich. Ich will ehrlich sein. Ich kaufe nicht gerne ein. Ich nehme meine Sachen, bezahle und bin so schnell wie möglich wieder draußen. Aber ich LIEBE eine schöne Tasche. Daher dieses Projekt, das tatsächlich meine Einkaufslaune extrem verbessert hat. Wenn du das Spiegelbild deiner Tasche im Supermarktfenster bewunderst, dann weißt du, dass Einkaufen jetzt doch irgendwie Spaß macht.

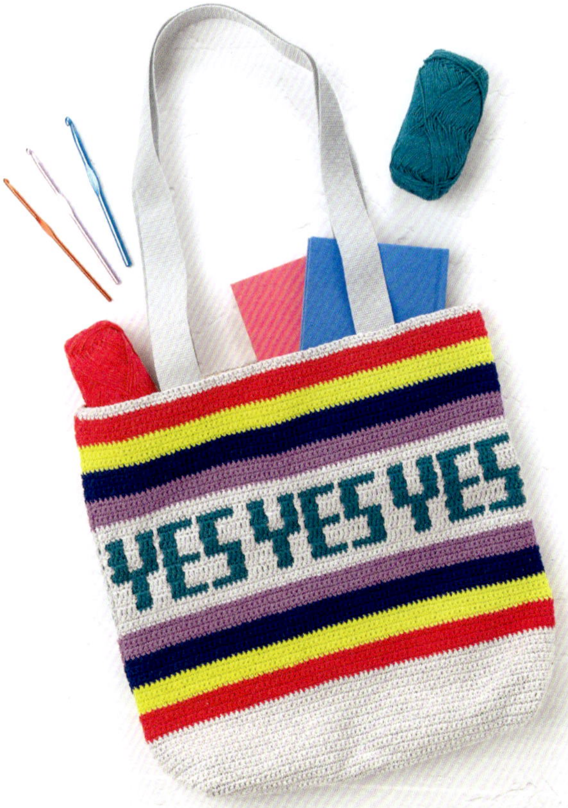

DU BENÖTIGST

GARN

Scheepjes Linen Soft (27 % Leinen/47 % Baumwolle/26 % Acryl), DK/Light Worsted, 50 g (135 m), in den folgenden Farbtönen:

Pale Grey (618); 3 Knäuel (A)

Teal (608); 1 Knäuel (B)

Pink (626); 1 Knäuel (C)

Yellow (631); 1 Knäuel (D)

Dark Blue (611); 1 Knäuel (E)

Purple (625); 1 Knäuel (F)

NADEL

3 mm Häkelnadel

WEITERE HILFSMITTEL UND MATERIALIEN

Etwa 1 m robuster Futterstoff

140 cm festes Gurtband in Grau, 38 mm breit

Nähnadel, Faden und Stecknadeln

Nähmaschine (optional)

Annähbare Magnetschließe (optional)

MASCHEN IM RAPPORT

Maschenzahl teilbar durch 28 + 4 M für die anfängliche Luftmaschenkette

MASCHENPROBE

19 M und 24 R = 10 cm x 10 cm in fM mit einer 3 mm Häkelnadel

FERTIGE GRÖSSE

Die Taschenteile sind jeweils etwa 42 cm breit x 41 cm hoch

Die fertige Tasche ist etwa 40 cm breit x 39 cm hoch, ohne Griffe

ANLEITUNG

Taschenteil

(2 Stück)

Mit Farbe A 88 Lm anschlagen.

Reihe 1 (RS): 1 fM in die 2. Lm ab der Nadel und in jede Lm bis zum Ende, wenden. (87 fM)

Reihen 2–26: 1 Lm (zählt nie als M), 1 fM in jede M, wenden. Fbw zu C am Ende von Reihe 26, Farbe A beenden.

Reihen 27–50: Die Reihe 2 wdh, dabei 6 Reihen in C, 6 Reihen in D, 6 Reihen in E, 6 Reihen in F. Fbw zu A am Ende von Reihe 50, Farbe F beenden.

Reihen 51–54: 1 Lm, 1 fM in jede M, wenden. Fbw zu B am Ende von Reihe 54.

Reihen 55–76: Arbeite im Muster für die Yes-Decke. Beginne mit Farbe B in Reihe 5 und ende mit Reihe 26. Verwende dabei A und B wie angegeben.

Am Ende von Reihe 76 die Farben A und B beenden, Fbw zu F.

Reihen 77–100: Die Reihe 2 wdh, dabei 6 Reihen in F, 6 Reihen in E, 6 Reihen in D, 6 Reihen in C. Fbw zu A am Ende von Reihe 100, Farbe C beenden.

Reihen 101–102: 1 Lm, 1 fM in jede M, wenden.

Farbe A beenden, Fäden vernähen.

Hinweis

Die Tasche besteht aus 2 identischen gehäkelten Teilen, die von unten nach oben gearbeitet werden. Anschließend werden sie zusammengenäht, und Taschenecken werden für eine eckigere Form am Taschenboden gearbeitet, falls gewünscht. Als Nächstes wird das Futter zusammengenäht und in die Tasche gesteckt, die Griffe werden zwischen Futter und gehäkelten Teilen eingeführt und alles wird zusammengenäht. Eine Magnetschließe wird an der Innenseite angenäht, falls gewünscht.

TOP-TIPP

Die Tasche lässt sich ganz leicht individuell gestalten: Du kannst die Farben entsprechend deiner Garderobe ändern, mehr oder weniger bunte Streifen arbeiten ... ganz wie es dir gefällt!

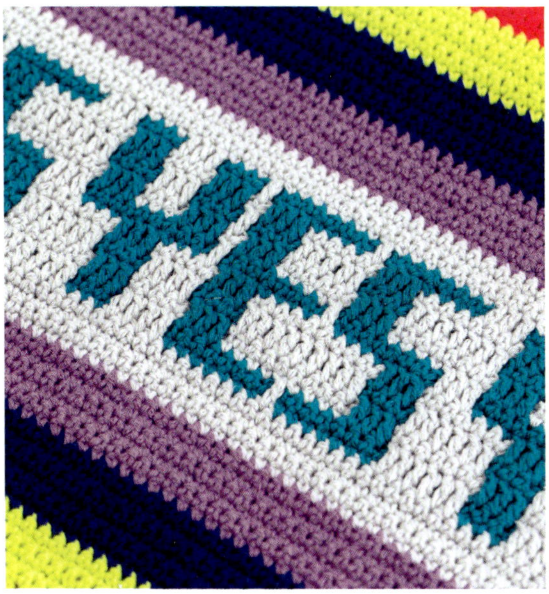

ZUSAMMENNÄHEN

2 Futterteile mit derselben Breite wie die Taschenteile zuschneiden, jedoch in der Höhe für den oberen Saum 2 cm hinzurechnen. Zur Seite legen.

Gehäkelte Teile

Die beiden gehäkelten Teile mit RS zueinander entlang den Seiten und dem unteren Rand zusammenheften oder -stecken. Mit 1 cm Nahtzugabe von Hand oder mit der Maschine um diese 3 Seiten nähen. Den Heftfaden bzw. die Stecknadeln entfernen.

Wenn gewünscht, kannst du folgendermaßen Taschenecken am Boden nähen: Mit LS außen eine untere Ecke flach zu einem Dreieck streichen, sodass die Seitennaht direkt auf der unteren Naht liegt. Die Nahtzugaben auffalten und in 3 cm Abstand von der Spitze eine kleine gerade Linie über das Dreieck nähen. Auf der anderen Seite wdh. Die Spitzen an den unteren Rand der Tasche annähen, um sie zu fixieren. Die Tasche mit RS nach außen wenden.

Futter

Die beiden Futterteile wie bei den gehäkelten Teilen zusammennähen, einschließlich der Taschenecken, falls gewünscht. Eine 1,5 cm breite Nahtzugabe verwenden, damit das Futter etwas kleiner als die Tasche ist. Mit LS außen einen 2 cm Umschlag am oberen Rand auf der LS bügeln. Das Futter in die Tasche stecken, sodass die RS zur Innenseite der Tasche zeigt. Das Futter sollte etwas unterhalb des oberen Rands sitzen, damit es von außen nicht sichtbar ist. Heften oder feststecken. Dabei auf jeder Seite 2 Lücken für die Griffe lassen.

Griffe

Das Gurtband in der Mitte durchschneiden. Die Enden des Gurtbands 2 cm breit in den oberen Saum der Tasche zwischen dem gehäkelten Teil und dem Futter einführen, sodass ein Griff auf jeder Seite der Tasche liegt. Am oberen Rand der Tasche entlang nähen, damit alles einschließlich der Griffe fixiert ist.

Die Magnetschließe am oberen inneren Rand annähen, falls gewünscht.

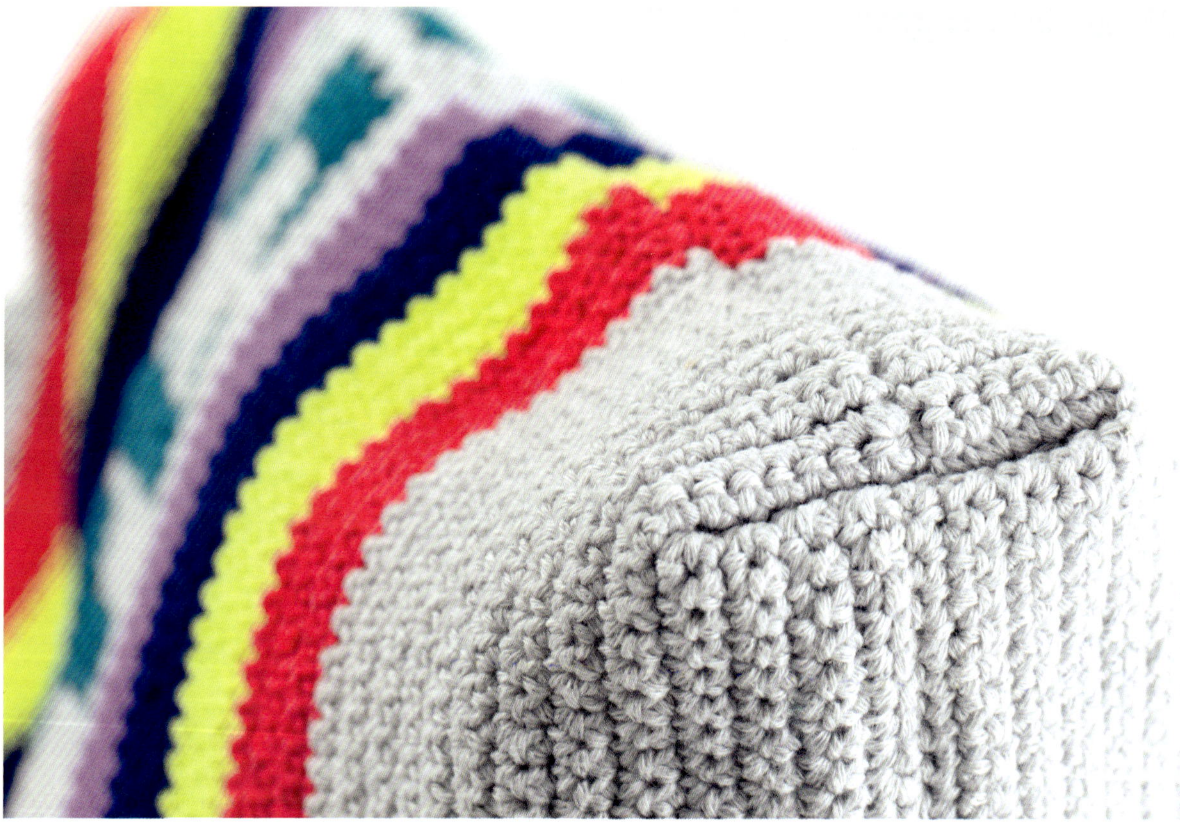

Grundlegende Häkeltechniken

Dies sind die grundlegenden Häkelmaschen, die du benötigst; siehe »Einführung ins Mosaikhäkeln« dazu, wie du das Stäbchen zu einem Mosaikstäbchen (MoStb) machst.

KNOTENSCHLINGE

Eine wichtige Anfangsschlinge beim Häkeln, mit der das Garn an der Nadel befestigt wird.

Bilde etwa 15 cm vom Fadenende eine Garnschlaufe. Führe die Nadel von vorne nach hinten durch die Schlaufe, greife das Garn auf der Knäuelseite und ziehe es durch die Schlaufe nach vorne. (A)

Ziehe beide Fadenenden fest, um die Schlaufe auf der Nadel zu halten. Ziehe sie aber nicht zu fest; die Schlaufe muss etwas locker auf der Nadel liegen. (B)

LUFTMASCHE (LM)

Viele Häkelprojekte beginnen mit einer Luftmaschenkette.

Wenn das Garn mit einer Schlaufe an der Nadel befestigt ist, die Nadel in deiner dominanten Hand und das Arbeitsgarn und das Garnende direkt unter der Nadel in deiner anderen Hand halten. Die Nadel nach hinten und unter das Arbeitsgarn drehen – dies wird als Umschlag (Umschl) bezeichnet – und das Garn greifen. (C)

Das Garn mit der Nadel locker durch die Schlaufe nach vorne ziehen. Die erste Luftmasche ist fertig. Diese Technik wiederholen, um eine Luftmaschenkette zu bilden. (D)

FESTE MASCHE (FM)

Eine kleine, dichte Masche, die die Grundlage für das Mosaikhäkeln bildet.

Führe die Nadel von vorne nach hinten in die Masche ein, Umschlag, ziehe das Garn durch die Masche nach vorne. (E)

Du hast jetzt 2 Schlaufen auf der Nadel. Noch ein Umschlag. (F)

Ziehe das Garn durch die beiden Schlaufen auf der Nadel, um die Masche fertigzustellen. (G)

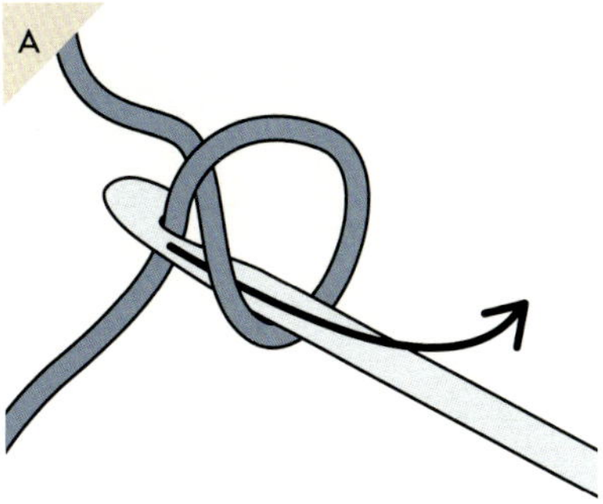

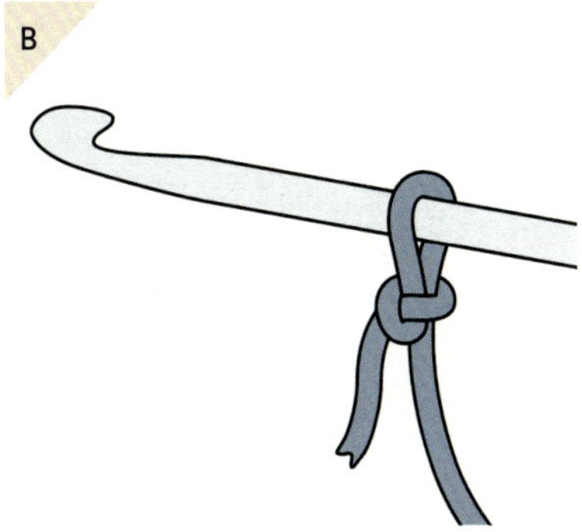

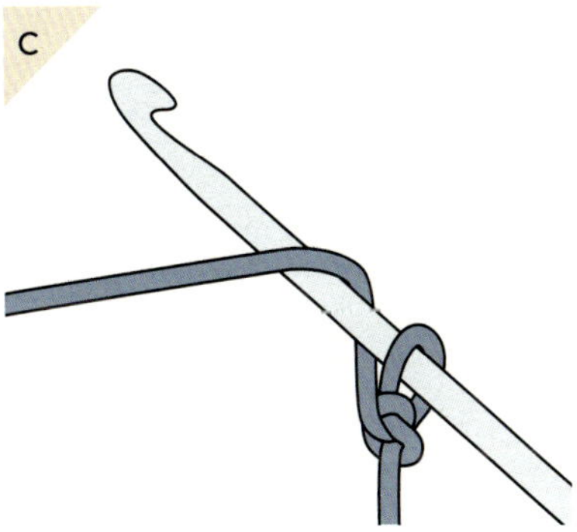

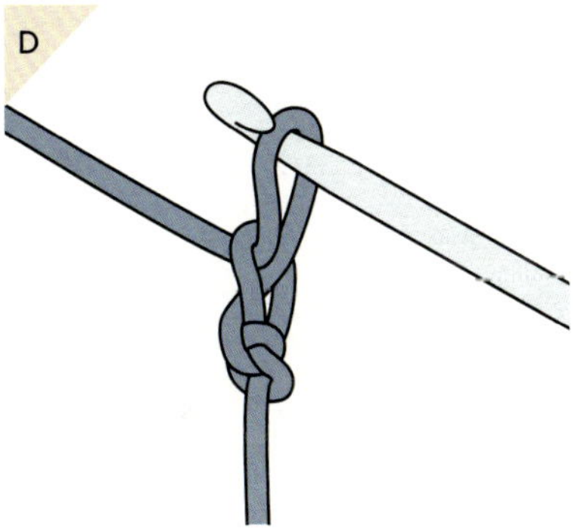

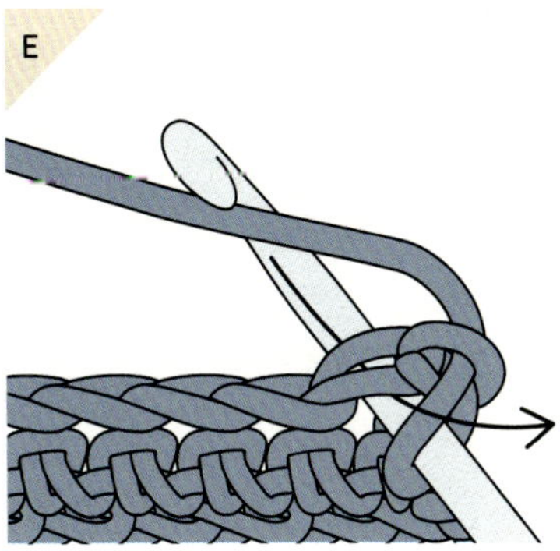

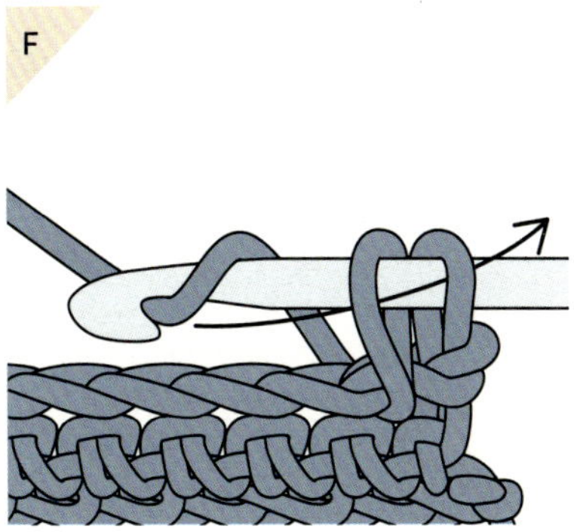

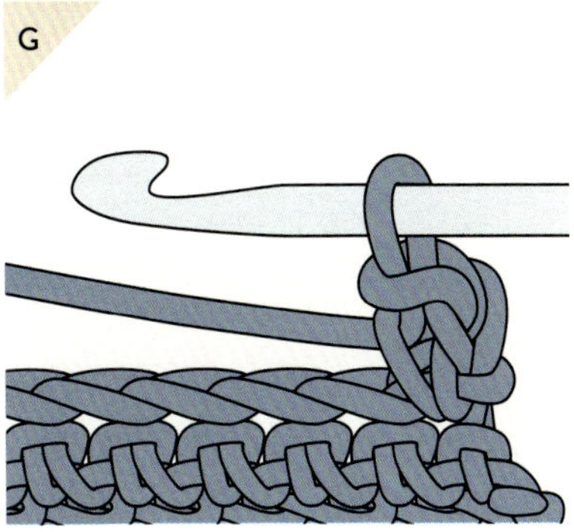

TOP-TIPP

Achte beim Häkeln darauf, dass du die Nadel immer durch beide Glieder der Masche in Schritt 1 führst.

ZWEI FESTE MASCHEN ZUSAMMENHÄKELN (2 FM ZUS)

Eine Masche, mit der 2 Maschen zu 1 Masche zusammengehäkelt werden.

Führe die Nadel von vorne nach hinten in die 1. Masche ein, Umschlag, ziehe das Garn durch die Masche nach vorne (2 Schlaufen auf der Nadel). (H)

Führe die Nadel in die nächste Masche ein, Umschlag, ziehe das Garn durch die Masche (3 Schlaufen auf der Nadel), Umschlag, ziehe das Garn durch alle 3 Schlaufen auf der Nadel, um die Masche fertigzustellen. (I)

HALBES STÄBCHEN (HSTB)

Eine etwas längere Masche als eine feste Masche.

Umschlag, Nadel von vorne nach hinten in die Masche einführen. (J)

Umschlag, ziehe das Garn durch die Masche nach vorne (3 Schlaufen auf der Nadel). (K)

Umschlag, ziehe das Garn durch die 3 Schlaufen auf der Nadel, um die Masche fertigzustellen. (L)

KETTMASCHE (KM)

Eine Masche ohne Höhe, nützlich beim Verbinden von Maschen.

Führe die Nadel von vorne nach hinten in die Masche ein, Umschlag. (M)

Ziehe das Garn durch die Masche und die Schlaufe auf der Nadel, um die Masche fertigzustellen. (N)

H

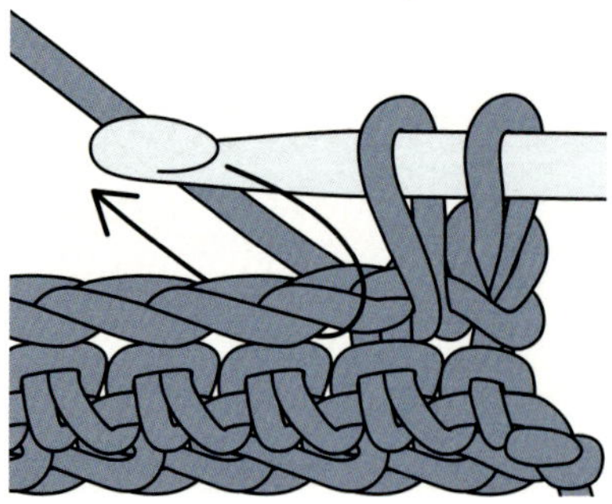

I

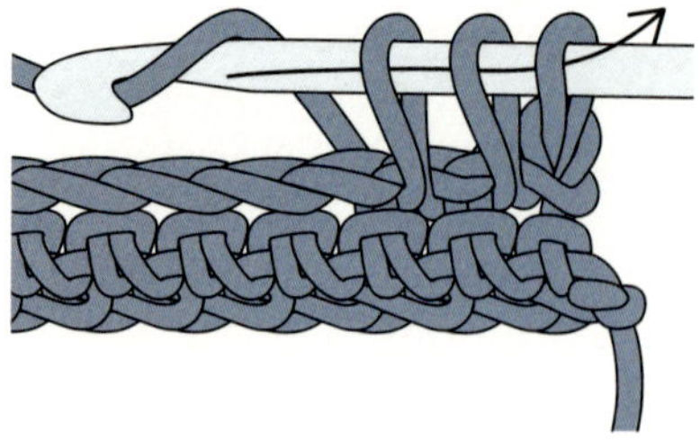

J

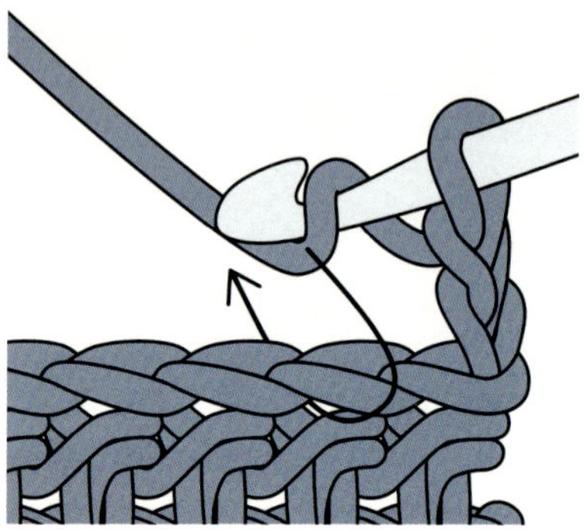

K

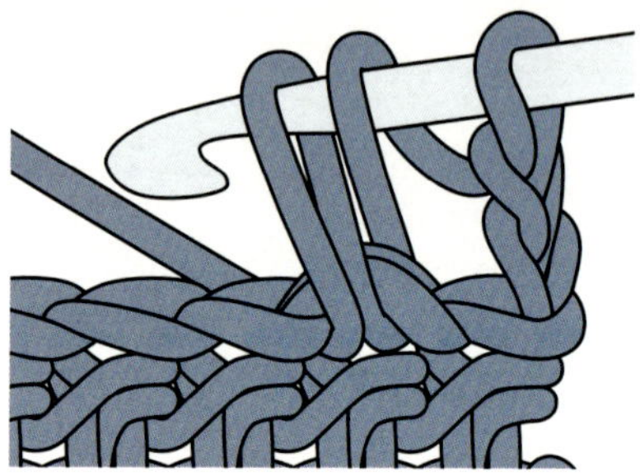

L

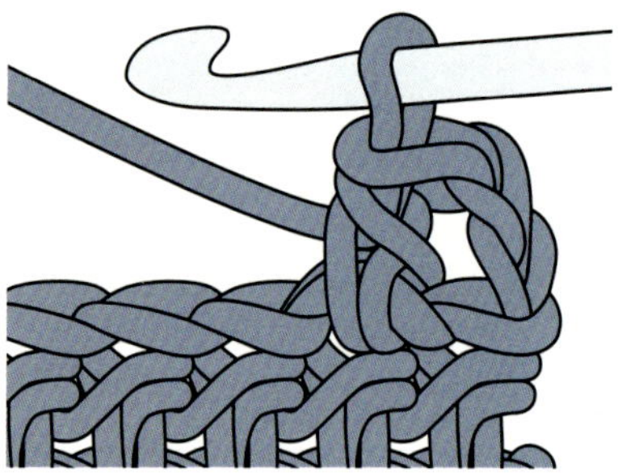

TOP-TIPP

Halbe Stäbchen werden beim üblichen Mosaikhäkeln zwar nicht verwendet, bilden jedoch eine schöne Struktur, die Abschnitte in Mosaikmaschen schön hervorhebt.

M

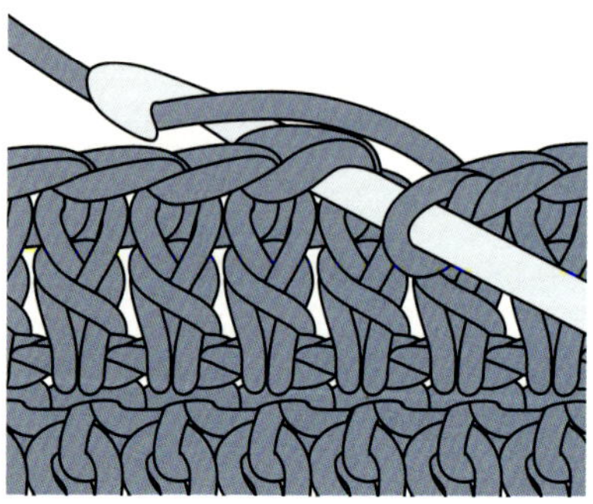

N

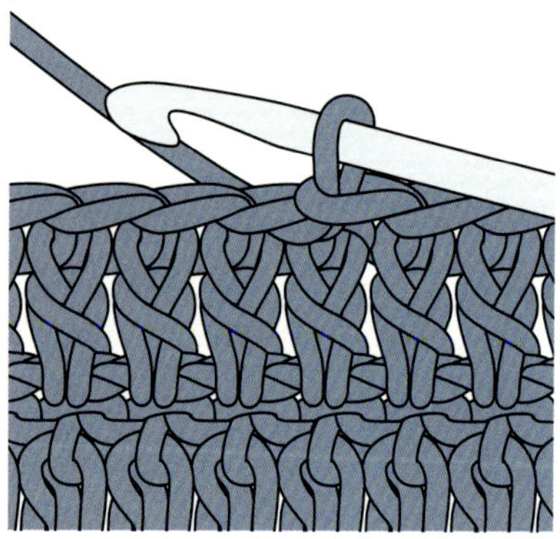

STÄBCHEN (STB)

Eine längere Masche, wichtig für das Mosaikhäkeln.

Umschlag, Nadel von vorne nach hinten in die Masche einführen. (O)

Umschlag und ziehe das Garn durch die Masche nach vorne (3 Schlaufen auf der Nadel). (P)

Umschlag, ziehe das Garn durch die ersten beiden Schlaufen auf der Nadel (2 Schlaufen auf der Nadel). (Q)

Umschlag, ziehe das Garn durch die verbleibenden 2 Schlaufen auf der Nadel, um die Masche fertigzustellen. (R)

EINEN BOMMEL ANFERTIGEN

Um Bommel ohne einen Pompon-Maker anzufertigen, schneide 2 Pappkreise mit demselben Durchmesser wie der Bommel zu. Schneide dann ein Loch in die Mitte der Kreise. Lege die beiden Kreise übereinander und wickele das Garn ganz um die beiden Kreise. (S)

Führe die Spitze einer Schere zwischen die Lagen, schneide durch das ganze Garn am Rand. (T)

Knote einen Faden sehr fest um die Mitte des Bommels, verknote den Faden noch mehrmals, bevor du den Pompon-Maker bzw. die Pappe entfernst. (U)

O

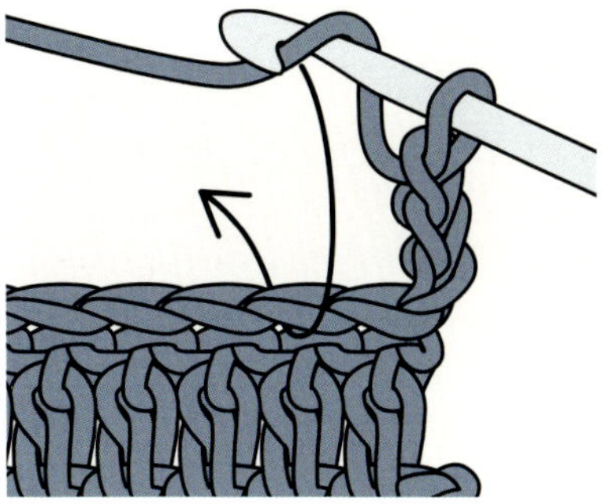

P

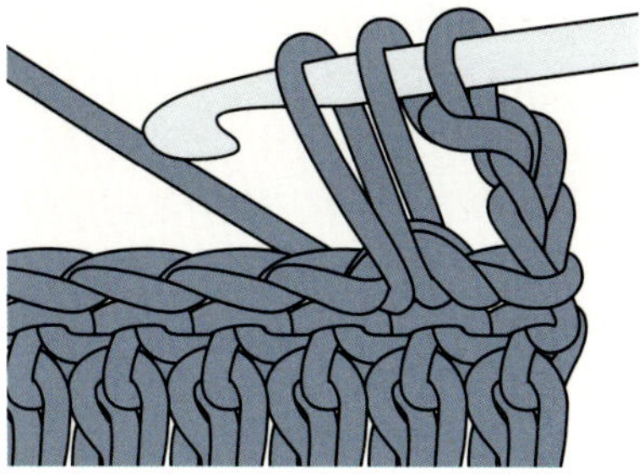

Q

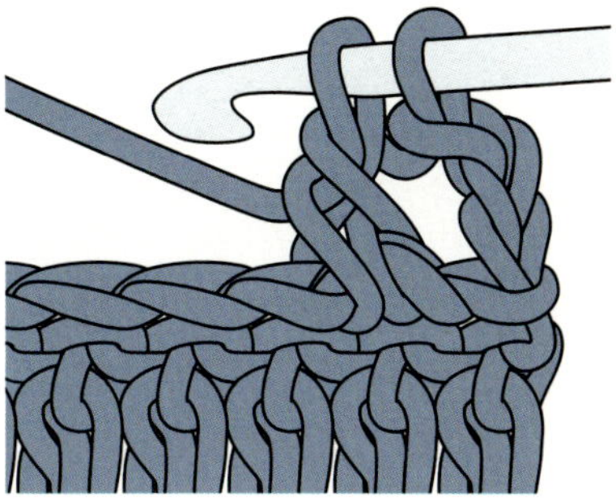

R

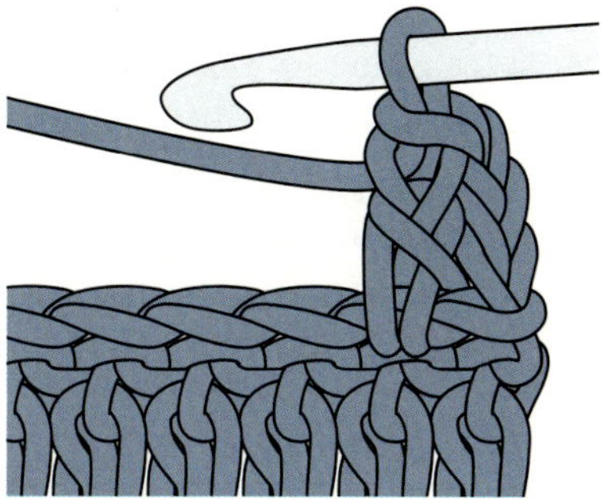

S

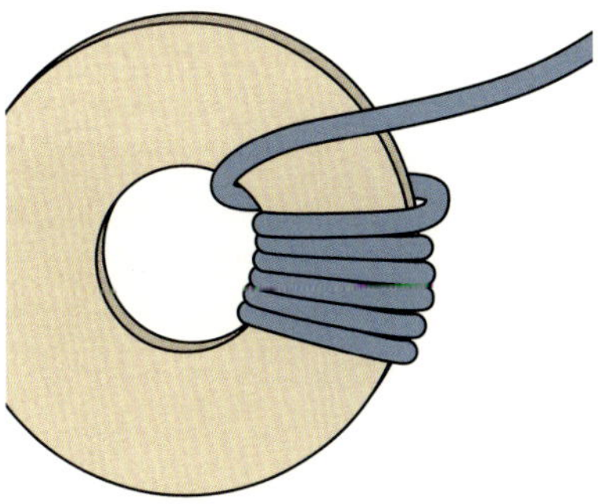

T

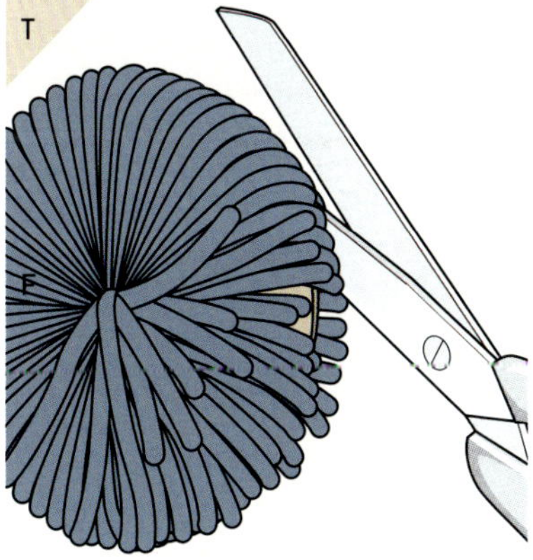

U

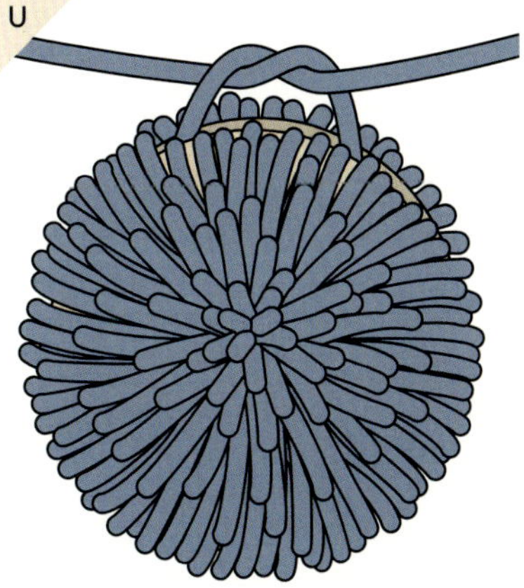

TOP-TIPP

Wenn du einen Pompon-Maker verwendest, wickele das Garn um beide Hälften, bis sie schön dick sind, drücke dann die beiden Hälften zusammen. Stelle die Bommel dann wie oben links beschrieben fertig.

Über die Autorin

Esme Crick hat die meiste Zeit ihres Lebens mit Design und Handarbeiten verbracht. Sie lernte das Häkeln, als ihre Kinder klein waren, und hat seitdem nicht wieder aufgehört. Unter dem Namen Red Sparrow Crochet wurden ihre markanten geometrischen Designs in vielen Magazinen und anderen Publikationen veröffentlicht. Sie lebt mit ihrem Partner, ihren beiden Kindern und ihrem extrem mürrischen Kater Hank Deluxe in Suffolk, England. Ihren Blog findest du unter redsparrowcrochet.blogspot.com und ihren Etsy-Shop unter etsy.com/uk/shop/RedSparrowCrochet.

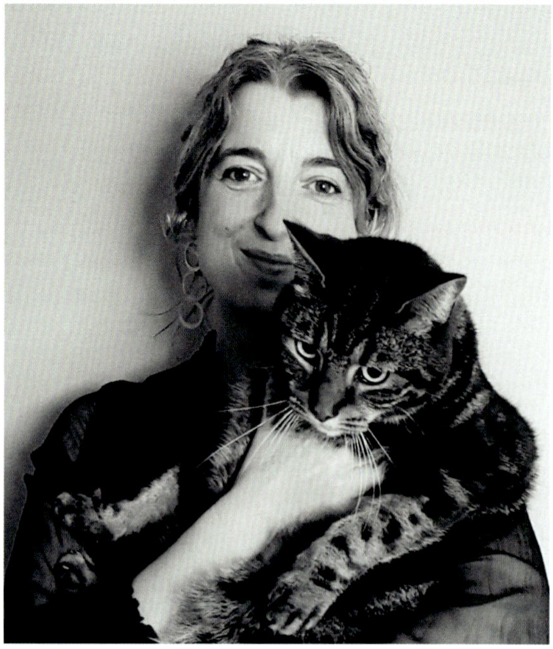

Danke schön ...

... an die folgenden Leute, die einen wichtigen und sehr geschätzten Anteil an der Entstehung dieses Buches hatten: Walt – unübertroffener Bommel-Hersteller, Marla – beispiellose Teeköchin, Nick – geduldig und ruhig, wenn das Haus nur so vor Häkelarbeiten platzt, Simy Somer und Team Scheepjes – wunderbare Garnunterstützung und allgemeine Großartigkeit, Denise und Jaki – meine fantastischen Testhäklerinnen, danke euch beiden, ohne euch hätte ich es nicht geschafft, und Lizz – brillante Maschenprobentesterin. Und nicht zuletzt ein riesiges Dankeschön an Ame Verso bei David and Charles, deren Unterstützung und Begeisterung für dieses Projekt mich 2020 beim Häkeln und Schreiben motiviert hat.

Register

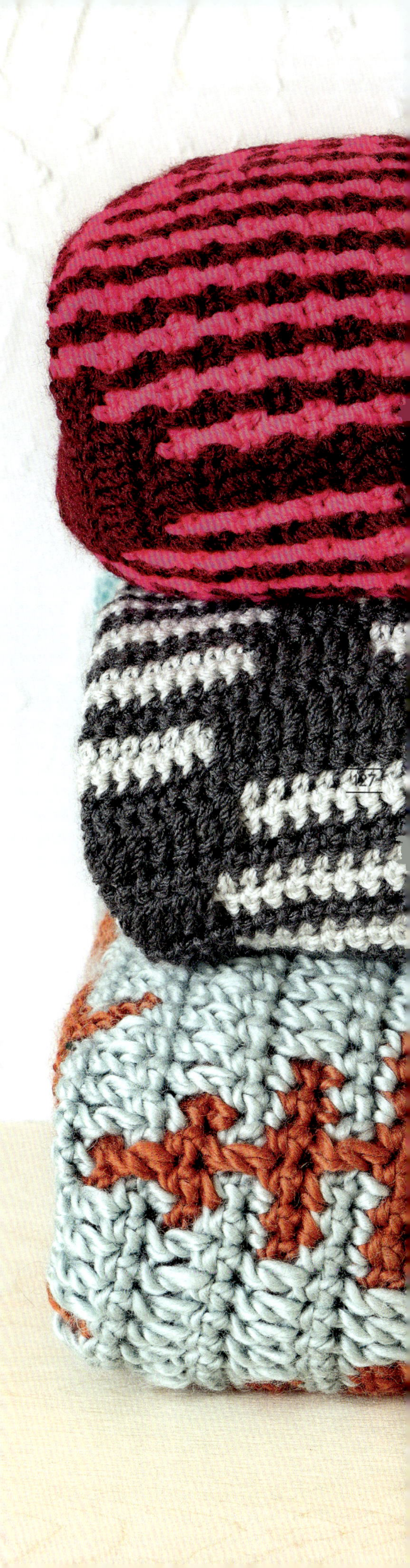

Originalausgabe unter dem Titel *Mosaic Crochet Workshop* erschienen bei: © 2021 David and Charles, an imprint of David and Charles, Ltd.

Text and Designs © Esme Crick 2021
Layout and Photography © David and Charles, Ltd 2021

Publishing Director: Ame Verso
Editor: Jessica Cropper
Project Editor: Marie Clayton
Head of design and art direction: Sam Staddon
Senior Designer: Lucy Waldron
Pre-press Designer: Ali Stark
Illustrations: Kuo Kang Chen
Photography: Jason Jenkins
Production Manager: Beverley Richardson

Für die deutsche Ausgabe:
Verantwortlich: Helgrid van Impelen
Übersetzung: Karen Lühning
Lektorat: Stephanie van der Linden
Produktmanagement und Satz: VerlagsService Dietmar Schmitz GmbH
Cover und Umschlag: Louise Lemke
Herstellung: Bettina Schippel
Repro: LUDWIG:media
Printed in Turkey through Asia Pacific Offset

★★★★★

Sind Sie mit diesem Titel zufrieden? Dann würden wir uns über Ihre Weiterempfehlung freuen. Erzählen Sie es im Freundeskreis, berichten Sie Ihrem Buchhändler oder bewerten Sie beim Onlinekauf.
Und wenn Sie Kritik, Korrekturen oder Aktualisierungen haben, freuen wir uns über Ihre Nachricht an Christophorus Verlag, Postfach 40 02 09, D-80702 München oder per E-Mail an lektorat@verlagshaus.de.

Unser komplettes Programm finden Sie unter

www.christophorus-verlag.de

Die Deutsche Nationalbibliothek verzeichnet diese Publikation in der Deutschen Nationalbibliografie; detaillierte bibliografische Daten sind im Internet über http://dnb.d-nb.de abrufbar.

ISBN 978-3-8410-6713-5

Besuchen Sie uns im Internet:
www.christophorus-verlag.de

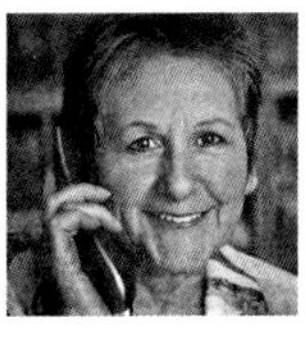

Kreativ-Service

Sie haben Fragen zu den Büchern und Materialien? Frau Erika Noll ist für Sie da und berät Sie rund um alle Kreativthemen. Rufen Sie an! Wir interessieren uns auch für Ihre eigenen Ideen und Anregungen. Sie erreichen Frau Noll per E-Mail: **mail@kreativ-service.info** oder Tel.: **0049- 89-1306 99-577**

Besuchen Sie uns im Internet: **www.christophorus-verlag.de** und **www.selbstgemacht.de**